古典文獻研究輯刊

三九編

潘美月・杜潔祥 主編

第 27 冊

光緒《鹽城縣志》點校（下）

王祖霞 著

國家圖書館出版品預行編目資料

光緒《鹽城縣志》點校（下）／王祖霞 著 -- 初版 -- 新北市：
花木蘭文化事業有限公司，2024〔民 113〕
目 4+206 面；19×26 公分
（古典文獻研究輯刊 三九編；第 27 冊）
ISBN 978-626-344-947-3（精裝）
1.CST：（清）陳玉澍 2.CST：鹽城縣志 3.CST：注釋
011.08   113009817

ISBN-978-626-344-947-3

古典文獻研究輯刊
三九編　第二七冊　　　　　　ISBN：978-626-344-947-3

光緒《鹽城縣志》點校(下)

作　　者　王祖霞
主　　編　潘美月、杜潔祥
總 編 輯　杜潔祥
副總編輯　楊嘉樂
編輯主任　許郁翎
編　　輯　潘玟靜、蔡正宣　美術編輯　陳逸婷
出　　版　花木蘭文化事業有限公司
發 行 人　高小娟
聯絡地址　235 新北市中和區中安街七二號十三樓
　　　　　電話：02-2923-1455／傳真：02-2923-1452
網　　址　http://www.huamulan.tw 信箱 service@huamulans.com
印　　刷　普羅文化出版廣告事業
初　　版　2024 年 9 月
定　　價　三九編 65 冊（精裝）新台幣 175,000 元

光緒《鹽城縣志》點校(下)

王祖霞　著

目次

鹽城縣志・卷十・人物志一

　　東郡二烈，閭門孤忠。耀我鄉國，英光熊熊。後人之興，前人之覿。彥媛烝烝，光氣與同。作人物志第八。

漢

　　臧旻，射陽人，《三國志・臧洪傳》、《後漢書・臧洪傳》同。有幹事才，《《三國志・臧洪傳》注》引謝承《漢書》。達於從政，為漢良吏，《三國志注》、《後漢書注》並引謝承《書》。所在有名。《三國志・臧洪傳》。初從徐州從事，《三國志注》引謝承《書》。永壽中兗州刺史第五種為中常侍單超所陷，坐徙朔方，脫歸，匿於閻、甄氏數年。旻上書訟之曰：「臣聞士有忍死之辱，必有就事之計。故季布屈節於朱家，管仲錯行於召忽。此二臣以可死而不死者，非愛身於須臾，貪命於苟活，隱其智力，顧其權略，庶幸逢時有所為耳。卒遭高帝之成業，齊桓之興霸，遺其亡逃之行，赦其射鉤之仇，拔於囚虜之中，信其佐國之謀，勳效傳於百世，君臣載於篇籍。假令二主紀過於纖芥，則此二臣同死於犬馬，沉名於溝壑，何由得申其補過之功，建其奇奧之術乎？伏見故兗州刺史第五種，傑然自建，在鄉曲無苞苴之嫌，步朝堂無擇言之闕，天性疾惡，公方不曲，故論者說清高以種為上，序直言以種為首〔註1〕。《春秋》之義，選人所長，棄其所短，錄其小善，除其大過。種所坐盜賊公負，筋力未就，罪至徵徙，非有大惡。昔虞舜事親，大杖則走。故種逃亡，苟全性命，冀有朱家之路，以顯季布之會。願陛下無遺須臾之恩，令種有持忠入地之恨。」會赦出，卒於家。《後漢書・第五倫傳》。旻闢司徒府，除盧奴令，冀州舉尤異。《《三國志・臧洪傳》注》引謝承《書》。熹平元年十一月，《後漢書・靈帝紀》。會稽妖賊許昭起兵句章，自稱大將軍，立其父生為越王，

〔註1〕「言」，或為「士」。

攻破城邑，眾以萬數。拜旻揚州刺史。旻率丹陽太守陳夤擊昭，破之。昭復屯結，大為人患。旻等進兵，連戰，《後漢書·臧洪傳》。三年十一月，旻、夤大破許生於會稽，《靈帝紀》。獲昭父子，斬首數千〔註2〕。《後漢書·臧洪傳》。時孫堅以郡司馬召募精勇，得千餘人，與州郡合討。旻列上功狀，詔書除堅鹽瀆丞。《三國志·破虜傳》。吳人陸康仕郡，以義烈稱。旻舉為茂才，除高成令。《後漢書·陸康傳》。遷旻丹陽太守。時邊方有警，羌胡出寇，三府舉能〔註3〕，《〈三國志·臧洪傳〉注》引謝承《書》。遷旻為使匈奴中郎將。《〈後漢書·臧洪傳〉注》引謝承《書》，無「使」字。《三國志·臧洪傳》及《注》引謝承《書》同。五年八月，帝遣破鮮卑中郎將田晏出雲中，旻與南匈奴出雁門，護烏桓校尉夏育出高柳，《靈帝紀》。各將萬騎，三道出塞千餘里，《後漢書·鮮卑傳》。並伐鮮卑。《靈帝紀》。檀石槐命三部大人各率眾逆戰，《鮮卑傳》。晏等大敗，《靈帝紀》。各將數千奔還，死者十七八。三將檻車徵下獄，贖為庶人。《鮮卑傳》。按：謝承《書》言「旻拜匈奴中郎將，討賊有功」，與《後漢書·鮮卑傳》不合。旻徵拜議郎，還京師，見太尉袁逢，逢問西域諸國土地、風俗、人物、種數。旻具答言西域本三十六國，後分為五十五，稍散至百餘國。其國大小，道里近遠，人數多少，風俗燥濕，山川、草木、鳥獸、異物名種，不與中國同者，悉口陳其狀，手畫地形。逢奇其才，歎息言：「雖班固作《西域傳》，何以加此？」轉拜長水校尉，《三國志注》引謝承《書》。歷太原太守，《三國志·臧洪傳》。子洪。

　　洪，字子源，年十五，以父功拜童子郎，知名太學。洪體貌魁梧，有異姿。舉孝廉，補即丘長。中平末，棄官還家，太守張超請為功曹。時董卓弒帝，圖危社稷。洪說超曰：「明府歷世受恩，兄弟並據大郡。今王室將危，賊臣虎視，此誠義士效命之秋也。今郡境尚全，吏人殷富，若動枹鼓，可得萬人〔註4〕。以此誅除國賊，為天下倡義，不亦宜乎！」超然其言，與洪西至陳留，見兄邈計事。邈先謂超曰：『聞弟為郡，委政臧洪，洪者何如人？超曰：「臧洪海內奇士，才略智數不比於超矣。」邈即引洪與語，大異之。乃使詣兗州刺史劉岱、豫州刺史孔伷，遂皆相善。邈既先有謀約，會超至，定議〔註5〕。乃與諸牧守

〔註2〕　自「旻等進兵」至「斬首數千」，《後漢書·臧洪傳》原文是「旻等進兵，連戰三年，破平之，獲昭父子，斬首數千級。」
〔註3〕　「府」，原為「輔」。
〔註4〕　據《後漢書·列傳第四十八》，「得」後脫「二」。
〔註5〕　據《後漢書·列傳第四十八》，衍「乃使請兗州劉岱、豫州刺史孔伷，遂皆相善邈。既先有謀約，會超至」。

大會酸棗。設壇場，將盟，既而更相辭讓，莫敢先登，咸共推洪。洪乃攝衣升壇，操血而盟曰：「漢室不幸，皇綱失統，賊臣董卓，乘釁縱害，禍加至尊，毒流百姓〔註6〕。大懼淪喪社稷，翦覆四海。兗州刺史岱、豫州刺史仙、陳留太守邈、東郡太守瑁、廣陵太守超等，糾合義兵，並赴國難。凡我同盟，齊心一力，以致臣節，殞首喪元，必無二志。有渝此盟，俾墜其命，無克遺育。皇天后土，祖宗明靈，實皆鑒之！」洪辭氣慷慨，聞其言者，無不激揚。

自是之後，諸軍各懷遲疑，莫適先進，遂使糧儲單竭，兵眾乖散。時討虜校尉公孫瓚與大司馬劉虞有隙，超乃遣洪詣虞，共謀其難。行至河間而值幽、冀交兵，行塗阻絕，因寓於袁紹。紹見洪，甚奇之，與結友好，以洪領青州刺史。前刺史焦和好立虛譽，能清談。時黃巾群盜處處飆起，而青部殷實，軍革尚眾。和欲與諸同盟西赴京師，未及得行，而賊已屠城邑。和不理戎警，但坐列巫史，禜禱群神。又恐賊乘凍而過，命多作陷冰丸以投於河，眾遂潰散。和亦病卒。洪收撫離叛，百姓復安。任事二年，袁紹憚其能，徙為東郡太守，都東武陽。

時曹操圍張超於雍丘甚危急。超謂軍吏曰：「今日之事，唯有臧洪必來救我。」或曰：「袁、曹方穆，而洪為紹所用，恐不能敗好遠來，違福取禍。」超曰：「子源，天下義士，終非背本者也，或見制強力，不相及耳。」洪始聞超圍，及徒跣號泣，並勒所領，將赴其難。自以眾弱，從紹請兵，而紹竟不聽之，超城遂陷，張氏族滅。洪由是怨紹，絕不與通。紹興兵圍之，歷年不下。使洪邑人陳琳以書譬洪，示其禍福，責以恩義。洪答曰：「隔闊相思，發於寤寐。相去步武而趨舍異規，其為愴恨〔註7〕，胡可勝言！前日不遺，比辱雅況，述敘禍福，公私切至。以子之才，窮該典籍，豈將闇於大道，不達餘趣哉！是以捐棄翰墨，一無所酬。亦冀遙忖褊心，粗識鄙性。重獲來命，援引紛紜，雖欲無對，而義篤其言。僕小人也，本乏志用，中因行役，特蒙傾蓋，恩深分厚，遂竊大州，寧樂今日自還接刃乎！每登城臨兵，觀主人之旗鼓，瞻望帳幄，感故友之周旋，撫弦搦矢，不覺涕流之覆面也。何者？自以輔佐主人，無以為悔。主人相接，過絕等倫。受任之初，志同大事，掃清寇逆，共尊王室。豈悟本州島被侵，郡將迸丧，請師見拒，辭行被拘，使洪故君，遂至淪滅，區區微節，無所獲申。豈得復全交友之道，重虧忠孝之名乎？所以忍悲揮戈，收淚告絕。

〔註6〕亦作「虐」。
〔註7〕「愴」，原為「恨」，據《三國志注》改。

若使主人少垂古人忠恕之情，來者側席，去者克己，則僕抗季札之志，不為今日之戰矣。昔張賢明登壇唼血，奉辭奔走，卒使韓馥讓印〔註8〕，主人得地；後但以拜章朝主，賜爵獲傳之故，不蒙觀過之貸，而受夷滅之禍。呂奉先討卓來奔，請兵不獲，告去何罪？復見斫刺。劉子璜奉使逾時，辭不獲命，畏君懷親，目詐求歸，可謂有志忠孝，無損霸道；亦復僵屍麾下，不蒙虧除。慕進者蒙榮，違意者被戮，此乃主人之利，非遊士之願也。是以鑒戒前人，守死窮城，亦以君子之違，不適敵國故也。足下當見久圍不解，救兵未至，感婚姻之義，推平生之好，以為屈節而苟生，勝守義而傾覆也。昔晏嬰不降志於白刃，南史不曲筆以求存，故身傳圖像，名垂後世，況僕據金城之固，驅士人之力，散三年之畜，以為一年之資，匡困補乏，以悅天下，何圖築室反耕哉！但懼秋風揚塵，伯珪馬首南向，張楊、飛燕，齊力作難，北鄙將告倒縣之急，股肱奏乞歸之計耳。主人當鑒我曹輩〔註9〕，反旆退師，何宜久辱盛怒，暴威於吾城之下哉？足下譏吾恃黑山以為救，獨不念黃巾之合從邪！昔高祖取彭城於巨野，光武創基兆於綠林，卒能龍飛受命，中興帝業。苟可輔主興化，夫何嫌哉！況僕親奉璽書，與之從事。行矣孔璋！足下徼利於境外，臧洪投命於君親；吾子託身於盟主，臧洪策名於長安。子謂余身死而名滅，僕亦笑子生死而無聞焉。本同而末離，努力努力，夫復何言！」

紹見洪書，知無降意，增兵急攻。城中糧盡，外無援救，洪自度必不免，呼吏士謂曰：「袁氏無道，所圖不軌，且不救洪郡將。洪於大義，不得不死，念諸君無事空與此禍！〔註10〕可先城未破，將妻子出。」將吏士民皆垂泣曰：「明府之於袁氏本無怨隙，今為郡將之故，自致殘危，吏人何忍當捨明府去也！」初尚掘鼠煮筋角，後無可復食者。主簿啟內廚米三斗，請稍為饘粥。洪曰：「何能獨甘此邪！」使為薄麋，遍班士眾。又殺其愛妾，以食兵將。兵將咸流涕，無能仰視。男女七八千人相枕而死，莫有離叛。城陷，生執洪。紹盛幃幔，大會諸將見洪，謂曰：「臧洪，何相負若是！今日服未？」洪據地瞋目曰：「諸袁事漢，四世五公，可謂受恩。今王室衰弱，無扶翼之意，而欲因際會，覬望非冀，多殺忠良以立奸威。洪親見將軍呼張陳留為兄，則洪府君亦宜為弟，而不能同心戮力為國除害，坐擁兵眾觀人屠滅！惜洪力劣，不能推刃為

〔註8〕「馥」多作「牧」。
〔註9〕「我」，原為「戒」，據《三國志》改。
〔註10〕「念」，亦作「今」。

天下報仇，何為服乎！」紹本愛洪，意欲令屈服赦之，見其辭切，知終不為用，乃殺焉。洪邑人陳容，少為諸生，親慕於洪，隨為東郡丞。先城未敗，洪使歸紹。時容在坐，見洪當死，起謂紹曰：「將軍舉大義，欲為天下除暴，而專先誅忠義，豈合天意！臧洪發舉為郡將，奈何殺之！」紹慚，使人牽出，謂曰：「汝非臧洪疇，空復爾為！」〔註11〕容顧曰：「夫仁義豈有常所，蹈之則君子，背之則小人。今日寧與臧洪同日而死，不與將軍同日而生也！」復見殺。在紹坐者無不歎息，竊相謂曰：「如何一日戮二烈士！」先是，洪遣司馬二人出，求救於呂布；比還，城已陷，皆赴敵死。按：《後漢書》、《三國志》皆有《臧洪傳》，洪為漢盡臣，未可污以《魏史》，今從范《書》。

　　陳琳，字孔璋，《三國志·王粲傳》。射陽人。《三國志·臧洪傳》、《後漢書·臧洪傳》並云「洪邑人」，是琳為射陽人。《王粲傳》云：「北海徐幹，廣陵陳琳、陳留、阮瑀，汝南應瑒，東平劉楨。」皆舉其郡名。《粲傳》云「山陽高平人」，而《典論》云「山陽王粲」，亦其例也。中平元年，何進為大將軍。六年，帝崩，何太后臨朝。《後漢書·何進傳》。琳為進主簿，進欲誅諸宦官，太后不聽。進乃召四方猛將，並使引兵向京城，欲以劫恐太后。琳諫進曰：「《易》稱『即鹿無虞』，諺有『掩目捕雀』。夫微物尚不可欺以得志，況國之大事，其可以詐立乎？今將軍總皇威，握兵要，龍驤虎步，高下在心，以此行事，無異於鼓洪爐以燎毛髮。但當速發雷霆，行權立斷，違經合道，天人順之；而反釋其利器，更徵於他。大兵合聚，強者為雄，所謂倒持干戈，授人以柄，必不立功，只為亂階。」進不納其言，竟以取禍。琳避難冀州，袁紹使典文章，《王粲傳》。兼密事。李善《文選注》引摯虞《文章志》。紹外託義兵，內實相圖，未有憂存社稷恤人之意。《後漢書·袁紹傳》。琳作《應譏諭》諷紹。《本集》。建安二年，紹大攻公孫瓚，瓚遣子續請救於黑山諸帥。四年春，黑山賊帥張燕與續率兵十萬，三道來救。未及至，瓚乃密使行人齎書告續。紹候得其書，《後漢書·公孫瓚傳》。使琳易其辭，《〈後漢書·公孫瓚傳〉注》引《獻帝春秋》。如期舉火。《公孫瓚傳》。瓚遂大敗，紹簡精兵十萬，欲出攻許，《袁紹傳》。使琳作檄告劉備，言操失德不堪依附。李善《文選注》引《魏志》。抗辭書釁，壯有骨鯁。劉勰《文心雕龍》。紹辟清河崔琰，及紹死，二子爭，欲得琰。琰稱疾固辭，由是獲罪，幽於囹圄，賴陰夔及琳營救得免。《三國志·崔琰傳》。九年操攻鄴，袁尚懼，遣夔及琳乞降，操不許，尚遁。《魏書·武帝紀》。琳歸操，操謂曰：「卿昔為本初移書，但可罪狀孤而已，惡惡止其身，何乃上及父祖耶？」《王粲傳》。琳謝

〔註11〕《三國志·臧洪傳》中「疇」為「儔」。

曰：「矢在弦上，不得不發。」《文選注》引《魏志》。操愛其才而不咎，以琳為司空軍謀祭酒，管記室，徙門下督。《王粲傳》。琳作諸書及檄，草成呈操。操先苦頭風，是日疾發，臥讀琳所作，翕然而起，曰：「此愈我病，數加厚賜。」《王粲傳》注引《典略》。始曹丕為五官中郎將，及弟植皆好文學，《王粲傳》。丕曰：「今之文人，魯國孔融、廣陵陳琳、山陽王粲、北海徐幹、陳留、阮瑀，汝南應瑒，東平劉楨。斯七子者，於學無所遺，於辭無所假，咸自以騁騄驥於千里，仰齊足而並馳。」又曰：「琳之章表書記，今之備也。」《王粲傳》注引《典論》。二十年操征張魯，《魏書·武帝紀》及《張魯傳》。琳從曹洪至漢中。見《文選·陳孔璋〈為曹洪與文帝書〉》及《注》引《陳琳集》。二十二年，琳卒。《王粲傳》。初彭城張昭與東海王朗共論舊君諱事，琳稱善。《三國志·張昭傳》。同郡張紘仕吳，見《楠榴枕》〔註12〕，愛其文，為作賦。琳在北見之，以示人曰：「此吾鄉里張子綱所作也。」後紘見琳作《武庫賦》、《應譏論》，與琳書深歎美之。琳答曰：「自僕在河北，與天下隔，此間率少於文章，易為雄伯。故使僕受此過差之譚，非其實也。今景興在此，足下與子佈在彼，所謂小巫見大巫，神氣盡矣。」《三國志·張紘傳》注引《吳書》。其樂道人善，不自矜伐如此。《寶應圖經》。有集十卷。《隋書·經籍志》。

宋

卞整，鹽城人。寧宗開禧二年，起為盜。知建康府兼江淮制置使黃度，督屬諸將擊之，整以千人降。袁燮《絜齋集·尚書黃公行狀》及《宋史·黃度傳》。嘉定十五年，金人犯安豐，劉琸調整及張惠〔註13〕、范成進、夏全諸軍應援搗虛，有堂門之捷，俘其四駙馬。《宋史·陳韡傳》。理宗寶慶元年，夏全有異圖，琸厚賂之，乃止。及王文信亂，琸懼全復動，使整領兵三千視之，使不敢動。整以邀文信為詞，引兵還揚州。《宋史·紀事本末》及《宋史·李全傳》。紹定四年八月，李全據鹽城，權制置使知揚州翟朝宗懇全退師，不答，乃遣整領兵扼境。四年三月庚子，賊將董友、王海以兵圍整砦。于玠擊卻之。壬子，整與玠敗賊將王國興於岡門，斬首千級。四月丁巳，敗賊於十里亭。賊兵爭門，墜濠如蟻。《宋史·李全傳》。與整同時有朱同宗，嘉定中武舉狀元，謀猷經略，重於一時。沈《志》誤作「武狀元」，楊《志》、程《志》、康熙《府志》、乾隆《府志》皆作「武舉狀元」，與《宋史·

〔註12〕即南北朝許瑤之的《詠楠榴枕詩》，「端木生河側，因病遂成妍。朝將雲髻別，夜與蛾眉連。」
〔註13〕據《宋史·陳韡傳》，「劉琸」應為「韡」。

選舉志》合。乾隆《府志》又云「同宗」，事見《續文獻通考》。

陸秀夫，字君實，鹽城人。生三歲，其父徙家鎮江。《丹徒志》云：「徙家鎮江之朱方鎮。」《宋史》無此四字。楊棨《京口山水志》云：「陸忠烈公故宅在汝山下。」稍長，從其鄉人孟先生學。孟之徒百餘，獨指秀夫曰：「此非凡兒也。」景定元年，按：當作「寶佑四年」。登進士第。李庭芝鎮淮南，聞其名，辟至幕中。天下稱得士多者，以淮南為第一，號小朝廷。秀夫才思清麗，一時文人少能及之。性沉靜，不苟求人知。每僚吏至閣，賓主交歡，秀夫獨斂無一語。或時宴集府中，坐樽俎間，矜莊終日，未嘗稍有希合。至察其事，皆治，庭芝益器之，雖改官不使去己，就幕三遷至主管機宜文字。咸淳十年，庭芝制置淮東，擢參議官。德佑元年，邊事急，諸僚屬多亡者，惟秀夫數人不去。庭芝上其名，除司農寺丞，累擢至宗正少卿兼權起居舍人。

二年正月，以禮部侍郎使軍前請和，不就而反。按：《宋史・瀛國公本紀》：「德佑元年十二月癸丑，遣宗正少卿陸秀夫、刑部尚書夏世林、兵部侍郎呂師孟，使軍前。二年春正月，陸秀夫等至大元軍中，求稱侄納幣，不從。」是奉使在元年十二月，使還在二年正月，與《本傳》微異。二王走溫州，秀夫與蘇劉義追從之，使人召陳宜中、張世傑等，皆至，相與立益王於福州，是為端宗。進秀夫端明殿學士、簽書樞密院事。宜中以秀夫久在兵間，知軍務，每事諮訪始行，秀夫亦悉心贊之。旋與宜中議不合，宜中使言者劾罷之。張世傑讓宜中曰：「此何如時？動以臺諫論人。」宜中惶恐，亟召秀夫還。

時君臣播越海濱，庶事疏略。楊太妃垂簾，與群臣語猶自稱奴。每時節朝會，秀夫儼然正笏立，如治朝。或時在行中，淒然泣下，以朝衣拭淚，衣盡浥，左右無不悲慟者。屬井澳風，帝驚疾殂，群臣皆欲散去。秀夫曰：「度宗皇帝一子尚在，將焉置之？古人有以一旅一成中興者，今百官有司皆具，士卒數萬，天若未欲絕宋，此豈不可為國耶？」乃與眾共立衛王於碙州，是為帝昺。時陳宜中往占城，與世傑不協，屢召不至。以秀夫為左丞相，與世傑共秉政。時世傑駐兵厓山，秀夫外籌軍旅，內調工役，凡有述作盡出其手。雖匆遽流離中，猶日書《大學章句》以勸講。

祥興二年二月，厓山破。秀夫走〔衛〕帝舟〔註14〕，而世傑、劉義各斷維去。秀夫度不得脫，乃仗劍驅妻子入海，即負帝赴海死。年四十二〔註15〕。方

〔註14〕據《宋史・忠義六・陸秀夫傳》「走」後脫「衛」。
〔註15〕據《宋史・忠義六・陸秀夫傳》，「二」為「四」。

秀夫海上時，記二王事為一書甚悉，以授禮部侍郎鄧光薦，曰：「君後死，幸傳之。」後光薦歸廬陵，卒，其書存亡無從知。故海上之事，世莫得其詳云。舊《志》引《宋史·忠義傳》。宋山陽龔開《陸君實傳》：「陸君實，諱秀夫，舊《志》及《淮安藝文志》、《陸忠烈公全書》有「字君實」三字，係羨文。今據《粵雅堂叢書》所刻《陸君實傳》刪之。一字實翁，楚州鹽城人。生三歲，父母攜抱避地南來，居京口。比免幼出，從師肄業，聰明穎悟異他兒。郡有二孟先生，以宿學教授生徒，大小學多逾百人，知君實不凡，刮目待之。學舉子文，下筆有奇語，不待師煩，日進不休。年十五應鄉舉，得貢，補太學牒，非其好也。後三年，歲在丙辰，用鄉書，登乙科。是時，殿撰章子美琰居京口，負時望，以兄之孫子妻之，因留婦家。需次淮尉李祥甫庭芝制置淮東。君實嘗斂板轅和，舊《志》「板」誤「版」，「和」誤「扣」。今據《粵雅堂叢書》改正，後效此。而同年進士錢淳父真孫，舊《志》「父」作「甫」，「真」作「直」。於制使有連姻，又殿撰贅婿，於是相攜入淮南幕府。淮尉，書考歷而已。淮南幕府號小朝廷，人物如林，淳父與君實能自植立。舊《志》脫「立」字。其為人沉靜寡言，與人交不翕翕熱。凡僚吏因公事過閣，要以賓主情接為貴，而君實退然託處，非謝舉謁告，未嘗過閣。有集，則持敬尊俎間，終日與眾客俱退。制使以此雅器重之，不欲撓拂其志。馴以舉格改合入官，三遷至主管機宜文字，分擬諸房公事，職無不舉。京湖制使呂少傅蕘，詔李制使改鎮江陵，君實仍以機宜佐行。舊《志》「佐」誤「在」。襄陽失守，李制使投閒寓朱方，君實與親友朝暮見，不以前疏為少後密為多，日從事詩酒，如在山林間也。未幾，印製使應雷卒於維揚闔治，大敵壓境，人心易搖。金字牌命李制使往維揚用，乙夜絕江，小駐瓜州。維揚出鐵騎三千來迓擁元戎，兩時頃入城〔註16〕，君實以鞍馬從。自是帷幄之謀無不與，而機職領之如故。召赴都堂稟議，權臣誘進之，君實恬無自獻之意。循比除提轄文思院，出為制置大使參議官兼淮南東路提點刑獄公事。淮憲與浙右不侔，既無臺治，亦無公使供給，以故多制垣上介兼領，因之望幕焉，君實處之晏如也。事會艱危，制臣令赴闕奏請，留中。未幾，隨至帥府，過浙東。景炎新造，君實以端明殿學士參贊都督軍事。陳宜中既得政，兼將相權，知君實久在兵間，歷諳戎事，引以自近，多所諮訪，君實亦傾心贊助之，期於能濟。未幾，又不合，以言者被謫。大將張少保世傑謂宜中曰：『大業未濟，人才有限，動輒令臺諫排論人，世傑若不可相公意，亦當如此？』宜中惶恐，即日召還。遷海上，君實遂執政事。海濱誅茅捧土為殿陛，遇時節朝會，君實端笏盛服，如立文石班，舊《志》「石」誤「古」。未嘗少怠。既罷，則望海山淒然，至以朝服搵淚〔註17〕，悲慟左右。草莽中百種疏略，君實隨宜裨補，盡心力而為之。及祥興繼立，兩軍相見於崖山。南軍大舟三百柁，舊《志》作「柂」。分前後中三部，以對敵者為前鋒，而以中部居宸宸，中堅反居其

〔註16〕「時」，或為「騎」。
〔註17〕「搵」，或為「拭」。

後。前鋒失利，波濤掀舞，旌旗交錯，部伍為之混亂。君實出，倉卒仗劍驅妻子先入海，號哭拜幼君曰：『陛下不可再辱。』拜起，抱幼君，以匹練束如一體，用黃金璽舊《志》脫「璽」字。考《昭忠錄》云：「以金璽繫主腰。」《崖山志》引《填海錄》亦云：「負璽綏自沉。」《粵雅堂叢書》有「璽」字是也硾腰間〔註18〕，君臣赴水而死，己卯歲二月六日癸未也。年四十二。君實在海上，與青原人鄧中甫光薦善，嘗手書日記，授中甫，曰：『足下若後死，以此冊傳故人。』僕嘗託黃唐佐圭從中甫取冊，不得，姑以所聞輯為此傳，用申桑梓之義。先是僕嘗序大略，成長句四韻，率朋從賦詩，或謂僕合疏一傳，存公之大體，勿以詳略為拘。僕聞之泣下，既而歎曰：『吾郡以忠孝聞，死節有趙公師旦，至行有徐節孝先生。』今吾君實得與趙公後先「師旦」以下至此，舊《志》誤脫相望，而其子乃先驅入海，使陸氏一枝無續，趙公則有三歲孤兒不並死，較之，君實不其重可哀也！然在當時，趙公孤兒自「不並」以下至此，舊《志》誤脫有收養者，幸而成人，可為公後，無他說。至若君實之子，年已弱冠，假令不死，託之何人？此君實寧有愧於節孝，受無後之罪，而於道，公不能作烈士斷腕之事。時世有不同者，庸詎知其心不爾？然則傳其可以不作？朋友之言，其可以不懷？筆力短，不能使潛德幽光浮於偉節，舊《志》「偉」誤「傳」。斯為可愧焉耳！』

　　按：楊《志》卷七《忠臣傳》有歐陽澈，乾隆《府志》雖列澈忠烈，而卷三十一《辨偽》力辨其為崇仁人。沈《志》仍楊《志》，力斥程《志》削去之非。考楊《志》列歐陽布衣於忠臣，止據潘塤《淮郡文獻志》，而《文獻志》又本之《朱子語錄》。今考《語錄》第以「鹽城八月雨雪」證澈死之冤，非謂澈為鹽人。如《漢書・五行志》中之下「元帝建昭二年十一月，齊楚城大雪，深五尺，是歲魏郡太守京房為石顯所告，棄市」。但以齊楚大雪證房死之冤，非謂房為齊楚人也。《語錄》不誤，潘氏特誤會耳。沈《志》「或撫人而遊於鹽，或鹽人而遊於撫」之說，係臆忖，不足據。程《志》刪之是也。至當日邑人請祀其主，鄉賢亦止據潘氏《文獻志》耳。府學鄉賢祠祀漢孟卿、孟喜、后蒼、王臧、蕭望之、蕭育、蕭咸、匡衡、疏廣、疏受諸賢，謬誤凡數十人，遂可據為淮郡人耶？光緒《府志・人物》亦無澈，今從之。

　　金原舉，美儀容，善吟詠，博通經史，尤工楷書、篆、草。弱冠為郡學錄，後參贊總兵廓平山東，舊《志》作「廓」，乾隆《府志》作「擴廓」，或謂宜據《元史》作「擴廓帖穆兒」，未知是否。陸吏部，掌銓科，歷州郡守。元末歸鄉後，薦授江西南康令，終於家。有《雲谷集》。又有陳玘龍者，任崇明州同知，建太學，創義倉，除寇賊，去奸宄，反冤獄，曾卻報金二十五鎰。舊《志》。

〔註18〕「硾」或作「垂」。

明

李文，字方平，號非齋，舊《志》。宋相李綱六世孫。由鄉薦官臨淮教諭。陳一舜《廟灣鎮志》。洪武初，以儒士薦充本學訓導，舊《志》。與諸生講學，主於無欺。《廟灣志》。一日，修廢井得白金數十兩，拒弗納，乃買經史貯學庫以遺後學。陞江西樂安令，舊《志》。化行俗美，庭無私謁。《廟灣志》。文能詩，書有《易辨疑》、《讀書記》、《四書直解》並雜文若干卷，藏於家。舊《志》。教諭陳中謂其「蘊經綸之學，得洙泗之傳，雖去考亭數百年，與親炙無間」云。陳中《〈非齋先生文集〉序》。其後有李寶，年四十無子，嘗詣廟祈禱，得遺金，伺其人還之，後竟得子。光緒《府志》。同時金挺，字傑森，亦令江西，善吟詠，通經史。選舉異才，薦授南康令。舊《志》。

朱昇，字原明，生而穎悟，博綜典籍，不求聞達。里人交舉通經儒士，授後軍都督府斷事。明太祖睹《蘇武牧羊圖》，命群臣賦詩，獨昇四律稱旨。擢翰林修撰，兼修國史，日置左右備顧問。後請老，疏三上，允歸田。名成身退，朝野榮之。舊《志》。按：朱昇，《明史》作「朱升」，「昇」「升」字通用，猶「夏昇」，《明史》作「夏升」也。《史》以升為休寧人，與《縣志》異，今姑從舊《志》。

秦約文，字仲本，宋直龍圖閣觀之後。《萬姓統譜》卷十九。鹽城人，徙居崑山。舊《志》引朱彝尊《明詩綜》。考秦約，字文仲，係崇明人，見《明史·曾魯傳》、《萬姓統譜》及《太倉州志》，三書皆不言為鹽城人，二人名字相近，而又同官禮部侍郎，易致混淆。然《明詩綜》所言秦約爵里事蹟與《明史》之秦約不合，而與《萬姓統譜》之秦約文無一不符，《明詩綜》之秦約誤脫文字無疑。《萬姓統譜》謂「約文，淮安人」，舉郡而言。《明詩綜》謂「為鹽城人」，則舉縣而言也。至正間，官博士。洪武初，召對，拜禮部侍郎。以母老辭歸。後復徵，上封事，乞重儒術，廣教化，授溧陽文學。吳沈薦約文宜置之側，得盡啟沃。在溧陽久之，乞歸，卒。約文為文，原本經義，貢師泰極重之，所著《樵海集》及他書有傳者。《萬姓統譜》。按：《明詩綜》云：「仕元為崇德教授，洪武初召拜吏部侍郎，以親老辭歸，再徵為溧陽教諭，著有《樵海集》。」

成寧可，字仲諡，號清生。志行高潔，工篆、隸，善吟詠。以歲貢授浙江道監察御史，楊《志》、沈《志》同。按：舊《志》作「監生」，今《選舉志》改為歲貢。在臺中風棱赫赫，與成均並稱真御史，有二成之目。楊《志》。洪武末，出知夏邑縣。為政精勤廉敏。每公餘輒親課生徒，業精者獎進之，奸弊悉革，吏民畏服。尋陞廣東副使。《河南通志》。

夏升，按：《明史稿·循吏傳》及《明史·循吏傳》皆云「夏升，鹽城令」。「令」係「人」

字之訛，《明外史》作「鹽城人」，不誤。《萬姓統譜》及舊府、縣《志》皆作「昇」。《夏氏譜》記載四明陳堪所撰《中順大夫山東萊州知府夏公墓誌銘》字作「升」。字景高。舊《志》、《萬姓統譜》及《墓誌銘》。幼穎悟過人，吏治、天算、醫卜之書，靡不研究。洪武壬申，《墓誌銘》。以人才舉，舊《志》。授陰陽官。縣令委以鞫獄，人無異議。尋以事謫戍湘鄉。居無何，鴻臚寺典儀許君祐薦之，《墓誌銘》。授浙江開化知縣。舊《志》及《墓誌銘》。均徭薄賦，鋤強扶弱，吏民畏服如神。《墓誌銘》。《萬姓統譜》云「有政跡」。永樂七年，與青田知縣謝子襄、錢塘知縣黃信中並九載課最，當遷。《明史‧循吏‧謝子襄傳》、《明史稿》同。《墓誌銘》亦云：「九載任滿，始終如一。」升得黃巖令。《墓誌銘》。沈《志》亦云「調黃巖」，程《志》則云「由同知陞知府」，非是。其部民相率訴於上官，乞再任。上官以聞。《明史‧循吏》。時仁宗監國，《墓誌銘》。按：《明史‧循吏傳》云：「帝嘉之。」擢子襄處州知府，信中杭州；陞衢州，俾得治其故縣，《明史‧循吏傳》。錫以道里費，命乘傳之任。益感激自勵。《墓誌銘》。御吏嚴，待民信，均力役，《明外史》。去宿弊，籍丁糧之數，定為等則，《萬姓統譜》與舊《志》略同。民樂趨事，為時良吏。《明外史》。前守姓曾，後守姓簡，民謠云：「曾也增不上，簡也減不下，若要知民情，除非是老夏。」舊《志》、康熙《府志》及《墓誌銘》。十九年冬，朝廷命大吏考核州縣，升抗直不屈，遂誣以事，謫居美谷。禮部侍郎胡濙出巡江、浙，耆民數千人詣濙，條陳其守衢政績，請復任。為忌者所扼，終不得直。洪熙元年，仁宗臨朝，問衢州知府夏升今安在，戶部尚書夏原吉以謫戍對。召還朝，擢守萊州。再起風采益振，所行如風雷震厲，吏不得肆其奸。野闢戶增，訟衰盜息。凡廨舍、學校、壇壝、馹舍、城堞、譙樓及海神諸祠，以次修葺，百廢具舉。《墓誌銘》。《圖書集成‧職方典》第二百八十三卷：「萊州府儒學，宣德四年知府夏升修。」復被誣逮。耆民千餘人走訴都察院，都察院上其事，宣宗素聞其名，命復職。宣德十年，年七十有一，考滿乞休。時英宗新即位，以撫按奏稱其勤恤民隱，優詔慰留，《墓誌銘》。命兼管軍務。《夏氏譜》載朱㺶所撰《墓表》。越七月而疾作，《墓誌銘》。卒於任。祀鄉賢。舊《志》。子萱，字廷芳，隨父東萊，遭喪，哀毀逾禮，見者皆泣。《夏氏譜》載掖縣訓導何章《〈贈夏孝子廷芳〉序》。知縣劉諒嘉其孝，《夏氏譜》載朱㺶所撰《墓表》。舉賢良方正，官即墨知縣。舊《志‧選舉志》。

胡勉，字志學。永樂十一年，擢杭州知府，精勤敏，決抑豪右，摧奸宄，吏不敢肆。至窮閻細民，保愛矜恤，唯恐傷之。勸學興禮，敦崇文儒，士風丕變，以優去官。萬曆《杭州府志》。

成均，字士溥，寧可從子，《成氏譜》。性至孝。楊《志》、康熙《府志》。永樂初，楊《志》。由國子生為監察御史，端厚謹慎，《萬姓統譜》。彈劾無所避。康熙《府志》。遷江西按察司副史。《萬姓統譜》及沈《志》。宣德初，沈《志》。陞南京刑部侍郎，《萬姓統譜》。奉敕理蘇、松各郡農務。沈《志》。奏稱：「蘇州倉庾匱乏，衛所各官並下西洋旗軍缺糧，請檢刑部奏准例，將蘇、松、常、鎮四府罪人折贖米暫貯本處，以備支給。」從之。程《志》。轉戶部右侍郎，《萬統姓譜》。巡撫浙江。沈《志》。五年，奏言：「海鹽去海二里，石嵌土岸二千四百餘丈，水齧其石，皆已刓敝。議築新石於岸內，而存其舊者以為外障，乞如洪武中令嘉、嚴、紹三府協夫修工。」從之。《明史·河渠志》。堤成，浙民賴之，沈《志》。立生祠以祀。楊《志》。尋召還理部事。沈《志》。均歷職中外，殫心致力，孜孜勤恪，治績著聞。楊《志》卷八《綸音》。正統四年，卒於官。賜祭奠。程《志》、沈《志》同。正德間，祀鄉賢。康熙《府志》。

蔣肇，宣德間歲貢。見《選舉志》。景泰初，知澧州，州廨及學宮、壇壝、鄉驛皆修葺，不勞民力。《湖南通志》。

倪冕，新興場人，《兩淮鹽法志》。以人才舉，舊《志》。授延平通判。舊《志》、《鹽法志》及乾隆《府志》。沙縣人鄧茂七反，偽稱鏟平王，設官屬，其黨數萬人，陷二十餘縣，東南騷動。正統十八年四月，圍延平，朝廷命御史丁瑄往招討。瑄至沙縣，賊首林宗政等萬餘人方攻後坪，欲立砦，冕率眾先據要害，以遏其前。瑄與都指揮雍野等邀其歸路，斬首二百餘級，獲其渠陳阿巖。明年二月，賊復攻延平，眾軍分道衝擊，賊大敗，走。指揮劉福追之，斬茂七，餘黨潰散。是時僉都御史張楷監大軍討賊，頓建寧不進，聞賊破，則馳至延平，攘其功。瑄依違具奏，福訴之朝，楷獲罪，瑄有功不聞，《明史·丁瑄傳》。冕降邊遠雜職。戶部尚書奏冕在任恭勤惠愛，深得民心，隨攻閩寇屢立奇功，乞復職。從之。乾隆《府志》。按：乾隆《府志》誤以冕為山陽人。

顏彪，字紋甫，《顏氏譜》。《採訪冊》作「文夫」。世居野魚蕩。《顏氏譜》：「今野魚蕩有顏家莊。」嘗注《孫子》。程《志》。楊《志》、沈《志》誤云「作孫武子書」。任真定衛指揮同知。正統己巳冬，薦陞署都指揮僉事，守備倒馬關。尋實授，充右參將，守十八盤嶺。克著邊績，《萬姓統譜》。文武兼資。沈《志》。按：沈《志》又云「總兵三邊」，考明代以寧夏、延綏、榆林為三邊，彪未嘗官其地。《顏氏譜》作「總兵三官」，與《萬姓統譜》尚和。天順四年八月，保喇與瑪拉噶等分三道，自大同威遠擁眾南行。總兵官李文不敢出，保喇直抵雁門，至代、朔、忻諸州肆掠。帝遣彪率師

至紫荆關、馮宗至倒馬關禦之，寇稍引去。《通鑑輯覽》。五年，鎮守廣東中官阮
隨奏大藤峽猺賊出入兩廣為害，帝命彪以都督僉事佩征蠻將軍印，《明史・廣西
土司列傳》。按：《明史・英宗後紀》、《明外史・歐信傳》作「征夷將軍」。考《職官志》，總兵
掛印稱將軍者，兩廣曰征蠻將軍。然則《本紀》及《明外史》作「征夷」者，誤。充總兵官，
《英宗後紀》。調南京、江西、直隸、九江等處衛所官軍一萬討之。《廣西土司列傳》。
六年五月，《英宗後紀》。彪會兩廣兵駐軍大藤峽，進擊龍山，直抵潯梧，所向皆
捷。《通鑑輯覽》。奏稱：「臣率軍進討大藤，攻破七百二十一寨，斬首三千二百
七十一級，掠男婦五百餘口。」帝敕獎之。《廣西土司列傳》。然彪無將略，《明史・
和勇傳》。剿捕不能盡。《通鑑輯覽》。廣西巡撫吳禎殺降冒功得優賞，彪倣之，亦
殺平民報捷，朝廷進彪官。《明史・和勇傳》。彪討賊久無功，嶺南人咸疾之。《明
外史・歐信傳》。未幾，佩鎮國大將軍印，移鎮宣府。成化十一年，卒。戶部主事
永昌邵鐺《驃騎將軍都督顏公夫人孫氏墓誌銘》云：「鎮宣府，佩鎮國大將軍印。」彪之婦，又
云：「成化乙未，服舅姑喪。」按：乙未，成化十一年也。詔遣侍郎俞欽、主事陳謨祭之。
《祭文》載楊《志》卷八《綸音》。

　　藍郁，字國馨。沈《志》及《萬姓統譜》。其先廣東茂名人，父春為鹽主簿，
遂家焉。郁登進士，沈《志》。初知祁陽，以才堪治劇，改任崇安。《萬姓統譜》。
去祁日，有《浯溪惜別圖》，歌詠者甚眾。程《志》。在崇安，操履清白，愛民好
士。其為政，以厚風俗、袪民患為急。民有訟者，往往以義動之，不俟刑罰，
自無不服。《萬姓統譜》。繼調浙江嘉善，有惠政，嘉善為建生祠，名瑞夢亭。以
考最陞大理寺評事。治獄多所平反，程《志》、沈《志》。民尸祝之。康熙《府志》。
致仕歸。沈《志》。居鄉平易，尤為眾推服。楊《志》、康熙《府志》。值邑大荒，郁
捐白金三千七百餘兩，為民納逋賦，家遂落。邑人感其德，請祀鄉賢。沈《志》。
按：《萬姓統譜》言由祁陽調崇安，不言知嘉善；舊《志》言由祁陽調嘉善，不言知崇安；《萬
姓統譜》言卒於崇安，舊《志》言致仕歸，多不合。有凌勝乾隆《府志》作「凌盛」、高隆、
夏誥、陳滋，皆有德於鄉，與郁同。成、弘間，邑多飢饉，勝出粟八百石助賑，
題授七品散官。民苦馬價難辦，代納白金二百兩。太僕少卿山陽顧達為文志其
墓。隆，性醇厚，事寡母以孝稱。弘治中，嘗捐資買城東田數十畝，瘞道殣千
餘。誥，官鴻臚寺序班。嘉靖己未春，大疫，誥具棺槨收瘞暴口甚多。滋，修
橋建廟，不惜巨貲。值隆慶己巳大水，輸粟賑荒，存活甚眾。弟芥亦輕財重義，
有司以「尚義」旌其門。節採舊《志》。按：舊《志》藍郁前有吳郁、李杲二人。今移郁
入「名宦」，杲入「流寓」。又，隆慶間有蔣國柱，歲荒振饑，興化李春芳贈扁曰「一

鄉善士」。《採訪冊》。

萬雲鵬，字圖南，湖州府胡《志》及《萬姓統譜》。按：《萬姓統譜》謂「為鳳陽人」，
又謂「為都御史，以剛直稱」，均誤。號石樑。正德九年進士，官南京吏部郎中。嘉
靖五年，出知湖州，湖州府胡《志》。勤恤利病，纖毫不取。《江南通志》。程《志》、
沈《志》作「勤恤民隱」，康熙《府志》作「絲毫無取」。性毅行狷，守潔法嚴，旌善癉
惡，精彩有度，慨然以興起斯文為己任。考德校材，藝苑增重。《萬姓統譜》。尤
善訊，受杖者恬伏辜，楔外無滯，狴舍常虛。湖州府胡《志》。烏程凌震，杜門自
養，絕跡城府，雲鵬高其行，敦請鄉飲。《萬姓統譜·凌震傳》。與烏程知縣戴嘉猷、
歸安知縣戚賢齊名，人稱為「三循吏」。《萬姓統譜·戴嘉猷傳》。雲鵬操下急，賢
數忤之，當上計，有毀雲鵬者，將被黜，賢走吏部白其枉，雲鵬竟得免。《明史·
戚賢傳》。十一年，遷湖廣副使。湖州府胡《志》。陞浙江按察使，擢福建右布政使。
楊《志》、沈《志》同。致仕歸里，閉閣著書。王信《西溪集·東方伯〈萬石樑致仕〉》云：
「未老歸休也自如，碧溪孤棹白雲居。蘭舟滿載新醅酒，草閣親抄舊著書。」雲鵬風節矯矯，
不避權貴，清介獨持，宦成不改，士大夫推重之。康熙《府志》。知縣楊瑞雲謂
「布政使凜凜若天山雪」云。楊《志》。

劉袞，字思補，號十峰。先世江右梓溪人，元末居鹽城。袞幼聰穎，嘉靖
戊子舉於鄉，《阜寧志》引《廟灣鎮志》。授新喻知縣。邑賦不均，袞為作均賦書。
邑無城池，流寇獞賊狎至，於羽書旁午，袞畫江而守，賊不敢犯。喻接壤分宜，
為奸相嚴嵩裏，遠近趨附，袞獨矗直，無所饋獻。會南都兵饑戕大帥，大司寇
委咎糧遲，免郡吏，嵩令竄入袞名，乾隆《府志》。巡撫胡松言新喻令迂而不貪，
迂則無以悅人，不貪則無以給左右，奈何過聽以傾廉吏？嵩意稍解，《廟灣志》。
改授紹興府教授。乾隆《府志》。誨士篤實，人文振興，院司嘉之，使攝山陰、蕭
山、上虞諸縣事，《廟灣志》。典甲子廣西鄉試。致仕歸。乾隆《府志》。知縣楊瑞
雲闢南門，袞與上下川原問。沈《志·藝文·孫繼皋〈新開南門碑記〉》。卒年八十。
乾隆《府志》。陳一舜《廟灣志》、佶山《兩淮鹽法志》皆以袞為廟灣場人，及光緒《府志》遂
謂為阜寧人。考阜寧未設縣之先，廟灣分屬山、鹽。康熙《府志·選舉志》以袞為鹽城人，楊
《志》、程《志》「選舉」皆有袞名。光緒《府志》雖以袞為阜寧人，而「貢舉」仍列袞鹽城，
其自相矛盾始此。乾隆《府志》卷二十《選舉》、卷二十二《人物》皆以袞為鹽人，可以證正光
緒《府志》之誤，今從之。時忤嵩者，又有陳斗南、凌雲翼。斗南，字子一，《兩淮
鹽法志》。號方池，《陳氏譜》。事繼母以孝聞，母病疽，以口吮之即愈。嘉靖庚戌
中會魁，程《志》、沈《志》同。授戶部主事，以風節自持。嵩欲招致之，不往，

遂謫泰安州判，負濟世之才，未竟其用而卒。沈《志》。雲翼，歲貢，官永寧知縣。程《志》、沈《志》同。縣之秋樹坡諸洞口多銀礦，正德三年，詔令封閉。王圻《續文獻通考》。嵩子世蕃密囑戚黨永寧驛丞盜礦，雲翼執不可，遂掛冠去。子養浩，歲貢，官金山衛教諭，嘗奉檄讞獄，卻饋金，以是知名，陞青州府教授。《採訪冊》。

高建元，萬曆時處士，教授生徒，遇有惰廢輟業者，輒抑鬱罷餐，來學者常數百人，海上人文由斯蔚起。友人贈詩，有「城南野老常邀坐，海上書生半在門」之句，所著詩歌藏於家。舊《志》。

葉照，世襲武略將軍。風致散朗，嘗終年養痾婆娑泉樹，不肯束帶一見官長。手摹古金石文數十種，尤善小楷行書。識者謂其「藏鋒斂鍔中能牢籠百態」，故片楮流傳，競為墨寶。所著有《條環樂府》、《灌園詩集》。學者稱為「融齋先生」。舊《志》。按：《明史・職官志》：自指揮使至鎮撫世官，「凡九等」，無武略將軍，此係武階三十之一，非世官也。舊《志・秩官》有副千戶葉昭。《明史・職官志》云：副千戶〔註19〕，「從五品，初授武略將軍，陞授武毅將軍」。然則葉昭，當即葉照，音形相近而誤也。明制，凡衛所官皆係世襲。范公祠有萬曆間《修范公堤碑記》，記有所官葉照是其證。又有王信者，官江西進賢主簿。舊《志・選舉》。為人跌宕瑰偉，善談兵，有馬革裹屍之志。以詩受知於宗臣、唐順之。嘉靖三十八年，順之檄令查東南海口倭寇出沒要害，未旬日即繪圖以進，區處方略，深得兵家戰守之要。著有《西溪詩稿》。唐順之《〈西溪詩稿〉敘》。

夏能，字允才。夏瀛《夏氏譜》。生平多義行。嘗與僧徐上人為莫逆交，一日，僧懷金三百兩寄能家，其徒無知者。後數月，僧暴卒，能挈金還其徒，仍故封也。楊《志》、沈《志》同。子雷，字鳧溪〔註20〕，少好學，構臥薪樓於家園之西偏，十餘年不下樓，後成進士。《夏氏譜》。初授刑部主事，奉命讞河南疑獄，人服其平。後守西安，繼調長沙，皆有惠政。備兵重夔，參政蒼梧，所至咸稱其職。楊《志》、沈《志》同。知縣楊瑞雲謂其「藹藹若春空雲」云。楊《志》、程《志》同。雷子應星，字念鳧，《夏氏譜》。進士，官長沙知府。《夏氏譜》及程《志》。

蔡誦、蔡福皆伍祐場人。誦竭力承歡，親歿，廬墓三年。福刲股療親病。

〔註19〕《明史・職官志》：「從五品，初授武略將軍，升授武毅將軍。……歲凡六選。有世官，有流官。世官九等，指揮使，指揮同知，指揮僉事，衛鎮撫，正千戶，副千戶，百戶，試百戶，所鎮撫。」明朝各千戶所下設二人為副千戶，從五品。與正千戶同掌本所軍士。

〔註20〕「鳧」疑為「鵡」。

見《兩淮鹽法志》。舊府、縣《志》載，明代刲股療親十四人：劉鑾、潘縉、凌鏜、山陽李元《贈鏜詩》云：「割兒肉救兒親，一念之烈不顧身。身且不顧，名何足珍？明有日月，幽有鬼神，羹一入口回陽春。嗟嗟孝子一點血，金刀萬古常如新。」劉璿、陳位、朱自正、曾鐸、李建學、薛秋芳、孫應芳、孟之德、孟僖、楊廷相、高建勳。鑾、自正，皆諸生。秋芳，王府引禮舍人，舊《志》無「舍人」二字，據《明史‧職官志》補。父病，晨夕哀號，遂失明。應芳、之德，刲股兼嘗糞。僖，之德子也，與鰥父同寢，不宿於內者七載。廷相，刲股療母，年才十四。後父病，復刲股。位、鐸、建學，刲股兼廬墓。舊府、縣《志》載，廬墓孝子又有陳寶、殷輅、成瑤、姜漢、梁秀。寶三年不入內，命其子唯以水、米餉。輅日侍老母，棄諸生。母病，衣不解帶。瑤十七喪母，寒暑哀切，廬墓三年，妻病歿，亦不返顧。見乾隆《府志》，較程《志》、沈《志》稍詳。漢振貧瘞殍，燔券還金，義行甚眾。秀寢墓次，有鬼叩門試之，不為動。乾隆《府志》引《通志》云「秀早喪母，父憐之，不再娶。秀朝夕色養，父歿，廬墓，離家數十里，夜有鬼物試之，不為動」，《阜寧志》謂「至夜分磷火四流，雖瞥見鬼物，不為動」，與程《志》、沈《志》有鬼叩門之說微異。《阜寧志》又云「秀鹽城籍，居廟灣境，其廬墓處在裴橋里彭家庵側」，今考秀世居安豐鎮而廬墓處在今桑臺寺東〔註21〕，秀墓亦在其側，山陽丁晏《梁孝子贊》所謂「墓田土白百年未變」者也。《阜寧志》之說非是。及歸，揭寢苫下，有赤蛇數十，眾驚異。事聞於官，旌之。又有張霄、史文、王夢龍、李登仕、程《志》乾隆《府志》光緒《府志》皆作「李」，沈《志》誤作「季」。蔣勵、蔣稷、蔣有渠、徐誠、舒崇善、李世奇、瞿毓秀，皆以孝稱。霄、文，皆伍祐場人。霄孝事雙親。嘉靖三十五年，部授冠帶。文舉孝悌力田，官監察御史。見《鹽法志》。夢龍、登仕皆諸生。夢龍，父疾，藥必親嘗。登仕，父病，嘗糞驗差劇〔註22〕。稷為勵子，有渠為稷子，世為醫官。勵嗜酒，父憂之，輒止。與鰥父同宿十九年，不入內寢。稷，值年饑，以藥餌濟人。有渠獨任養母，不委之兄弟。誠事繼母五十七年，曲盡色養，無忤色。崇善孝事寡母，友愛幼弟甚篤。嘗適京師，適本邑貢生張鵰病歿，崇善購棺衾殮之。世奇，父騰京歿於戰，世奇方幼，突陣奪獲父屍，事孀母盡孝養。毓秀，父病，嘗糞，左膊篆刻「為父長齋」四字。以上九人，皆見舊《志》。舊《志》載，割肝孝子一人，周金。

〔註21〕「桑臺」漫漶不清，卷二《輿地志‧邱墓》有「孝子梁秀墓」，注文：「桑臺寺東沈甸莊南有祭田四畝，墓土色白，與他處異。」可知，此處兩字當為「桑臺」。
〔註22〕「差」，今字為「瘥」。

李儒，事祖父極孝，祖父病，刲股和湯以進，病尋愈。後祖父病卒，儒廬墓三年。論者謂近世孝子、悌弟、貞婦即弗多，猶時時見之，唯順孫夐焉莫覯。如儒者，可謂殊絕之行。楊《志‧順孫傳及論》。

陳九經，斗南從子，究心樸學。耿定向校士，南畿拔之，趣入鄉闈，九經不赴，焦竑怪問之。答書曰：「九經家世謹厚，自叔斗南登第，家風遂衰，此非吾叔意。」蓋人心憑藉恣肆，有浸漬而不自覺者，有識者方代為抱恨，敢助其瀾而揚其波耶！學道，終身絕意進取。定向、竑益重之。乾隆《府志》採舊《志》。乾隆《鹽法志》載，九經，郡庠生，力學敦行，恬澹寡營。郡守屢舉行憂，不應。當事重之，扁其門曰「一代高士」，邑令舉鷹賓典。

祁棟，好義任俠。邑范公堤東有海灘，南抵伍祐場，北抵上地面，東至大海，袤延極廣，為闔邑樵採地。貧民藉以養生，雖歉歲，猶得自給，與灶戶煎鹽額蕩無涉。萬曆中，灶戶唐誦、王傲聚眾占奪，棟訴諸大府，得直，復歸民樵採。未幾，為灶戶李子仁所踞。棟又爭之，驗勘得實，子仁杖死，地復舊，貧民皆德之。年九十九年卒。光緒《府志》節採舊《志》。

成敦睦，《濟南府志》卷二十七《秩官五》作「成敦穆」。字無競，萬曆二十年，選貢，任山東齊河縣丞。丁母憂，服闋，補江西萬安。當道廉其治行，薦陞福建武平知縣，剔蠹修廢，善政甚多。三載，卒於官。民懷其德，為建祠，塑大小二像祀之。其子往迎喪，奉其一以歸。邑人供之集仙堂，頗著靈異。《成氏譜》參乾隆二十三年王鍔《武平宰成公遺像碑記》。

周柏，神宗時人。徐瑞，懷宗時人。鹽邑額田，初本八千三百餘頃，嘉靖間知縣葉露新將湖蕩、海灘丈量報部，驟增至三萬五千餘頃，露新遂陞滁州知州。然漕糧仍依舊制，田雖加而賦未增，於小民亦未有大害。至萬曆四十六年，加遼餉，書吏藍舉照三萬五千徵銀，驟加二萬一千餘兩，民不堪命。柏叩闕請減，詔仍依舊畝徵銀，舉遣戍，邑人頌之。孫榘《被纓集》。崇禎四年六月，淮、黃交漲，海口壅塞，河決建義諸口，下灌興化、鹽城，水深二丈，村落盡漂沒。逡巡逾年，始議築塞。興工未幾，伏秋水發，黃、淮奔注，興、鹽為壑。海潮復逆沖范公堤，軍民及商灶戶死者無算，少壯轉徙，丐江、儀、通、泰間，盜賊嘯聚。《明史‧河渠志》。瑞於六年六月乙巳上疏《崇禎長編》言其狀，帝憫之，命議罰河漕官。《明史‧河渠志》。監察御史吳振纓讀瑞《奏》，為之泫然涕零云。《行水金鑒》引吳侍御《奏疏》。

童取鉞，武舉，舊《志‧選舉》。為鹽城營哨總官。舊《志‧藝文‧宋統殷〈忠勇

廟碑記〉》。天啟二年五月，山東白蓮賊徐鴻儒作亂，陷鄒、滕、嶧三縣，犯夏鎮韓莊，劫掠漕艘。《通鑒輯覽》、《明史·熹宗紀》及《趙彥傳》。取鉞奉檄以兵三百八十人往屯彭家口護漕，賊焚虞家莊，取鉞率兵逐之，賊驚走，復趨彭家口，取鉞迎戰於薛城，彭家口得無恙。賊圍守備徐禮於官橋，取鉞令哨官瞿毓秀率兵銜枚渡河伏談山，而己由掌大往夾攻，四更舉火，炮齊發，賊大驚走。徐禮獲出圍。未幾，賊大至，眾十餘萬，諸軍合戰。取鉞以所部為先鋒，毓秀等奮勇戰。良久，殺賊千計。賊潰奔滕縣，取鉞貌恟恟，及遇賊，躍馬奮呼，一可當百。宋統殷《忠勇廟碑記》。毓秀亦武舉。舊《志·選舉》。

　　張極、胡鉞等二十九人，鹽城營兵也。白蓮賊徐鴻儒焚夏鎮，據戚城，漕河梗不通，督撫調所屬兵護漕。鹽城營以張極等三百八十人往，屢與賊戰，皆有斬獲。賊攜老少南下，約十餘萬。官兵僅千人，皆躡賊後，獨鹽城兵陳於前，作先鋒迎敵力戰。良久，賊大至，官兵陷賊中，左右突，不得出。張極諸人擁佛郎機至，擊死賊渠王尚仁，生擒八人。胡鉞善射，連發二十七矢，殺十餘賊。賊始卻南奔，而極、鉞暨萬應元、孟陳道、阮承祚、劉倫、李騰京、蔣訓、王雲、王應奎、李夢蛟、何光輝、王之完、周國號、張成、陳火、李景心、周文、張和、王奉、夏應爵、王守富、劉許、徐登、張枝蘭、張福、張有直、陳恕、陳柏共二十九人，皆死於陣。王應奎為王雲子，陳柏為陳恕弟，見父兄陷賊陣，奮力入圍，殺數賊，賊攢擊死。張有直最當先殺賊死。知縣趙善鳴立忠勇廟祀之，勒二十九人姓名於石，副使宋統殷為之記。按：程《志》、沈《志》皆不為極等立傳。康熙《府志》、光緒《府志》有傳而略。乾隆《府志》傳稍詳，而於胡鉞以下二十八人皆不錄其名。今從乾隆《府志》，兼採《忠勇廟碑記》，以補其闕。

　　李橋，字慕春，性忠厚，有盜入其室被獲，笑而遣之。嘗拒私奔之女。作賈往蘇州，道中見病人垂絕，鬻妻以備棺斂，橋愴然償其金，夫婦復完，病者亦尋愈。光緒《府志》節採舊《志》。

　　王百度，字介石。弟百聖，字揆一。沈《志》、程《志》及《王氏譜》所載《家傳》並同。按：《家傳》係百度子之屏所作，記載極詳，至咸豐中天長宣鼎復為之傳。康熙《府志》、《江南通志》暨《勝朝殉節諸臣錄》、《圖書集成·氏族典》皆誤作「伯度」。進賢主薄信之曾孫，王念言《〈西溪詩稿〉序》。家世以武勇著，傳神槍法，號梅花槍，兄弟皆精其藝。程《志》。百度性至孝，《〈西溪詩稿〉序》。崇禎中，康熙《府志》。以文生舉武科，《家傳》及《〈西溪詩稿〉序》。受知於漕撫楊一鵬，為清江浦把總。一鵬聞流賊將犯廬、鳳，遣邱游擊、徐守備及百度等收鳳陽，以廬州告急，覆命邱、徐二

人移廬州，百度移六安。百度上書一鵬，言「皇陵不可無備，宜屯重兵防守」，不報。至六安，晝夜巡防，擊柝相聞，擒斬賊諜四人。賊知有備，不敢犯。而鳳陽於八年正月失守，皇陵被焚，一鵬棄市。代一鵬者為金華朱大典，有愛將蔣有功，自負精槍法。大典大集諸將閱兵，命百度與有功角藝，有功屢負，乃召鹽營守備沈通明代有功，擊刺移時，未分勝負。大典曰：「二人可稱敵手。」通明謂「王某為我師，知我非彼敵，故不盡其技耳」，大典以百度讓通明，而不讓有功，頗不懌，命與守備郝調鼎同戍潁州。調鼎先行至懷遠縣，值大霧，遇伏戰歿。百度為文，哭之哀，祭文有云：「心懷赤膽，血化青磷。壯志飛揚，欲奪渠魁之魄。狡謀誤墮，不忘勇士之元。中途而忽遇者數萬賊，同日而被陷者三百人。矢盡猶呼徇奮空拳之戰，圍重莫解徒流曠野之膏。生氣猶存，忠魂誰弔！」急追賊至潁，諸將亦至，賊遁去。百度由潁移屯壽州。大典入忌者之言，以他將代之，罷其官。十四年冬，偕下第武舉十人伏闕上疏，請一官自效。兵部奉旨覆奏，如所請。百度掣籤得崇明浙民營守備，按：崇明有民兵、有浙兵，故稱「浙民營」，而舊府、縣《志》止稱「崇明守備」。挈弟百聖之任，道經劉河，謁游擊。而崇明兵合營大噪，往太倉州索餉，百度聞變，冒雨馳往，安撫散錢萬緡，兵皆感泣，隨百度歸崇明。《家傳》。崇明瀕海，多盜。每率兵禦之，康熙《府志》。輒兄弟先登，程《志》。連敗賊於黃村、平陽沙、施翹河、雙洋港等處，《家傳》。多斬獲。程《志》。十五年三月二十九日，《家傳》。大出兵搗巢，康熙《府志》。單騎衝入賊營，沈《志》。被賊騎圍數重，康熙《府志》。百度擊殺甚眾，光緒《府志》。槍折，用短刀，刀復折，身負重創死。《家傳》。百聖單騎赴救，負兄屍潰圍出。程《志》。時百度已題陞劉河營游擊，沈《志》及《家傳》。比新命至而百度歿矣。《家傳》。巡撫張國維特疏褒之，《江南通志》及康熙《府志》同。令百聖署兄職。程《志》、沈《志》及《家傳》同。四月，百聖隨諸將出洋擊賊，《家傳》。賊渠顧榮投誠，程《志》、沈《志》、《家傳》略同。授把總。《家傳》。百聖慨然曰：「兄弟之仇不同國，況同官乎？」程《志》。一日會集軍門，乃袖鐵椎擊榮頭，幾死，光緒《府志》。束身請罪，大吏恐榮餘黨為亂，下百聖獄以安眾心。知縣陸一鵬因士民之請，申救甚力，得釋。《家傳》。強留用之，百聖堅辭，歸躬耕沒齒焉。程《志》。國朝乾隆四十一年，賜百度諡節愍。《勝朝殉節諸臣錄》。

郭化成，字楚陽，《郭氏譜》。萬曆四十四年歲貢。官太湖訓導。陞陝西府谷縣知縣。程《志·選舉志》、沈《志》同。《郭氏譜》云：「由太湖訓導遷懷寧教諭，陞府谷縣知縣。」時流寇縱橫，縣當賊衝，無城隍可守。李自成據《明史·流賊傳》當作「王

嘉允」率數千騎突至，化成以探賊往西山，道與賊左，及回，而賊已陷城而去。化成痛憤不欲生，經略以書來責，既而原之。閱數月，賊復擁眾萬餘宵突城，化成倉皇出戰，負重創敗歸，自經於縣署，《郭氏譜》引《府谷縣志》。康熙《府志》、賈刻楊《志》並云「化成城破殉難」，乾隆《府志》云「城被兵，化成殉國」，程《志》云「城罹兵燹，化成殉國難」，皆附見於《列女志》，而《人物》無傳。長婦凌氏以其喪歸。見卷十三《列女》。同時張循楚由人材薦舉，仕至山海關參將署總兵官，剿賊陣亡。見沈《志·選舉志》。考康熙《府志》、賈刻楊《志》、程《志》皆無是人。山海關即今之臨榆縣也。考《臨榆縣志》載山海關總兵二十三人，山海關參將四十三人，而無張循之名。沈《志》似不足據，然舊《志》所載，未敢輕削。姑錄於此，以備考。

潘仲蘭，恩貢，儀容修偉，為文萬言立就。沈《志》。天啟間，知泰順縣，雅負才致，作興文教，新公館，擴縣治，政事稱理。《溫州府舊志》。攝篆平、陽，紛馳兩邑，遊刃有餘，陞王府長史。所著有《碧筠園集》行世。子與泓，邑中宿學。沈《志》。入國朝，嘗與宋曹、王之楨纂修《縣志》。見卷首。

易會極，由歲貢選河南真陽教諭，陞確山知縣。時流寇猖獗，圍城兩月。殫力堵禦，士無變志。撫按以守城有功，特薦。未幾，積勞成疾，卒於官。舊《志》引《確山縣志》。

孫榘《被緤集》所載，有可以補舊《志》之缺者，凡四人，曰顧隆，曰孫潢，曰劉姓子，曰周柏。隆家微富，以好施罄其蓄。崇禎五年，大水，歲洊饑，慨然曰：「坐視鵠面鳩形而不能救，安用生為？」遂自經。潢，諸生，性至孝。父死，既葬，洪水沖墓，漂棺去，遍尋之，不獲。誓曰：「不見父棺，即自溺。」平明，見一棺橫舟前，視其題識，果父棺也，載歸葬。劉姓子，失名，性至孝。歲饑，行乞得食皆歸奉父，忍饑不言。父問食否，必曰食。後卒餓死，父亦自經。柏自有傳。

李幹才，字篤生；程《志》。樂大章，字君雅，皆廩生。崇禎甲申三月，幹才聞京師陷，即焚儒衣冠，不食數日。同學為詩文祭之，瞠目無一言而死。大章隱居教授，有師法學者宗之。聞北都之變，語家人曰：「時事至此，身安所寄？惟有效魯仲連蹈東海而死耳！」一夕，正衣冠出，不返，遍蹤跡之，得遺骸於城西偏匯澤中。程《志》、沈《志》略同。

司石磐，名邦基，以字行，《明史·邱祖德傳》、《明史稿·吳應箕傳》、汪有典《史外》、楊陸榮《三藩紀事》、徐鼒《小腆紀年》、溫氏《南疆繹史》皆作「司石磐」。程《志》、沈《志》皆作「司邦基」。《射州文存》載王鉅《三忠傳》云：「司邦畿，字石磐。」光緒《府志》

云：「司邦基，字石磬。」石磬，《史外》誤作「石盤」。《勝朝殉節諸臣錄》凡二見，卷六作「石磬」，卷十作「石盤」。光緒《府志》初刊本又誤作「磬石」。諸生。《明史》諸書同。戟鬚髯鐘聲，善談兵。《三忠傳》。乙酉七月，《勝朝殉節諸臣錄》卷六。與都司鄧報國、《明史》諸書皆言「都司鄧某」。《三忠傳》作「總兵鄧報國」。王氏《東華錄》載順治二年七月，漕運總督王文奎奏稱：「海寇馬西祿、王大功縛獻首賊鄧報國、司邦基等，並海船二十五隻、兵丁五百餘名，詣江寧投誠。」司邦基即司石磬，鄧報國即鄧都司。《阜寧志》引《廟灣鎮志》：劉澤清開藩淮上，令封報國為屯政都司，與巡按蘇京屯田廟灣，疑「封報國」即「鄧報國」之訛，諸書不言鄧為何處人，獨《南疆繹史》謂「鹽城都司鄧某」。鹽城營有守備，無都司，謂「鹽城都司」者，謂為鹽城人也。諸生孫光烈，見《三忠傳》。按：程《志》於《李幹才傳》但云「邦基、光烈先後慷慨死」，未載其起兵事。沈《志》云「聞國變，北向痛哭，俱慷慨殉節死」，尤誤。奉新昌王監國，《三忠傳》。按：新昌王係明宗室，見《南疆繹史》及《國史・準塔傳》。同舉兵，《明史》諸書同。規興復，光緒《府志》。克鹽城，《南疆繹史》。兵敗，光烈寄父書，沉海死，石磬髡為僧，與鄧泛海投唐藩，《三忠傳》。為海寇馬西祿、王大功縛，獻詣江南投誠。《東華錄》。見推官郭承汾，《三忠傳》。挺立不跪。《南疆繹史》。鄧欲脫之，言：「此儒生，吾劫之為書記耳。」石磬曰：「吾實首事，奈何諱之！」《明史》諸書同。手械指郭詈曰：「我一諸生殉國，爾中甲科官風憲，今何面目訊我乎！」《三忠傳》。繫獄六十餘日，《明史》諸書同。狂歌痛飲，《明史稿》及《南疆繹史》。酣詈不輟，《南疆繹史》。與鄧偕死。《明史》諸書同。臨刑時，飲酒賦詩自若。光烈，字德求，性恬，退身若不勝衣，遇事義形於色。《三忠傳》。國朝乾隆四十一年，石磬祀本邑忠義祠，鄧都司賜謚節愍。《勝朝殉節諸臣錄》。唯光烈未獲旌恤云。

繆鼎吉、繆鼎言，兄弟也，俱絕有力。淮人王翹森等奉宗室新昌王克鹽城。按：《國朝先正事略・準襄毅公傳》言「新昌王由雲台山聚眾，陷興化」。《興化縣志》載王續棄家走東海，奉宗室新昌王，集戰艦犯興化。當是先克鹽城，後犯興化。鼎言以其徒應之，劫殺官弁，鋒銳甚。官兵至，鼎言持長矛入陣，奮力擊刺，叢箭而死。鼎吉仍糾眾攻城，屢有斬獲，沖其營不為動，轉戰不息，以饑不得食被擒。大帥愛其勇，欲釋之，不屈，乃劖之。浙東俱贈參將。《南疆繹史》。

孫榘，字不逾，程《志》、沈《志》。號東澥，《淮安府志》卷三十《藝文志》一作「東海」。少失怙恃，育於兄嫂。宋蘇所撰《明給諫孫東海先生傳》。守貧嗜學，博綜經史，砥厲品行。天啟甲子，舉鄉薦，于成龍《江南通志》。即蒿目時艱，屢建偉論。顧士英《《被纓集》序》。六年，歲旱、蝗，民苦無粟納官，榘言於知縣楊世祿，謂

宜購米湖廣，請漕撫給牒，免所過關稅。於是富民爭往楚，粟大至，富竇兩利。崇禎四年六月，河決新溝蘇家嘴，榘遍謁大吏，泣請築塞。而群讓紛呶如聚訟，漕撫李待問卒從其策。《被縷集》。興工未幾，伏秋水發，興、鹽為壑，《明史·河渠志》。民多流徙郡城，淮民待之甚虐。榘言之推官王用予，笞其尤無狀者，流民賴以安。榘復請待問發帑振饑，詞極哀切。待問為之色動，即發倉粟屬榘與用予散給。昕夕奔馳，勞勚備至。民苦加賦，適待問自家起戶部尚書，舟泊皇華亭，榘往謁，力陳其害，隨至京謀之。同年，郎中曹子玉仍依舊額八千三百三百餘頃徵銀，獲減遼餉、練餉共二萬餘兩。及歸，未嘗與里人言也。射陽湖，自知縣楊瑞雲疏濬後復淤塞，七州縣頻苦水潦，榘上書於漕撫朱大典，言開濬之法甚具。以上節採《被縷集》。議雖不行，而後之言水利者多主其說云。至國朝康熙三十八年，有「挑通射陽湖、蝦鬚溝」之論。癸未，成進士。《江南通志》。以流寇禍逼，南歸。甲申，福王立。南都謁選，得上虞知縣。《家傳》。甫下車，即懲土豪之害民者，群奸股栗，程《志》、乾隆《府志》。政聲大著。《江南通志》。乙酉夏，大兵下杭州，榘避地海寧。會魯王以海監國紹興，榘上謁，仍宰上虞。調會稽，加兵部職方司主事。丙戌正月，擢戶科給事中，監軍督餉，數陳戰守之策。浙東不守，榘從魯王走海島，《家傳》。沈《志》以宰上虞，調會稽，擢給諫，皆謂為崇禎時事，大誤。旋歸里，閉戶著書，不與外事。乾隆《府志》。當軸屢敦趣出山，榘得書焚之，弗視也。沈《志》。年七十餘，終日危坐，如童孺恂恂初就傳者；叫帝呼荃，如江潭樵牧。宋蘇《〈被縷集〉序》。日與高士二三人講究詩文，徜徉自終。《江南通志》。有《初茅軒集》、《四書正義》、《亦園雜刻》行世。程《志》、沈《志》同。

宋曹，字彬臣，一字邠臣，號射陵。吳修《昭代名人小傳》、王豫《江蘇詩徵》、王之楨《青巖文集》、乾隆《府志》卷三十《藝文志》皆作「份臣」。祖敬，號東川，以舉人知蒙陰縣，廉惠公慎，與民休息。蒙人歌之，歌云曰：「兒和風兒細，南山頭豆熟，北山頭犬睡。」政聲聞於朝，神宗特賜金旌其賢。將擢用，會忤朝貴，遂解組歸。沈《志》。曹少受業於樂大章之門，見《會秋堂文集·成我觀〈八十壽序〉》。福王時由辟薦授中書舍人。程《志》、沈《志》及《府志》皆不言何時為中書。《昭代名人小傳》、《江蘇詩徵》謂「在崇禎時」，誤也。今據《青巖文集》改。時馬士英當國，日以鋤正人引凶黨為務。《通鑑輯覽》。曹與王之楨同飲雞鳴山，仰天歎曰：「吾新進小臣，恨不能邀上方寵靈，一斷貴陽諸老魅之首，唯願與君河北殺賊耳！」之楨曰：「君有雙白在堂，雖有嚴仲子知君，亦不宜以身許，盍去諸？」遂辭歸。《青巖文集·

〈會秋堂詩集〉序〉。鼎革時，年甫二十有六。范公祠有宋曹康熙乙亥所書《碑記》，末云「時年七十有六」，又曹《自題小像詩注》自言「庚申十一月」，以此推之，順治乙酉年，二十有六。程《志》及乾隆《府志》云「鼎革時年甫二十有五」，蓋以甲申言之。甲申，福王初立時，尚未鼎革也。不樂仕宦，退隱射陽之瀕，王晫《今世說·棲隱篇》。自號耕海潛夫。沈《志》及《今世說》。築蔬枰養母，沈《志》。徐州萬年少壽祺為題額，尤侗《看雲草堂集·題宋射陵蔬枰》。歙人程穆倩邃為之圖。惠棟《菁華錄訓纂》。舉山林隱逸、博學鴻詞，程《志》、沈《志》、乾隆《府志》及《昭代名人小傳》。按：曹與魏禧同舉鴻博，係侍郎嚴沆、巡撫慕天顏疏薦。見《射州文存·宋琰〈上當事辭薦鴻博書〉》。俱以母老固辭。徐元文《宋徵君射陵先生七十壽序》。工詩，沈《志》。善書法，沈《志》及《遺民集》。高才絕學，炳耀一時。徐鑅《〈射州文存〉序》。文長於論事。《江蘇詩徵》引《淮安府志》。客遊四方，多識遺民故老，乾隆《府志》。與寧都魏叔子、錢塘胡彥遠尤善。程《志》、乾隆《府志》。海寧朱近修稱其古道照人，足以師表海內。《今世說》。服官江南者，多造廬相訪，唯恐不得一見。總督于成龍迎至金陵，纂修《江南通志》，及書成，辭不列名。成龍益高之。《射陵先生七十壽序》。今考于成龍《江南通志》卷首，纂修銜名有宋恭貽而無宋曹，即徐元文所謂「辭不列名」也。晚年好養生術，《遺民集》。然地方有利弊，沈《志》。必出力補救。《射陵先生七十壽序》。遭河決海漲，民死亡道路，《會秋堂詩集·前異災行序》。目擊孑遺，心傷救荒無策，尤侗《會秋堂集題詩》。所為《淮南災異紀略》諸詩，其言甚痛。宋實穎《會秋堂集題詞》。雖安上之圖，無以過也。尤侗《會秋堂集題詞》。少王之楨七歲，兄事之。之楨有難，曹赴郡八越月，晝夜籌慮，鬚髯遽蒼，下血如注。當事感其義，獄遂解。《會秋堂集·王筠長先生同志錄》。與故新樂侯弟劉雪舫文照有姻，營其夫婦喪葬，收養其家，《射陵先生七十壽序》。且為徵詩於諸名士。陶性堅《〈會秋堂遺稿〉跋》。凡知雪舫者，無不聞而義之。《射陵先生七十壽序》。康熙四十年，卒。《射州文存》卷二宋恭貽《陶孺人墓誌銘》云：「辛巳先徵君見背。」按：辛巳為康熙四十年，時年八十有二歲。所著有《杜詩解》、《會秋堂詩文集》、《真草書石刻》行世〔註23〕。程《志》、沈《志》、乾隆《府志》。子恭貽、桓貽，自有傳。

　　成茂士，字明揚，戶部侍郎均之後，事親以孝聞，弱冠業儒。會天啟朝魏閹柄國，一時科目之士爭趨其門，流毒不已，遂慨然棄經生業。乙丑，至京師拜疏左順門外，舁棺隨之，所言皆切中時弊，留中不報。崇禎庚午，舉武科。辛未，成進士榜已出，有權倖用事，欲招至門下，茂士拒不往複試，黜其名。

〔註23〕《真草書石刻》，卷十六《藝文志下》未收錄，但有《書法約言》。

丙子春，茂士為山陽武舉陳啟新構疏稿上之。《疏》略云：「朝廷有三大病根：以科目取人，一病也。據其文章，孝悌與堯舜禹同轍，仁義與孔孟爭衡，及考政事則恣其貪、任其酷。前所言者紙上空談，蓋其幼學之時父師所教皆謂讀書可致富貴，故進步止知榮身榮親，誰更思其致君澤民之道哉！臣所以傚賈生之哭者一也。以資格用人，一病也。考國初典史馮堅任僉都貢士，彭友信任布政，秀才曾泰授尚書，何嘗以資格限之？至嘉靖時猶三途並用，今惟尚文一途，即一途且分界地。貢士官止於貢，舉人官止於舉，貢者明知前途無路，取如是，不取如是，毋寧多取。舉者明知歷任有限，清如是，貪亦如是，毋寧貪求。若進士則又知天下官爵皆是砧幾之物，天下之士皆其朋比中人，煉成一氣，打成一片，橫行莫之問，放誕莫之稽，取憑其欲，與遂其求，又安得官不貪、吏不污耶？遇有清廉自愛者，則共道其矯，共駭其異，不去之不已臣，所以傚賈生之哭者二也。以知推行取科道，又一病也。知縣者，民之父母。入仕之初，尚畏簡書，自應謹飭，今一選知推，便不思愛養，梃政兼施，貪酷相濟，所以然者，由行取為科道也。彼受任時，先以科道自居，謂異日能舉劾人，能榮辱人。守巡司府竟以科道相待，謂彼異日可顯我、可斥我，交結可為膀臂，投契可為奧援，畏敬之不暇，又何敢侮其意、制其行乎？故虐民、剝民、顛民、倒民、凌斃民，無不肆其所欲，可憐此蚩蚩之氓，叩閽無路，越訴無門，欲不為盜，得乎？臣所以傚賈生之哭者三也。國家受此三大病痛，由是章句無用，黨羽日甚，惟利是好，非情不行，竟成一迷局，舉世盡醉夢於其中而不知醒矣。嘗見青衿子，朝不謀夕，一旦鄉薦，便無窮舉人，及登甲科，遂鐘鳴鼎食、肥焉輕裘，非數百萬，則數十萬。試思此胡為乎來哉？嗟嗟！古云『財不在下，則在上。』使在下也，今日輸賦稅，明日輸加派，猶有入之之日；即使在上，今日發內帑，明日發京庫，猶有出之之時。今不幸而中，奪於縉紳，何日得出而流通於世乎？不獨不出也，而且身無賦產、無徭田、無糧物、無稅，且庇護奸民之賦徭糧稅，其入之未有艾也。即或有時而出，非買科第，即買地方、買陞遷而出，一無不入，於天下有數之財，豈堪此乎？上好下甚，日趨日極，今天下危矣。若病根不除，則賊盜必不能息，勢不至以皇上之天下斷送於章句腐儒之手不止也。臣所以席稿跪伏於大明門外，引領待死，上陳治病之藥。其要有四：一當速停科目，以黜虛交；一當速舉孝廉，以崇實行；一當速能知推行取科道，以除積年橫恣之陋習；一當速蠲災傷錢糧，以蘇累歲無告之顛連。由是真才自出，風俗還醇，而世臻上理矣。」灑灑五千餘言，俱出茂士

手。且屬啟新：「日吾親老矣，不能久羈此，君好為之。」疏既上，上嘉之，擢吏科給事中。啟新力挽茂士，茂士決意南下。未幾，值甲申乙酉之變，披緇遁天闕山，越十年始歸。值歲旱民饑，出粟振之，賴以存活者甚眾。有司雅慕德望，欲一見之不可。惟坐臥城西十里別業，名曰退園。因土而山，羅以雜樹，曲沼荷藥，亭亭立水，每微風動香，輒怡然自樂。年七十二卒。山陽邱俊孫為之傳。程《志》謂傳為李鎧作，《人物志》無傳，僅於《選舉志‧武科》載之，而錄其忤璫、振饑兩事，沈《志》尤略。

王之楨，字筠長，號青巖。程《志》。父夢熊，字飛卿，博學好古，沈《志》。談古今興亡事如指掌。嘗採歷代詩歌關係五倫者，分類成帙，以資人興感。性樂推解，歲造木棉襖數十以衣寒者。年不登，即命家人日減一餐，炊粥數器以待饑者。行之二十年不倦。《陸忠烈公全書》載之楨《與擔雪和尚書》。生陸忠烈之鄉，後死自任，誦法表章不遺餘力，惲日初《〈陸忠烈公全書〉序》。輯遺文軼事成集，多史所未載者。沈《志》。之楨博通經史，恢廓有大志，程《志》、乾隆《府志》。昂然以天下為己任。宋曹《王筠長先生同志錄》。明季流寇縱橫，勢將南下，乾隆《府志》。與同邑宋曹、祁理按：理，字公爕，見《會秋堂集‧王處士傳》暨兄長子翼武結「東西義社」，保障鄉里。程《志》、乾隆《府志》。東閣大學士兵部尚書史可法《明史》開府揚州，程《志》、沈《志》。楨詣軍前陳十策，程《志》、乾隆《府志》。遂辟置幕中，掌機宜文字，程《志》、沈《志》。軍書羽檄，多出其手。乾隆《府志》。與江右歐陽憲萬於寒河冰雪中，同校可法奏議數十卷。《射州文存‧王之楨〈跋史道鄰先生乞閒敘〉》。弘光乙酉，可法舉楨充選貢。說見《選舉志》。《同志錄》云：「知事不可為，先生解印綬歸。」是當日已由選貢得官，今不可考。比入金陵，而蜩螗沸羹之勢成矣。《青巖文集‧〈會秋堂集〉序》。未幾，可法殉節揚州。事詳《明史》。楨歸里，隱居不出。程《志》。教授生徒，從遊者數百人。沈《志》。康熙己未，程《志》。有以博學鴻儒薦者，力辭不赴。乾隆《府志》。晚年德望益高，公卿多卑禮延訪，諮以舊聞。沈《志》。歲饑，客遊京師，有《寄宋曹書》，云：「年來視此身如舊人臣，僕見舊人締造之棟宇，並其從前之邱墓，徘徊遷延。日復日，年復年。舉頭而眺，或以默咽之淚幻作麥飯一碗，或以久鋦之舌化作鵑啼萬聲。飛想運之軍都神嶺間，甚幸其相咫尺也。且密望逢同心於老閣枯衲中，圖詣舊人埋玉處扣幾首，了平生一念。至閱多年未便猝了，遲滯不即歸之故，必為知己所曲悉也。」《青巖文集》。所著有《楚辭纂注》、《太極圖論》、《史局通論》、《朱陸異同辨》，程《志》、乾隆《府志》。按：《太極圖論》、《史局通論》、《朱陸異同辨》為沭陽胡侍郎簡敬作。

簡敬錄呈御覽，大為聖祖稱賞，而唐宗冕《海州志》載此三篇，徑謂「為簡敬作」，不知實出於之楨。皆有獨見。程《志》。子翼齊，諸生，亦有高節。光緒《府志》。天姿穎敏，於《性理》、《綱目》、《史記》，莊、騷、韓、歐文《集》，皆能掩卷成誦，不遺一字。心度澄朗，操履嚴慎。講誦畢，多閉目靜坐，體驗喜怒哀樂未發前氣象。晚年自號靜庵，學養益邃。劉需《東濱文鈔·王靜庵先生傳》。知縣衛哲治造其廬，舉孝廉方正，辭不就。沈《志》。楨與唐華鄂、李生友善。華鄂，字仲韓，《阜寧志》引《廟灣志》。號陶庵，《青巖文集》有唐陶庵《〈家課〉序》。諸生。淮東推其才行。弘光初，督師史可法徵至幕中，《廟灣志》。掌機宜文字。擢歸德府通判。唐陶庵《〈家課〉序》。按：程、沈兩《志·選舉門》亦言「為歸德府通判」，光緒《府志》渾言「為河南通判」。鼎革後歸家，光緒《府志》。嘉遁不出。邑人士以詩文就正者，座上常滿。詢時事，嘿然不答。當事禮聘，弗往也。野服晉巾，優游自適，《廟灣志》。卒，年八十三。光緒《府志》。按：《府志》誤列入「阜寧人物」。生，字子愉，唐陶庵《〈家課〉序》。一字得陽，程《志》。李橋子，有孝行。壬午，登賢書。程《志》、沈《志》同。國變後不仕。年八十五，卒。程《志》。

　　王翼武、宋蘇、司應谷、邵德舜、姜長榮、陳景星、郭魯碻、宋呂、徐明德，皆諸生。翼武，字文備，之楨兄子，未冠補諸生。程《志》。生平篤倫常，尚節概，崇正學，輕末藝，動必由道，秉心不渝。宋曹《會秋堂集·王處士傳》。有才名，工古文詩歌，揮毫立就。其所作《東湖樵夫》、《賣菜傭》、《孫供奉》、《秦吉了》、《御舟鷗》諸詩，孫枝蔚歎為詩史。程《志》及乾隆《府志》。改朔後程《志》隱居不仕，乾隆《府志》。託病佯狂。屏居荒村，《江南通志》。閉戶二十餘年，《會秋堂集·王處士傳》。自成其放棄之志。沈《志》。與同邑祁理友善，約為婚姻。理沒，家貧甚，翼武不忍寒意中之盟，卒以女妻其孤。程《志》、沈《志》同。年三十喪偶，不更娶。沈《志》。年四十五，卒。《王處士傳》。生平著述甚富，惜散佚不傳。沈《志》。按：沈《志》列入「國朝文苑」，不言為明諸生，程《志》不誤。蘇，字眉長。明季入邑庠，乾隆《府志》、光緒《府志》皆云「諸生」。試輒冠軍。甲申后棄諸生，閉門戶著書，足不入城市者四十餘年。沈漢《聽秋閣集·壽宋眉長詩序》。嘗教授沙溪，鄰舍火，時父母兩喪未葬，惶遽伏柩號泣，願與俱燼。家人曳之，不肯出。火益逼，救者以絮被濡水覆蘇及棺，得不死。兄歐，早鰥，與共寢食。二十餘年不入私室。歲饑，路得遺金，待其人還之。有富人高其行，求與婚，啖以千金，終不許。所居敝廬，不蔽風日，晏如也。程《志》、沈《志》同。按：程《志》載之「孝義」，沈《志》載之「義行」，皆不言為明季諸生，誤也。卒，祀郡庠孝子祠。

《山陽志》。應谷，字熟之，石磐之叔。成世傑《詩集・挽司熟之先生詩》注云：「名應谷，石磐之叔。」性孝友，行己以有恥自勵。程《志》、沈《志》同。滄桑後遂避世。成世傑《挽詩》云：「百年偕隱鹿門耕，過眼滄桑幾變更。避世文章垂舊史，傳家弓冶啟新聲。」閉戶讀書，尤究心薛文清《語錄》，鄰里罕睹其面。躬耕數百畝，布菽粗給，餘盡解推，以賙貧乏。程《志》、沈《志》同。德舜，字克孝。乙酉夏，南都不守，福王被執，德舜聞之，慟哭自裁，以母老而止。為黃冠，闢小園以居。貴者訪之，皆不內。樵夫牧豎攜壺榼就飲，則忻然引之入。為語古今忠義事，娓娓不倦，語罷，或笑或涕，人因目為癖。好為歌詠，多自抒哀憤之作。有句云：「餘生貧菽水，老淚濺關河。」聞者悲之。及疾革，盡焚所作而卒。《邵氏譜》。光緒《府志》附德舜於「李幹才、樂大章傳」，稱其聞國變，北向痛哭，憤悒而終。語有誤。長榮，字木生，廩生。世居沙溝鎮。家有鳧園，擅亭沼花木之勝，諸名士多觴詠其中。鼎革後改園為日照庵，隱居其中以老。《姜氏譜》。劉沁區《西諸詩存・過姜木生先生鳧園詩》：「高隱何曾特買山，林園數畝碧流環。溪幽更值秋冬際，亭小偏宜竹石間。猶見衣冠存典則，只容鷗鷺伴簫閒。花源咫尺通人境，倘許漁舟數往還。」景星，字黃道，與德舜友善，兄弟三人皆縣學生。乙酉明亡，獨景星棄諸生，閉關欲掃。聞人言勝國事，輒欷歔流涕。兄子國麟，順治三年入邑庠，自郡歸，過其家，景星避弗見。與之書曰：「爾為興朝多士，我為勝國遺民，忻戚殊情，取捨異趣，相見之際，益增悲悼。今後不入吾門，斯為善體吾志。」陳家癡叔宜死久矣〔註24〕。俯仰身世，言之可為於邑，其峻介多類此。順治八年，卒。採宋蘇所撰《故明諸生陳君行狀》。魯碻，字石城，天啟中，補博士弟子。鼎革後絕意科名，逍遙林落。詩淋漓，感喟多黍離麥秀之思。《採訪冊》。呂，字世臣，徵士曹從兄。博學能文章，以氣節自許。甲申流寇陷師，呂撫膺大慟，不食者累日。自此遂絕意當世。籜冠野服，甘老貧賤。或憐其才，諷之應試，謂：「以若之才，取功名、顯當世如反手耳，曷為自苦乃爾？」呂大怒，被髮佯狂，夜握石噪其門。其人懼，伏床下不敢動。大吏某，豺虎也，郡人炙其威而祠之。呂怒，白衣冠登其堂，指像大唾而罵。時守祠人數輩皆失色，垂刃而睨，莫知所為。呂張拱翔步，從容而出。嘗屏人獨居，中夜傍徨，仰視天象，淒然淚下。臨卒，語其子永詒曰：「吾靦顏偷生，徒以祖父生吾一人，吾未得汝故耳。今汝幸成立，差能讀書。而或干進求名，希尺寸之利，辱我多矣。」言訖而逝。邑人張肇熙家藏《淮郡藝文鈔本》十六冊，內有《宋高士傳》，不著撰人姓名，錄之以質宋氏，見《家傳》所載事蹟雖異，

〔註24〕「陳」，原為「王」，誤。

而峻潔則同，因載其傳於《志》。又《傳》後有贊云：「吾聞之淮人云：『先生衣冠磊落，神采異人，昂然行道上，貴人引車避唯恐不及，否則拱揖道左，先生抗手而已。高風亮節，震駭一時。』嗚呼！亦偉人哉！」明德，字子昭。天啟丙寅，入邑庠。博學好古，與同邑高爾珝子美等結「雲起社」，明德為之長。鼎革後，高不試之節，李生、王之楨與同志，以女妻其子焉。年八十餘，卒。宋曹《贈明德詩》云：「家從亂後猶秦漢，人到閒時自古今。八十鄭虔猶未老，相逢攜手重長吟。」以上據《徐氏譜》。陶鑲《十硯齋集·題徐笏山課孫圖詩》有「處士家聲冠海東」之句，注云：「先世子昭先生與宋射陵、王青巖共推國初隱君子。」

　　吾讀舊《志》至《教諭郝景春傳》，言其教士以忠孝大義躬為表率，而歎明季吾邑諸生忠義彪炳有自來也。嗟乎！諸生雖未籍於廷而既受冠服表異齊氓，君臣之義已定，名教之防是賴。不幸身遭國變，宗社邱墟尚戀子衿不忍捐棄，隨壺漿簞食之民輕於去就而無愧恥，其與粲粲若若迎降道左者似亦未有以異也。如吾鹽諸青領之士，其殆雞鳴風雨時之君子乎！當麥秀黍油、河山變易〔註25〕，慷慨自裁者為李幹才、為樂大章；起兵而死者為司石磐、為孫光烈，其死生不可考者為厲豫；雖不起兵、不死難而亦不橐筆就試，掛冠遂世以沒其齒者為王翼武、為宋蘇、為司應谷、為邵德舜、為姜長榮、為陳景星、為郭魯碻、為宋呂、為徐明德，此九人者皆蟬蛻鴻冥皭然不滓，守所南《心史》之遺〔註26〕，抱皋羽《西臺》之痛〔註27〕，可與射陵、東漸、青巖諸人並傳，其視瞿岑溪、王宜黃等之策名新朝，卓著聲績不啻如冷秋之視考功也。疑當日諸生抗節者尚不止此數十人，惜向之纂修邑志者不知本朝如天之量，多所忌諱擯而不錄。其已錄者，或囁嚅不盡其辭，俾鬱序殷頑幽光與劫灰俱滅，憑弔忠義者有遺憾焉。今取其見於野史稗官、先正詩文集及故家譜牒者，詳加考訂，為之立傳，以補程、沈紀載之遺見。吾鹽當時濟濟之士皆能以節義大防自任，不徒以雕蟲小技自矜。今越二百數十年猶想見黍離版蕩之際，瀕海彈丸邑大有疾風勁草，令人有執鞭忻慕之思也。論者謂為有明三百年養士之報，信斯言也。率土宜皆然矣，何以他邑莫能逮焉？然則郝忠烈倡導轉移之功亦何可沒哉？嗚呼！一泓泮水系民風澄濁之源，數尺宮牆為士品崇庳之本，自木舌金口喊無

〔註25〕「易」或為「異」。
〔註26〕元代南宋詩人鄭思肖的《心史》成書於景定元年至咸淳五年之間。
〔註27〕謝翱，字皋羽。景炎元年七月，率鄉兵數百人投效文天祥，署諮議參軍。文天祥被殺，不仕元，漫遊兩浙以終。元世祖至元二十八年與其友人登西臺祭文天祥，有《登西臺慟哭記》。

聲響，而悁悁者乃不可言矣。《王氏譜》載宋凱詒《挽王之楨詩》：「可憐當日新亭侶，漸
次晨星黯射州。」注云：「謂唐子陶庵、張子爾定、徐子子昭。」按：爾定不知何名，疑亦當時
逃名之士，附錄於此，以俟考。

鹽城縣志・卷十一・人物志二

國朝

　　凌家瑞、瞿鶴齡皆貢生。光緒《府志》。家瑞，字于麟，程《志》。文譽震一時，名儁多出其門。沈《志》。與唐臣戀、王翼武齊名，常熟楊彝謂「其文可方念庵甘泉」。順治三年，任含山訓導。陞太和教諭，程《志》。經學課。士人謂為安定，復出捐俸修學宮，沈《志》。兩邑《文獻志》多出其手。程《志》、沈《志》同。孫芹孫、蘭孫沈《志》亦有名稱。光緒《府志》。蘭孫，增生，《芹香集》。值聖祖南巡，嘗獻賦行在。《採訪冊》。鶴齡，字聞野。《瞿氏譜》。順治初，官岑溪知縣。值兵變，堅守孤城，督撫上其功，陞鞏昌同知。未幾，卒。子肇公，獨往扶櫬，人稱其孝。孫志濬，字德升，廩生，文名冠時，沈《志》。著作《盈笥撰綱目補義》以續紫陽，得春秋謹嚴之旨。瞿賡甲《〈片羽集〉序》。以古文教授，後進多從之遊。《誦芬堂文集・季封沂七十壽序》。聖祖南巡，獻《聖壽無疆頌》，《〈精嚴錄〉序》。古雅淵博，忠愛溢於言表。《射州文存》。晚年喜濂洛關閩之學。《〈精嚴錄〉序》。志濬子賡甲，精曆算。《片羽集》所載皆講天算之文。

　　張樹屏，字建侯，宋張埜之裔。沈《志》。埜，岡門人，明經史，以人才舉本縣直學，累召不起，年七十餘卒。程《志》、沈《志》、乾隆《府志》同。論者謂「皭然，儒者之高蹈」。楊《志》。樹屏，少負文譽，有聲復社。沈《志》。寒夜讀書達旦，家人以頮水進，水已冰，猶未之知。程《志》。母病三年，衣不解帶。程《志》、乾隆《府志》。入國朝，登進士，官臨縣知縣。嘗卻公餘銀三千餘兩，免修城加派銀九千，民德之。沈《志》、光緒《府志》同。以清直罷歸。越三歲，卒。《阜寧志・流寓》。子安，歲貢，有幹濟才。聖祖南巡，條陳河務，蒙召見。沈《志》。

－247－

王世璽、張飋飛皆進士。光緒《府志》。世璽，字春如，知定興，地處畿輔，軍旅絡繹，才敏，以辦治稱。調江西宜黃邑，處萬山中，民苦挽運，力請上官，改輕齎。土寇竊發，密捕其魁羅臣四、鄒煌三等置之法。程《志》。單騎入寇壘諭以大義，眾皆懾服。招流亡，勤撫字，捐修學宮，邑人思之。沈《志》引《西南通志》。分校鄉試得士九人，如侍講李來泰，大顯於時。改判鄭州，程《志》。奉檄採辦薪柳，屏卻陋規，大為河督朱之錫稱賞。《家傳》。移知寧都。光緒《府志》云：「擢知寧都州。」考《乾隆府廳州縣志》，乾隆十九年始陞寧都州，光緒《府志》誤也。寧自韓大任寇亂後，民多竄匿，殫心招徠，民皆安堵。程《志》。魏禧兄弟隱居金精翠微峰，名重天下，行式廬之禮。程《志》、乾隆《府志》。為大吏誣劾，江南制府昭雪之。《家傳》。解組歸，子師維、師績皆有才名。程《志》。師績，字東皋，為人剛方秉正，為里人所敬憚。沈《志》。飋飛，字千子，知龍泉縣，亢直不阿。歸里後憤邑民苦差徭，力陳其弊於淮揚道張萬春，聲淚俱下。萬春竦然，盡釐其弊，里人頌之。沈《志》、乾隆《府志》。

孫一致，字惟一，號止瀾，程《志》。亦號檡庵。見劉沁區、宋曹所撰《〈世耕堂詩集〉敘》。父助，以孝友著。《江蘇詩徵》。一致以進士第二人，授編修。程《志》。上駐蹕瀛臺，得魚太液池，召賜內閣翰詹諸臣，一致與焉。《集》中有《紀恩》二首。累官侍讀學士。以母憂歸，遂不復出。乾隆《府志》。按：程《志》云「以親老請告歸」，《江蘇詩徵》云「以母老請歸」，沈《志》云「以久缺定省，請告歸養，依依孺慕，十餘年不出」。考一致雖請假歸省，丙午復入京，後以母憂歸，遂不復出。其病中自挽詩，有云：「不幸遭大故，棄還泣《蓼莪》。從此不復出，息影東海坡。」可證也。乾隆《府志》不誤，今從之。一致詩宗少陵，程《志》、沈《志》。書法俊逸，乾隆《府志》。性斂骨疏。宋曹《〈世耕堂集〉敘》。居鄉時，乾隆《府志》。守淡厭紛，不釣名譽。宋曹《〈世耕堂集〉敘》。糲食藜羹如窮士，展卷吟哦，怡然自得。《江蘇詩徵》。徒步與素交往來，見者不知其為侍從臣也。程《志》、沈《志》同。喜遊覽，遍歷齊、魯、燕、趙、吳、楚之地。遇佳山水，雙屐孤篷，必窮其勝。撫景觸事，不假雕飾為工。劉沁區《〈世耕堂詩集〉序》。所與唱酬，如江都吳綺、長洲尤侗、寶應喬萊、如皋冒辟疆，皆一時知名士。見《世耕堂集》。而與同邑宋曹尤善，每聚至燈炧酒闌時，復選韻倡和而別。宋曹《〈世耕堂詩集〉序》。劉沁區稱其詩意永而脈清，色新而調逸，於盛唐諸家若供奉之流麗，右丞之澹雅，常侍、嘉州之森秀，兼收其妙而意度波瀾開合頓挫之法，一以老杜與歸。劉沁區《〈世耕堂詩集〉序》。後感風痹，臥床第十餘載。雖伏枕呻吟，不廢嘯詠。程《志》、乾隆《府志》。著有《世耕堂集》。程《志》、

沈《志》、《江蘇詩徵》、《國朝詩別裁集》。

薛鼎臣，字式九，程《志》、沈《志》及《貢舉考略》。號海峰。今所傳有《薛海峰疏草》。父健，力善不倦。《墓誌銘》。鼎臣慕善樂道，不為苟異，邀譽而務躬行。《射州文存‧釋原志〈與薛式九給諫書〉》。年二十二，以選拔入都。文譽流公卿間，程《志》。與楊雍建等齊名，號西清六子。教諭任昌所撰《薛給諫傳》。司業曹厚庵本榮待以國士，《墓誌銘》。大學士范文肅文程延以課其子，《家傳》。遂得與秘書院中書舍人之選。《墓誌銘》。沈《志》卷十二《選舉》誤作「內閣中書」。甲午，沈《志》。舉順天鄉試。程《志》。晉誥敕撰文，供職精敏，世祖器之。奉命諭祭河南李尚書，便道歸省，覆命。遷戶部主事，《墓誌銘》。陞兵科給事中。程《志》、沈《志》同。感激知遇，悉心建白。《墓誌銘》。不畏彊禦，任昌所撰《傳》。所匡贊皆有裨於民生社稷，衛哲治《〈薛海峰疏草〉敘》。有古名臣風。釋原志《與薛式九書》。其《摘陳時弊以杜貪源疏》云：「竊惟今日而求治平，以懲貪為第一要務。顧所以懲貪之法，有挈其綱領而懲之者，有列其條目而懲之者。夫挈其綱領則行十兩，流徒之典，未嘗不敢嚴議；上下互揭之規，未嘗不善。而吏黜循良，貪黷如故，則以有司行貪之實事，百姓隱忍而不敢言，上司包容而不能禁也。夫有司之取於民者多端，莫甚於私報大戶之弊；取於商賈者多端，莫甚於私派當月之弊；取於錢糧者多端，莫甚於私索常例之弊；取於詞訟者多端，莫甚於私罰贖銀之弊。所謂私報大戶者，平民稍有餘貲則名曰大戶，有司視為魚肉，於是假公濟私，百計掯索。或藉口於漕糧比較不完，或藉口於銀兩催徵不足，乃命里甲簽報大戶，責令納米納銀。被報之人驚惶無措，於是暗出多金，求其寬免。所謂私派當月者，小民經商不過權子母之力以為生計，不意地方官員視為公共之物，恣意取貨。於是各行之中，各派一店以當一月。此一月中聽憑文武大小各衙門要取貨物，或取貨並不給價，或給價仍係潮銀。於是店家折本為之罷市。所謂私索常例者，有司催徵錢糧原係惟正之供，而貪官污吏於正額之外，另立名色，謂之曰常例。每米一石，正印官收常例銀一二錢不等，佐貳官收常例銀七八分不等。催比之差役有費名曰紅票，掌櫃之吏書有費名曰官錢。百姓既竭力於公帑，復疲極於私費。徵比難完，遂成拖欠，正課日缺，民欠日多。所謂私罰贖銀者，小民詞訟，不論原告、被告，或罰修城樓，或罰修垛口，或罰修學宮，或罰修衙舍。每罰一處，輒估數百餘兩，被罰之人不得不湊銀送進，然後批免究必仍罰紙贖。而紙贖銀兩其伸報者十之一二，其竟行肥己者十之七八。凡此積弊，乞敕下各撫按轉行各府州縣，豎立木榜，永行禁革，以杜

貪源而安民生。」其《請停察荒疏》云:「臣聞山東一省肥城、長清等縣,因察荒地擾害村民,百姓受困,有情願棄田避入深山居住者,有燒毀房屋走入深山為盜者。又河南按臣李粹然題參永寧知縣章平事假捏勸墾名色,聽信總書段定國等,每丁懸坐地四畝,共丁三千五百二十五,丁共坐地一百四十餘頃。一切差徭俱照行徵實地起科,怨聲載道。伏念山東、河南二省,當此四五月間正小民力農之日,耕夫在野,良苗滿目。若勒限丈地,勢必踏損田禾,大妨農務;若不行踏丈地,竟以州縣所報之冊為憑,則草率了事,將來流弊不可勝言。祈敕部詳確議覆,並將山東肥城等縣察其擾民者原係何事,又推河南永寧等縣察其懸坐者更有何人,徹底清查,期於無弊,則疆界正而賦役清,真萬事之永利矣。」其《請清查兵餉積欠疏》有云:「臣辦事垣中,見湖廣撫臣張長庚題稱:大師底定滇黔,糧餉關係甚大。查外省節年拔協者,尚欠二百三十一萬有奇。自今滇黔米珠薪桂,需餉急如星火,萬分迫切。又福建督臣李率泰題稱:三省協餉共欠六十三萬六千有零,浙省又欠三十二萬七千有零。自今各旗縣官兵有欠至三四個月者,有欠至七八個月。萬一變起,倉卒則禍在蕭牆,臣兩次讀之,不勝駭異。雲貴初開,尚須強壓峒蠻。閩省多事,正須防剿流寇。若使將士嗷嗷枵腹荷戈,何以鼓勇?何以制勝?求其所以壓欠之故,大率弊端有四:一為侵欺,一為挪移,一為積逋難完,一為空批抵解。臣請天語嚴飭各督撫,嚴催速解,並清查嚴欠之由。若果係侵欺,則應如何追比;果係挪移,則應如何補正;果係積逋難完,亦應據實題明,勿得徒累有司;果係空批抵解,亦應據實題參,勿得徒累百姓。如此徹底清查,仍令速行題報,庶軍中無庚癸之呼,協餉有清楚之望矣。」其《議營馬歸營,驛馬歸驛疏》云:「竊惟營馬之設,以防賊寇;驛馬之設,以備傳宣。二者各自為用,不易之制也。自云貴未開,軍興孔棘,故郵符之內有『驛馬不足,以營馬湊用』字樣。此係一時權宜之計。今接有鄖陽撫臣張尚手本,內稱:『南北差使,驛馬不足,借用營馬,動經需馬七八十匹、百十餘匹不等。沖途差繁,驛營交困,報倒報斃之文幾至盈庭塞案,則是驛馬與營馬俱已重累不堪矣。』又云:『襄陽縣驛馬共百四十匹,不為不足,而差使一至,全不要疲瘦驛馬,止需肥壯營馬,則是驛馬以瘦而得閒,營馬以壯而得苦,更為重累不堪矣。臣思鄖、襄一帶,非無事地方可比。其荊襄、安沔、南陽、漢中諸府流民,往往烏合於深洞窮谷之間,古稱驃悍難治,而且積寇郝搖旗等依恃山谷,逋誅有年。』此兵部覆任克溥疏,責令督撫相機剿撫者也。今將衝鋒破敵之物,借作置郵傳命之用,揮戈陷

陣之士，充為鞭鐙執役之人，軍心消沮，兵威不振，其何以滅此巨寇而奠此一方哉！方今邊疆地方，如鄖陽之尚有賊巢者不少，如鄖陽之借用營馬者更復不少。臣請敕部酌議，查《會典》舊額並協濟銀兩如何，而後充裕，俾營馬歸營，驛馬歸驛，軍中有馳騁之威，公差亦有往來之便矣。」在兵垣，凡上十二疏，如請調和閩省文武，禁積棍營充官役。軍政之期，撫按凡有提問，別具密疏，以防生變。錢糧交代，嚴立限期。甄別之先，戒令各堂官毋許接見屬吏。以上節採《疏草》。皆言人所不敢言，朝封章而夕報可。魏裔介《〈海峰疏草〉序》。十七年，轉工科右給事中。時天下甫定，田多污萊，加以飢饉洊臻，議賑蠲無虛日。鼎臣奏請詳議：「水農之政為足民之大本，釐恤丁田之政為足國之大本。一曰恤流民，二曰禁游手，三曰課農桑，四曰團里社，五曰嚴詭寄。」並奉旨敕部施行。夏五月，天久旱不雨。世祖下詔引咎，令群臣極言得失。鼎臣奏云：「皇上因亢旱為災民生未遂，特昭引咎之心，並廣求言之諭，即此一念至誠已足隔天地而和陰陽，以漸致甘霖之沛矣。然近日陰雲時見，殷雷間聞，似有滂沱之望，究無霖霈之施。臣乃窺測天道，察驗人事，竊謂天以生物為心，未嘗靳其陰膏，乃驕陽敢於制之而雨遂格於虹霓，猶之君以愛民為心，未嘗不行仁政，乃貪吏敢於悖之，而恩未流於蔀屋，即此上下蒙蔽之端便召陰陽乖戾之氣。試思皇上親政以來，凡所頒之上諭、所下之俞旨，即六部所覆之本章、所行之事例，何一非懲貪剔蠹？何一非恤兵養民？而究竟治效鮮臻，災眚迭見，則以直省諸臣蒙蔽，公行違旨虐民之過也。今就見聞最確者指實為我皇上陳之。如去年兵部所題《廠夫橫行》一疏，內稱：『浙省私派廠夫作惡害民，請令嚴查科派情弊，仍將見在廠夫盡行禁革，並通行各省一體查禁。』已經奉旨依議嚴行。不意嘉興縣之兵房蠹吏乘知縣高登雲丁艱之後，促縣丞王典私出牌票，勒令每圖備夫一名以供走差，其所謂備夫者即廠夫之別名也。此蒙蔽之一也。又去年兵部所題《鄉兵增設》一疏，內稱：『鄉兵名色，原係鄉村保甲自為團練，何得藉端科派？請將嘉善縣派銀情由嚴察。』亦經奉旨依議嚴行。不意去年十二月間浙省屬縣勒令每圖報應捕其工食衣甲，一如鄉兵槍手之數，所謂應捕者即槍手之別名也。此又蒙蔽之一也。又去年戶部所題《草穀採辦》一疏，內稱：『豆穀草束責成藩司採辦，不許私派小民。如有累州、縣、里長採辦者從重嚴議，仍嚴飭各省一體遵行。』亦經奉旨依議嚴行。不意浙藩胥吏仍行私派以售其奸，於去年十一月間牌行嘉興檄取穀一萬、草十萬。有司無措，不得不轉而派民。此又蒙蔽之一也。又去年刑部所題《衙蠹吞噬》一

疏，內稱：『各衙門蠹役盤踞作奸，責令刑廳廉訪得實，依律嚴究治罪等語。』已奉旨依議嚴行。乃近聞浙西奸蠹劉泮章、劉美中乘徐用章人命重案，設局騙銀，逼奸章妻。及被用章告發，經前任道臣史燧通申撫按發府審實，泮章得蕩價銀一千二百兩，又得田價銀一千二百兩，而美中賄囑問官，止供得銀百金，仍巧稱係用章之父久寓其家自用盤費，止擬徒懲。夫美中乃臬司經承吏也，以經承而留重犯之父，為之營脫，並留其家屬行奸，則其包攬打點，淫惡恣肆為何等？而承問者公然婪賄薄擬，法紀何存？此又蒙蔽之一也。由浙江一省推之他省，似此者何限？臣請敕部嚴議。凡奉旨事件，如有貪官污吏蒙蔽不行貽害百姓者，撫按立為題參，從重議處。若有徇隱事發，一體治罪。仍查浙省廠夫革而備夫興，開端者何吏？槍手除而應捕報，遵奉者何文？草穀一事，何為妄派？美中一案，何為狥縱？一一重懲，以為違旨虐民者戒，庶懲一以警百，而弊竇漸除，實效漸臻矣。」奏入，奉旨所參有司蒙蔽等情弊，著嚴察議奏。節採《疏草》。是年秋，《墓誌銘》。副檢討鄒度珙《貢舉考略》主湖廣鄉試，稱得士。沈《志》。辛丑，覆命。《墓誌銘》。奏稱：「建義、蘇嘴、馬邏、新溝、淤工為五大險工，宜圖堅久。」因歷陳河工官吏侵漁之弊，節採《疏草》。皆防河急務。乾隆《府志》。弟藎臣歿，慮二人慟傷，固請終養，年甫三十有二。時論賢之。《墓誌銘》。里居務農業，不輕入官舍。任昌所撰《傳》。事親盡孝養，居喪盡禮。康熙己未，卒。《墓誌銘》。年五十。藎臣，字晉三，丁酉舉人，有才名，未及壯而歿。程《志》。

李思伯，字杞南，歲貢。順治間，官潛山訓導。教士以程朱胡張為法，修葺文廟，重刊《潛山志》，學使優獎之。未老，致仕歸。居恒手不釋卷，謹言慎取，與粹然儒者。預知死日，正襟危坐而逝。所著有《皖遊草夢花集》。子谷玉，字有貽，增廣生。博學篤內行，教人以至誠為主。谷玉子鉽，字式金。究心經史，不求進取，事親純謹，終日無疾言遽色。居喪不用浮屠。鉽兄鏞博學，性孤峭，與物多迕，而與鉽處怡怡無間言。《廟灣鎮志》。

劉沁區，字水心，程《志》、沈《志》。號西溪。見成永健《〈偶存詩集〉序》。髫年居喪，盡禮如成人。日與孫東海、姜木生講學論道，劉楹所撰《伯父水心先生傳》。有聲文壇。程《志》、沈《志》。少罹世故，鮮他好，獨喜誦古人詩。《〈西渚詩存〉自敘》。生平尤瓣香劉隨州，刻《隨州集》行世。程《志》、沈《志》。遊郡城，館於侍講邱象升之桐園，乾隆《府志》。篝燈夜坐，把酒論文，邱迥《〈西諸詩存〉敘》。有針芥之合。山陽邱迥邇求、周雲書霧侯、戴暲閣士皆從學詩，乾隆《府志》。而與

錢塘馮景山公為忘年交。馮景《〈西渚詩存〉敘》。其所為詩，溫柔敦厚，一唱三歎，
有風人之遺。乾隆《府志》。尤究心時務，每發為歌詠。以歲貢選授銅陵訓導，不
就。卒，年八十。遺命不用僧道治喪。劉槤所撰《傳》。著有《西渚詩存》二卷，
迴取付劊劂，《〈西渚詩存〉自敘》。四方爭購之。沈《志》。又著有《四書疑問錄》、
《桑海餘痛》、《淮志補遺》等書，劉槤所撰《傳》。惜散佚不傳。程《志》、沈《志》。
沁區，沙溪人也。其後沙溪有姜簧蒼水、劉有光次熙、劉梁奕山，皆以文名江、
淮間。梁，甲午舉人，文譽震一時。素好義，嘗應試金陵，有友暴卒，罄貲殮
之，至不能歸，弗恤也。年甫壯而卒。節採沈《志》。

周鴻陽，字燮侯，程《志》。一字尚和，自號東始山人。當子書盛行時，獨
法先正大家。晚乃補博士弟子。鬻產購異書數百卷，評點精覈，於《易經圖說》
尤能發明，為後學講解不倦。工書，風骨勁健。性放浪不羈，每月夜矯首長嘯
如鶴鳴，或致群鶴之和不能辨。程《志》、沈《志》同。薛僖，字梅亭，其弟子也。
性孤介，傲忽俗流。程《志》。精二王楷法，《西渚詩存・〈偶占貽薛梅亭詩〉》注。嘗作
小楷千文數百本，書家爭傳之。沈《志》、程《志》作「數十本」。擘窠大書廣輪徑尺
者，一筆揮就。人欲得之，大率在佛舍僧僚中，紈綺子弟售以金帛，不屑也。
所著述多散佚。僧憨愚苦心搜輯，得詩、文各一卷。程《志》。

唐臣戇，字蓋侯。程《志》、沈《志》同。家貧處閭間，受縣尉辱，遂奮志於
學。聞楊廷樞維鬥名，往師事之。歸途邂逅羅萬藻文止，得其指授，焚棄舊稿，
下筆有豫章風力。程《志》。與同邑張樹屏俱著聲復社，沈《志》。文筆瀾湧，稱
曠代逸才。《西渚詩存・哭唐蓋侯先生詩》。其苦心孤詣，絕似徐思曠，每成一藝，
必為人尋味之所不及。國初，鹽邑文士林立，群以戇為冠雲，沈《志》。其後有
蔡璟階宋、金銘石友、宋孝貽永言、梁華南蓮峰、孫鳳鳴吉士、劉炳虎文、程
《志》。沈《志》不載諸人之字，今據《芹香集》增補。葉峻嵋山，《西渚詩存》作「虞山」。
為文皆各自成家。程《志》、沈《志》同。環抱直率愫，與人忘形骸。感憤時俗，
往往泣下為詩歌以寄嘯傲。每構藝，銑腸斲腎，不極意盡致不止。受知學政張
榕端，充拔貢。未幾，卒。《射州文存・金銘〈蔡子遺文敘〉》。峻尤嗜古力學，凡書
史過目，終身不遺一字，議論多前人所未發。教授生徒，時彥多出其門。程《志》、
沈《志》同。

王忱，字茲信，宋曹《會秋堂文集》。庠生，性純孝。父三友，與弟貢生際寅
白首同居，友恭甚篤忱。值親病，百計醫療，寢不懈帶。母卒，哀毀骨立，嘔
血數升而歿。逾月，書閣中燕產白雛展翼而出，盤旋喪吹。程《志》、沈《志》略

同。宋曹為作《白燕調》:「白鷴感陸公之忠而死,白燕感王氏之孝而生,一死一生皆精誠所感」云。《會秋堂文集》。

　　劉炳,沈《志·文苑》、《孝友》皆有劉炳,係兩人,《芹香集》誤合為一。事母盡孝養。母病,嘗藥刲股。沒後,刻木為像,事之如生。後值繼母病,復刲股愈之。事繼母盡孝養者有劉應庚及諸生李挺生;事父母與繼母皆盡孝養者為凌偉器;刲股愈父者為陳範、徐文炳暨諸生張烈、張佺;刲股愈母者為潘長富、曾士傑;刲股愈父母者為王世泰暨諸生張鎧;兩次刲股愈母兼孝事繼母者為李貽孫;三次刲股愈父母者為劉芳兄弟;同刲股者為曹廷琇、曹廷球、李廷柏、李廷機、監生卞士珍、卞士佩。應庚曾拾遺金還人,嘗貿遷江南,鄰舟三十餘人被盜劫,哀號欲投江,應庚傾囊分給,俱感泣去。範刲股時,年十五。廷球刲股療母,年才九歲。及年十二,復刲肝療母。佺置義田三百畝以贍宗族。貽孫友愛其弟,終身不析居。而長富嫂陳氏、割乳下肉以療姑。士珍妻朱氏、士珮妻王氏,姑病吮乳,姑歿茹素,皆三年。皆以孝聞。節採程《志》、沈《志》。邑人以友愛著者有蔡悅之,伍祐場人;吳世舉、邵調之,新興場人。見乾隆《府志》。

　　沈漢,字天河,程《志》、沈《志》同。一字書樵。見李福祚《昭陽述舊編》。性孝友,幼孤,終身孺慕如一日。有弟三人,皆早卒,撫諸孤如己子。家貧,膏火不繼,居近城隍廟,夜輒就神前燈光讀書達旦。戊子,舉於鄉。戊戌,成進士,授宣府司李。《墓誌銘》。下車,首革馬快之積蠹者,程《志》、乾隆《府志》。民大悅。釋劇盜柴敏政案內擬闖十三人。調遵義,詳釋逃員劉起蛟妻孥,俾得生還。程《志》、沈《志》同。程《志》又云:「調遵義,明季流寇遺孽蟠踞境之西山,剽掠蹂躪,遠近騷然。漢設策擒其魁袁宗悌、李來亨等。」按:此說本之黃鼎楫所撰《墓誌銘》。考「宗悌」當作「宗第」,與來亨並見於《明史·文安之傳》。二人各擁眾數萬,據地數百里。康熙二年,合八旗三省之師,分道進討,重臣宿將躬履行間,攻圍逾年。來亨始焚縊死,宗悌始就擒於巫山之黃草坪。《小腆紀年》、《東華錄》及《國史·圖海傳》、《孫達哩傳》、《張長庚傳》、《哈克三傳》、《賚塔傳》、《瑪爾參傳》、《康喀賚傳》、《科爾昆傳》、《都敏傳》、《貳臣李國英傳》所載甚詳。且來亨嘯聚在襄、鄂之間,宗悌竄擾在臨巫之境,與遵義無涉。《墓誌銘》似不足據。沈《志》、光緒《府志》沿程《志》之誤,又訛「來亨」為「來享」。乾隆《府志》不載其事,渾云「擒剿遺寇」,而又誤敘於宣府任內,今荽其說而辨之,如此。兩任刑官,執法不阿,而宅心常平恕。程《志》。以缺裁,罷歸。乾隆《府志》。值河決,河工需柴柳,檄民間促辦,漢力言於當事,除其令。沈《志》、光緒《府志》同。林居三十餘年,杜門卻掃。著有《聽秋閣詩集》、《臥園文集》、《杜律校評》行世。子志范,貢生,誠愨不妄

語，有古篤行風。志范子儼，自有傳。

陳欲達，字端木，《芹香集》。官山西襄陵丞。程《志》。五攝邑篆，皆有政聲。擢江西永寧知縣，時軍書旁午，供給浩繁事辨，而民不擾，以卓異課最。楊鍾岳《〈贈陳端木父臺〉序》。程、沈兩《志》亦言其官永寧知縣。康熙二十五年，任四會知縣。《肇慶府志》卷十三《職官》。縣瀕湞江多水患，楊鍾岳《序》。二十一年，大興圍決數百丈，淹沒田盧無數；二十六年，姚沙圍、倉豐圍各決百餘丈；二十七年，黃塘圍決二百餘丈，欲達皆請帑修築，《肇慶府志》卷四《水利》。親操畚鍤為民先。堤成，民賴之。楊鍾岳《序》。又修頹城三百二十餘丈《肇慶府志》卷五《建置》及城南之清寧橋。《肇慶府志》卷七《建置》。修《四會縣志》二十卷。《肇慶府志》卷二十一《藝文》。總督吳興祚贈以「昭代龐才」匾額。今扁存季家墩陳氏祠中。

虞三省，字通湖。父好施，子竭力以成父志。順治間，邑屢饑，前後設賑五次，出粟千餘石，活饑民甚眾。有貧民賣女求脫誣獄，三省賣耕牛，贖還之，當事旌之為義民。《江南通志》、乾隆《府志》、程《志》、沈《志》不載其父好施予及賣牛贖女事，餘同。又宋恭詒書己所撰《虞通湖傳》，今存雙墩虞氏家。又，李友蘭，字爾馨，生員。家素封，好義樂施，遇親朋有急，輒傾貲救之。康熙十五年，邑大水，道殣相望。蘭出數千金，與子琮往運漕鎮購米五千餘石，於永寧寺設粥廠，活饑民無算。程《志》、沈《志》同。又有劉祉，字奕世，應庚子，廩貢生。捐金修橋路，焚逋券。康熙五十年，與弟禕輸穀千石於官倉備賑。乾隆《鹽法志》。

李公狄，字梁公；趙錫晴，字箕陳，同歲補諸生。見《芹香集》。俱慷慨，有大志。沈《志》。順治十七年，邑有奏銷案。吏胥誤造冊籍，致撫院題參者百八十六人。命下之日，庠序為空，士多負縲絏就獄，有瘐死者。王之楨《青巖文集》。按：沈《志》作「一百八十三人」。二人間關赴闕叩閽陳情。沈《志》。奉旨交督府提問，卒獲開復，官吏論如律。《青巖文集》。其功在桑梓，有如此錫疇。南旋至山東半城，值地震死，妻宋殉焉，邑人哀之。沈《志》。當二人入京，時有劉應策者，助貲斧以成其行。應策亦諸生，新興場人也，居鄉以好義著稱。又康熙間有諸生凌宗呂，以淹田報涸陞科，災民困於逋賦，於三十一年，伏闕上疏，篤民請命。疏略云：「竊惟江南災民困苦莫過於淮安一府，而淮郡諸邑之困苦莫過於鹽城一縣。其地東瀕大海，西連湖蕩，為高、寶諸邑之下流，素稱澤國。自康熙七年，清水潭決，田舍沖淹，人民死徙。幸我皇上屢命大臣親臨撫恤，蠲賑頻施，僅存孑遺苟延至今。復蒙皇恩軫念重災淮人，微臣目睹等事案內：自康熙十三年起，每冬勘報涸出之田，令民耕墾，三年之後起

徵。康熙十八年，本縣前任知縣馮昱於被災淹田內查出無主版荒永廢田九千九百八十四頃七十六畝四分，逃故人丁三萬九千五百七十丁，並所荒廢屯田一百二十一頃三十八畝四分，詳報。前任撫臣余國柱於康熙二十二年冬勘分晰，具題請豁，到部，奉旨依議，欽遵在案。迨二十九年，天氣亢旱，湖河斷流，積淹有主、無主田地因旱報涸分別開徵。撫臣鄭端委淮揚道劉殿邦履畝親勘，實係無主荒廢，積淹年久，畚鍤難施，與督臣傅臘塔、漕臣董訥三具切疏為殘黎請命，臣等不勝加額歡忻。孰意部覆未允，臣等又不勝欷歔感喟。伏思每年涸出即行起徵者乃有主可墾之地，非此無主永廢版荒地。若一概勒令起徵，勢必責現存之戶代為包賠。可憐！久災殘喘，己之田賦尚多刲肉，何力包賠無主荒廢之租？徒使牽累株連，追呼敲撲，空踏斃於笞杖，究無益於輸。將臣等控告無門，呼天有路。伏叩皇上敕部查節年冬勘一案及諸臣原疏，俯念田荒丁絕，民命堪憐，照同府之宿遷、邳州、睢寧一例蠲豁，災黎蘇於矣。謹奏。」見《採訪冊》。

　　徐第，其先自浙之蘭溪縣遷鹽城。梅鏐《徐南崗墓誌銘》。第少孤，事母以孝。值歲荒，鬻產捐粟，救活姻族及饑民甚眾。子國旗，承父志，力敦孝義。構深柳讀書堂於南村，以枕經胙史為業。歿之夕，焚券數千金。邑人稱深柳先生。程《志》。又沈《志》云：「同邑學士孫一致贈以詩云『耕餘歲月編遺史，地隔風塵號逸民』。」考《世耕堂集》，此二句為《贈徐隱君躍龍詩》。然則國旗，字躍龍也。又句云「短褐長鑱重比鄰，南村今見鹿門人」，則南村自是村名。沈《志》改南村為城南，非是。子燮，孫宏基，能承先業，篤行不倦。沈《志》。宏基子鐸，自有傳。梁卓、程《志》無梁卓，沈《志》作「梁卓世」，考《梁氏家譜》及王永吉《重濬射陽湖議》皆作「梁卓」。光緒《府志》沿沈《志》之誤。劉伸，皆諸生。卓，值水荒，走江、淮，力陳上官，得除淌田稅二千六百六十餘頃，民脫湯火。邑令給費三百金，堅辭不受，鄉人感之。伸，樂善好施，修圯橋以濟行人，置義田，遇族中貧無衣食、不能婚葬者，輒多方助之。卓，壽至八十。伸，年八十餘卒。沈《志》。卓嘗倡議開射陽湖，侍郎王永吉《重濬射陽湖議》多採其說。《重濬射陽湖議》載在《朝經世文編》，乾隆《府志》、《揚州府志》皆載之。同時有夏之時，字葛民，由教習官永新知縣，性磊落仗義。丙子、丁丑，河決，鹽人多流竄，時捐數千金拯饑，宗黨待以舉火者甚眾。沈《志》。

　　陳其寬、劉起龍、孫璹孫、張拱、錢允中、姚美、程永年、許樹、王文昭、劉楹、劉倬、潘同寅，皆以孝稱。其寬，家貧，母病，醫禱備至。年三十喪妻，恐繼娶不善事母，遂終身不娶。起龍善事二親，有姨母無嗣，養之以終餘年。璹孫，給事中槩子。父歿時，年才十二，哀毀骨立，廬墓三年，終身哀慕如一

日。嘗置祭田，修族譜，以成父志。拱，值親病，籲天願以身代。妻袁嘗刲股愈姑。允中，和昆弟，養嫠嫂。父久病，奉藥餌不怠。父思食羊乳，速走烈日中，遇羊群取以奉父。父卒，事哀母，伴寢十餘年。美，家貧，竭力謀甘旨，己或竟日不食。親歿，茹素，喪逾三年，言及隕涕。永年事王母暨孀母程四十餘年，備盡孝道。樹，謙和樂善，孝悌著於族黨。文昭，字實君，諸生。親病，衣不解帶者數月。外舅史氏富而無子，欲剖貲產畀昭，辭不受，為之立嗣。一日，掘地得史氏遺金，悉以還之。楷，諸生，母嫠多疾，恐為庸醫誤，遂精習岐黃術，湯藥必親嘗以進。居喪，廬墓三載。養寡嫂，撫孤侄，皆人所難。按：楷，字持正，沁區從子，與弟克承皆能詩。今沙溝人劉深藏鄭變與楷手書，極稱其詩得水心先生之傳。倬，稟貢生，學術純正。知縣衛哲治式其廬，舉孝廉方正。同寅，母恒病目，舐以舌，目昏復明。坐臥不離母側。壯年亡妻不復娶，與其寬同。節採程《志》、沈《志》。

　　宋恭詒〔註1〕，字稚恭，程《志》、沈《志》同。一字芸夫，景日昣有《宋芸夫八十壽敘》。考日昣，登封人，官至侍郎。《宋氏譜》作「日珍」，誤也。號滋庵。沈儼《誦芬堂稿》有《祭宋滋庵先生文》。幼穎異，沈《志》。下筆千言立就。程《志》及沈儼《文》。詩胚胎七子，書法步武二王。張芳齡《〈會秋堂遺稿〉跋》。隨父曹修《江南通志》，旋選拔入都，名震長安。庚午，舉順天鄉試。沈《志》。辛未，試禮部。翰林某應分校，置酒招之，餂以言，佯不聞。闈卷適入其房，遂為所擯。景日昣《壽敘》。累試不第，補中書。改知焉陵，沈《志》。興利除弊，沈儼《祭文》。有惠政。程《志》、乾隆《府志》。丁丙，艱歸。沈《志》。雍正三年，卒，年八十有三。沈儼《祭文》。恭詒性孝友，沈《志》。居鄉以嚴正見憚。光緒《府志》。事關名教，持議侃侃，不避嫌怨，沈《志》。篤行余懷《〈會秋堂遺稿〉書後》尚義。張芳齡《〈會秋堂遺稿〉跋》。在京與修撰徐州李蟠友善，康熙己卯，蟠以科場事謫遼左，恭詒為長歌送之，讀者多泣下。見恭詒所書《送李仙李出關詩卷》。為亡友呂子權作傳誄，哭以詩。黃岡杜濬見之淚落，長洲尤侗賞其纏綿淒惻，莆田余懷謂其「不負死友，足為五倫之九鼎」云。《〈會秋堂遺稿〉序》。弟凱詒，字元友，詩、文、書法有父風。桓詒，字以倫，程《志》。一字南禺，《世耕堂集》有《挽宋四秀才南禺詩》。諸生。性孝友，以實行聞。《世耕堂集》。母陸患背疽已殆，忽不藥愈，而桓詒歿。父檢篋得《祝灶神疏稿》，蓋祈減己算以延母壽雲。程《志》。沈《志》多脫誤。婦劉，明新樂侯文炳弟文照女，以苦節聞。《世耕堂集》。凱詒子琰，《芹香集》。字尚玉，諸生。自

─────────────────────────────

〔註1〕「宋恭詒」中「詒」或寫作「詒」，書中兩種形式皆有。

經史外，凡天官、律呂、陰陽、緯候之書，無不涉獵。當事欲薦琰博學鴻詞，力辭不就。《射州文存》。知縣程國棟修《縣志》，琰與王鉅、樂寧侗、謝鴻宗皆與分纂。程《志》卷首。鴻宗，字式其，官丹徒訓導。《芹香集》及《丹徒縣志》。鉅、寧侗自有傳。

呂惟，字子權。甫髫齔，好讀書，即以正人君子自命。事父母孝，愛敬其兄弟。年十二，能為詩、古文，稍長，益砥行自立。父為聘淮浦高氏女，女忽遘廢疾，女父請易以長女。惟曰：「吾初訂盟幼女，今以疾廢，數也。吾如棄之，將使安歸？且因妹病而妻其姊，是吾一舉而負二人也，寧丈夫所為哉？固執不可。」會女病劇，客勸其更擇偶。惟曰：「乘病渝盟，吾心不然。」客慚而退。及女死，惟悲咽不勝。久之，始他娶，猶不忍忘高氏，時存問其父母。先是，惟以高氏女故未娶，兄弟各有室異居，資產應惟得者，辭不取。及娶，貧甚，僦居城邑，几席不備，蔬食菜羹，晏如也。與朋友相尚以道，知其賢然後交，交則性命與共，竭力救患難，至自稱貸不惜。苟非其人，雖交歡惟，惟終落落不與之洽。一夕，得微疾，服僧衣冠，端坐而逝。年二十有六。同邑夏州梁斗巖，義士也，痛惟之亡，以女妻其孤。宋恭詒為之傳誄。《會秋堂遺稿·呂子權傳》較程《志》、沈《志》甚詳。今節採入《志》。沈《志》作「維」。

成永健，字乾夫，號毅齋，程《志》。康熙甲戌進士。見《選舉志》。戊寅夏四月，《偶存詩集·〈留別贊皇十首〉序》。知贊皇縣。程《志》、沈《志》同。未旬日即單騎招撫山寇，程《志》云：「未兩月單騎招撫，紙糊套山寇」，今據《詩集》改。當事遏不以聞。德州孫勷《〈偶存詩集〉敘》。七月，調香河。己卯，復還贊皇。《偶存詩集》。分校順天鄉試，得士十三人，年羹堯其一也。永健所刻分房闈墨，今尚存。在贊皇興利除弊，振起文教。桐城方正玭《〈偶存詩集〉敘》。旋用吏議奪官。孫勷《敘》。壬午，聖祖南巡，永健以原任贊皇縣知縣，隨致仕大學士張英等迎駕宿遷，疏請聖駕來春蚤臨河工，以慰輿情瞻仰。《行水金鑒》。久之，補泉州之南安。程《志》。吏畏民懷，一如前治贊皇時。孫勷《敘》。〔註2〕未一載，丁母憂歸。程《志》。父老遮道流涕，資其乏空以行。方正玭《敘》〔註3〕。服闋，補青州之日照，程《志》。按：沂州時未升府，日照尚屬青州。時辛卯歲也。《沂州府志》卷二十五云：「成永健，江南鹽城人，康熙辛卯，令日照。」按：辛卯，康熙五十年也，卷十九誤作「五十一年」。嚴懲棍徒，興起學校，設立六一書院，親課甲乙，文風丕振，科目增盛，《沂州志》卷二十。

〔註2〕原為「序」，據上下文改為「敘」。
〔註3〕原為「序」，據上下文改為「敘」。

按:《沂州志》卷十三云「日照縣學,康熙五十二年,知縣成永健倡捐,陸續修整」,又云「六一齋書院,康熙六十一年,知縣成永健建」,與卷二十「作六一書院」微異。《集》中《挽王幔亭》詩句云:「試看蘋鹿賦,六一化偏靈。」《注》云:「六一齋,書院名。」又方正玭《敘》撰於康熙五十九年庚子仲春,已云「於六一齋中同為擊節」,而《沂州志》乃云「六一齋書院建於六十一年」,誤也。盜賊屏遠,訟衰俗厚。孫勸《敘》。甲午,署壽光,《壽光縣志》卷九《職官門》云:「知縣成永健,射陽人。康熙五十三年任。」按:五十三年係甲午,卷十《宦跡門》誤作「五十一年任」,又誤「健」為「建」。政尚簡靜。有才名,與邑名宿楊芳裔為莫逆交,時往來倉帝墓,步屧蒼松碧蘚間,擊缽分題,吟詠竟日。時人目為仙吏。《壽光縣志》卷十。去之日,民多攀轅留之。《集》中有《斟城留別詩》云:「閭巷緣何事?紛紛攀臥頻」。按:壽光,古斟灌氏地,故曰斟城。後復以事至壽光,行抵五里廟,村民遮擁,有痛哭不能起者。《集》中《〈重到籌光詩〉自注》。己亥秋,膠州大水,《集》中有《己亥秋,膠西大水,奉檄攝篆,請命詣省》四首。《膠州志》作「五十八年」,與《詩集》合。歲荒歉,由日照往攝篆,親赴省城為民請命。得帑金二千兩,按戶支給。復勸富室輸粟振饑,全活數千人。去之日,傾城餞送,擁馬首不得行,有泣下者。《膠州志》卷四《宦跡》。又卷八《藝文》載永健《王臺行》、《沽河行》皆在膠勘災、散賑時作。又《集》中《別膠西詩》云:「百折膠西地,臨岐悵別難。如雷殷動地,有杖總隨鞍。杯罍千門醉,淒涼六月寒。遷勞諸父老,相送海雲端。」在日照十六年,民忘其久。程《志》。上官賢之,委以勘災決訟無虛日。孫勸《敘》。雍正乙巳,以山東按察使余甸疏薦,奉詔入都,《集》中《乙巳離海曲詩》云:「海曲羈棲十四年,忽聞丹詔轉淒然。探囊只有青琴在,風滿征裘雪滿衣。」又《〈丙午召見紀恩詩〉序》云:「余少京兆田生先生為東皋時,密疏保薦,召見闕廷,蒙恩放還。」按:余田生,名甸。見《國朝先正事略》。士民多臥轍焚香以送。《離海曲詩》云:「赤子痌瘝共此身,年年辛苦噢咻頻。一朝拋向西風裏,痛煞焚香夾路人。海曲西南更曲河,朔風烈烈雨滂沱。無端阻絕東西路,能為蒼生臥轍多。」按:日照,漢海曲縣也。丙午,陛見,命仍還日照。見上。巡撫陳以倍薦陞寧海州知州。程《志》但言巡撫陳,今考《國朝先正事略》及《東華錄》知為陳以倍。二年,卒於官。程《志》。永健有狂者之志,不可一世;有狷者之節,不名一錢。孫勸《敘》。作吏三十年,南北驅馳萬里,境多危苦,發而為詩,《〈偶存集〉自敘》。沉鬱深至,一本少陵。方正玭《偶存集·凡例》。所刊者《偶存詩集》。沈《志》。按:乾隆《府志》、光緒《府志》皆不為永健立傳,程《志》、沈《志》皆列永健「文苑」,一云「制藝瓣香,太乙山房,故有清矯之氣」,一云「為文超忽靈警,俯視一切,文亦清矯絕倫」,而於其服官政績則略而不詳。沈《志》之略,抑又甚焉。戊子春,得《偶存詩集》鈔本,見其所為詩多感傷民瘼、

譏切吏治之言。如《膠州稍狼嘻豕》〔註4〕、《鬻子歎》，米珠、老婦、王臺、沽河等《行》皆悱惻動人，可與《秦中吟》、《春陵行》並傳，而《留別》、《贊皇》、《斟城》、《膠西》、《海曲》諸詩，又纏綿深至，情溢於辭，言為心聲，非可矯託意。其作宰數邑，當不減古之循良。然雖善無徵，未敢遽為作傳。逾二年，得睹沂州、膠州、壽光三《志》，知永健惠養萌庶，所屆鳧藻，善政不可殫述，匪如程、沈兩《志》所言。然永健又嘗攝益都、沂水、沂州、昌樂諸篆，諸志乘皆未一見。今所為傳仍多佚漏。其《遊雲門詩》云「兩載事吏役僕」，《僕山靈恥雪門紀事》云「春風重見令君來，廣固蒼生喜復哀」，考雲門山在益都縣南，廣固故城在益都西。玩釋詩意當是兩署益都，故云「重見令君來」也。《乙巳重攝沂水》云「卻愧五年舊棠樹，輪囷還自對蒿萊」，其初攝沂水，當在庚子至乙巳，則五年也。乙巳暮秋，攝篆琅邪。晤緘庵學士，云：「白髮俱如此，茫茫可奈何。浮雲看艾嶺，清月下沂河。」《由東莞赴琅邪》云：「峴山方十日，又復向琅琊。處處庖兼祝，年年客當家。」沂水，漢東莞縣。大峴山，在縣東北二十里。沂州，漢琅琊國艾山，在州西三十里。釋詩義，當是由沂水調署沂州也。又《過昌樂》云：「五日營邱長，三年直道存。野人迎款段，相與共寒溫。」昌樂，古營邱地。曰「五日」者，蓋取《漢書》「五日京兆」之義，其為權攝可知。「野人」二句，其得民心可見。此方正㐁《敘》所謂「屢攝篆，皆錚錚有聲」也。所尤難者，大將軍年羹堯勢焰傾天下，凡依附者皆驟得美官，其後亦鈞呈吏議。永健雖為其房師，《集》中無一字與往來，甘浮沉於下吏而不悔，其大節卓犖，良不可及矣。

陶泳，字漢廣。性純孝，事事先意承志，有為父母所不及知者。門內肅雍家範為一邑之冠。《射州文存·宋恭詁〈陶漢廣傳〉》。同時，孫光啟，行誼敦篤，言笑無苟。妻死，年甫三十，不再娶。節採程《志》、沈《志》。又有高及申者，慎交遊，襟期卓犖，孝友見稱族黨。銘其座右，云「思於物有濟，每愧為人所容」，常惜年僅三十而歿。《世耕堂詩集》。

王鑛，字洪聲；顏敏，字鑄庵，程《志》、沈《志》同。康熙己卯同舉於鄉，己丑同成進士。見《選舉志》。鑛官河南西平知縣，政簡刑清，有循聲。以老致仕，杜門卻掃，不入城市。人高其行。敏閉門攻苦，門無雜賓。壯歲始補諸生，屢困棘闈，有《寫懷詩》云「韞玉不堪勞再刖，爨桐猶幸未全焦」，讀者壯之。後以進士知海陽縣，愛民造士，多惠政。三載，引疾歸里。引掖後進，謙遜和易，接之者如坐春風。年八十九，卒。鑛、敏事父母皆盡色養。鑛於父遺田宅悉以予弟。敏友愛其弟備至，同居從無間言。節採程《志》、沈《志》。

夏兆吉、楊紀、薛表皆貢生，好施與。值歲饑，各倡率同里捐貲振粥。兆

吉，父禹甸，生員，亦好義。樓夏莊民苦差役，禹甸捐銀生息，以備召募，困累頓除。紀子景奎，景奎子霖，表子純，皆克紹先志。乾隆三年、七年，邑大饑，霖設廠振粥，前後共出米三千餘石，純出米四千餘石。候選州同朱肇楠捐米三百餘石，草數萬束，全活饑民無算。知縣程國棟鐫碑紀其事。肇楠性孝友，獨創家業，與罢弟三人分之，人以為難。又葛子仁、王士魁、徐芳、曾希點，俱以好義樂施著稱，與兆吉等同載舊《志》。節採沈《志》。雍乾間，又有王樞、姜錫紀、沈大士、倪轂，皆捐米粟振饑民。王樞見《鹽法志》，餘見《採訪冊》。

　　樂寧侗，字孩夫。《射州文存》及《半舫齋文集・自述篇》。祖大章，自有傳。見上卷。父繹，字宗虞，廩生，程《志》、沈《志》同。枕藉經史，多所發明。沈《志》。工書，能詩，有《香雪亭集》。程《志》。沈《志》云：「所著有《湛村集》」。兄歲貢寧貞，字石夫，《芹香集》。以詩文名家。沈《志》。寧侗懷才不遇，《半舫齋詩集・贈樂石夫、孩夫》有「懷才不遇殊可憐，冷灶日高煙未起」之句。以明經終老。品端學邃，力追古人。沉冥幽默，不求聞達。高郵夏之蓉秉鐸鹽城，寧侗摳衣北面為弟子。與建寧朱士琇、南海茹敦和、山陰周大樞同為之蓉所重，謂「於語言文字之外，識其本原，窺其底蘊，終不敢以門弟子之禮禮之」云。《半舫齋文集・自述篇》。著《湛村續集》。弟寧質，字白夫，亦以文著。《芹香集》。同時，夏瀛，字闓仙，見《春秋大事表》卷二十七。增生，廣西參政雷之後。《夏氏譜》。受經於無錫顧棟高。棟高撰《春秋大事表》六十四卷，瀛與無錫沈岵瞻、山陽楊日炳參校，不憚再三。棟高謂「將伯之助，深資銘感不敢忘」云。《春秋大事表・凡例》。所纂《夏氏譜》四卷，極有體要。《譜稿》今存大潭灣夏氏家。又有夏建勳，字介酬；夏建謨，字皁言，皆受業棟高。見《春秋大事表》卷七。寧侗友陳仲美，字拙子，讀書敦行，晚益清修。自少好精研六書。工篆刻，從衡盤蔗，唯意所適；整齊參錯，咸有矩法。寧侗歎為「前人所未經」云。《射州文存・樂寧侗〈陳拙子印章敘〉》。尤好施與，嘗捐置義田以贍貧困。沈《志》。

　　沈儼，字敬存，光緒《府志》。為太原閻百詩徵君季婿，張榕端《誦芬堂制藝》。學有淵源。又與方苞、汪份、何焯討論經史，光緒《府志》。文不一律，卓然成一家言，韓菼《誦芬堂制藝》敘。衣被海內。胥上棟《誦芬堂制藝》敘。由舉人官永豐知縣。光緒《府志》。宋歐陽修為永豐沙溪人，後家於穎。明嘉靖間邑人聶豹巡按江南，求得修十五世孫云，送歸沙溪。督學徐階奏襲祀生，永豐人醵資為授室，置田以奉先祀。國朝康熙、雍正間，吉水、廬陵、宜黃、崇仁諸歐陽氏聚眾至沙溪，據田奪栗主，爭久不決。儼下車未逾月，往祭沙溪祠廟，判云：

「鄰邑歐陽謂為文忠族則有之，謂為文忠裔則必無之事。若有公裔，則當日聶侍御何不近訪之鄰縣而遠求之潁上乎？」訟遂決祀生。歐陽嗣昌刻《歸正錄》以誌其德。沈儼《歐陽文忠世系考》。在官一載，以前令遺累不忍引辨遂罣，吏議罷官。《誦芬堂文稿·〈送趙亦琴歸滇南〉敍》既歸里，從不以事干有司，而地方有大利弊必言之當事。天妃口鹹潮為患，儼致書巡撫許容，遂得建閘。《集》中有《與許中丞書》。著有宋歐陽文忠、陸忠烈二公《世系考》，纂永豐、虞城、鹽城三邑《志》。光緒《府志》。與儼同時著文譽者有殷阿伊、郝鵬。阿伊，增生，嘗獻賦行在。鵬，貢生，官石埭訓導。鵬子振高，亦貢生，以文知名。並見《芹香集》。儼子頊年，字師綠，諸生。雍正中，以保薦引見，奏對稱旨，賜銀百兩，命往陝西軍前效力。授靈臺知縣，有治理，決獄明允，嘗平反隆德冤獄，因攝其篆。乾隆三年十一月，程《志》、沈《志》誤作「二年」，今據《東華錄》改正。寧夏地震，水湧新渠，寶豐縣治沉沒成冰海。程《志》、沈《志》云「河決寧夏」，又云「寧夏地震」，誤分地震、水災為二，且水湧由地震，並無河決之事。今據《國史·查靈阿》及《東華錄》所載《阿魯班第兩奏》改正。頊年奉檄往勘，免田賦三千餘頃。調寧夏令，弔死問傷，振災修城，程《志》、沈《志》同。招集流亡，掩葬骸骨三四萬口，日夜不遑，《射州文存·沈光宸〈報徐輝山先生書〉》。以勞卒官。比喪歸，士民皆泣送之。程《志》、沈《志》同。子光宸，字御瞻，博極群書，文名冠一時。官建德訓導。《採訪冊》。以下凡無注者多本之《採訪冊》，其見於他書者仍注明於下。

祁士選、馮源、陳式文、楊景時、張汝進、曾暎、還遴皆任俠尚義。乾隆二十八年，淮安關監督檄縣於石䃮口設關徵商，士選與源率士民牒請：「凡南來貨物止於本境卸賣者概免赴關投稅，唯轉販出口及由海進口者乃徵之。」知縣李時沛申詳各大府，卒如其議，商民便之。式文請濬皮汊河灌兩岸民田，景時請免涸田陞科，汝進請禁灶戶圈佔樵地，暎請免逃戶賠還倉穀，遴請挑澗河免攤徵一邑田畝，皆走訴大府，不辭勞費，鄉人多其義。

鹽城縣志・卷十二・人物志三

　　徐鐸，字令民，《四庫全書提要》、《貢舉考略》及梅鏐所撰《徐南岡墓誌銘》。號南岡，見上。又號楓亭。見雷鈜《〈徐南岡太史詩〉敍》〔註1〕。生而穎異，年十四，試輒冠軍。舉雍正癸卯鄉試。分校浙闈。梅鏐《徐南岡墓誌銘》庚戌，祭酒孫文定嘉淦，奏請令天下學臣選拔貢生貢太學〔註2〕，九經舉經明行修者任助教〔註3〕，一以經術造之。雷鈜《〈徐南岡太史詩〉敍》及《國朝先正事略》。侍郎蔡文勤世遠薦鐸充助教。《墓誌銘》及雷鈜《敍》。乾隆丙辰，成進士，《四庫全書提要》。改庶常。雷鈜《敍》。江陰楊文定名時薦入詞館，《墓誌銘》及雷鈜《敍》。授編修。充三禮館纂修官，為湖南正考官，《墓誌銘》。聲名藉甚。秦蕙田《〈徐太史詩〉敍》。鐸潛心正誼，同上。少受業宿遷徐編修用錫，《墓誌銘》。而又及文勤之門。平郡王《〈徐南岡太史詩〉敍》。用錫與文勤同出安溪李文貞光地門，而得其心傳。雷鈜《敍》。鐸又為名時門人，名時則光地之門人也。《四庫全書提要》〔註4〕。淵源授受，雷鈜《敍》。薰陶聲氣。《墓誌銘》。文勤歎其經術深而筆能融之，踐履實而識能達之。平郡王《敍》。戊午冬，奉命校士山左，聖訓諄切，以正人心、崇經學為本。甫抵任，即以改試經解請。徐鐸《〈山左試牘〉序》。疏云：「臣奉命校士山東，初入境時即齋心誠誓，質諸神明，惟積誠以為教人之本。旋於到任之次日，赴濟南府儒學，傳集諸生，宣講聖諭，勉以敦行治經之要。多士幸際昌期，靡不歡忻鼓舞。竊惟士不通經，果不足用。但通經與讀經不同，讀經者祇誦其詞，通經者

〔註1〕「敍」，原為「序」，據下文改。
〔註2〕《清史稿・志八十一・學校一》中「貢生」為「諸生」。
〔註3〕《清史稿・志八十一・學校一》中「經」為「卿」。
〔註4〕「庫」原為「書」。

研極其理。理明諸心，方為有體、有用之學。臣伏念學政應行事，宜歲、科兩試外，惟舉優與拔貢最關緊要。查向來舉優冊籍，循例開注文行各款。臣愚以為行莫大於五倫，文莫大於五經，請嗣後舉報優冊，行則注明孝友實跡，文則注明通曉何經。或五經，或三經。其山僻小縣，即通曉一經者，亦準舉報。該學臣面詢核定，擇其尤者升諸太學，庶舉優不致冒濫矣。再查拔貢定例，首場試以四書文兩篇、經文一篇，二場試以策一道、論一篇、判一條。臣愚以為歲、科兩試既有經文，請嗣後選拔時改經文為經解一道。蓋經文凡讀經者可以勉為，經解非通經者不能猝辦，擇其條分縷晰、語有心得者，貢入成均，則陶淑易於見功，而人材日見其蔚起矣。」《射州文存》。奉旨俞允。乃集諸生於堂，而命之曰：「天下大矣，所恃者人。天下之人眾矣，所恃者心。心之靈，無不通。經術者，所以開闡微奧，與導之使歸於正也。」《御纂四經》、《性理》，炳若日星。捨是無以為學，即無以為文，而不見夫泰山之雲、東海之波乎！蒸蔚澎湃，千態萬狀，不可端倪。然其根源所託，則息之深深微乎其微也。且經豈徒資捃拾，文豈徒誇貌襲者哉？漁獵為富，填塞為工。望之五經紛綸而牽合假借，終於心學無補。此與夫空疏之子，口不能舉十三經之名者，竟何以異？若夫揣摩一家，往往爭立門戶。究之枯促者，非王、錢、唐、薛；險僻者，非金、陳、章、羅也。昌黎云：「根之茂者其實遂。」由心之理而參於經，萃經之精而著為文，揣摩之匡廓一空，而儒者之光芒躍然欲出矣。反躬切體之學，諸生得無意乎？《山左試牘》序。為六條教士，曰立志，曰實行，曰經學，曰性理，曰經濟，曰文體。文多不具錄。見《徐氏譜》。所至甄拔士類，興起文教，秦蕙田《序》。澄心較閱，手不停披。雖須冰汗雨，未嘗以寒暑故稍假手。士試經解者，始或一郡數十人，或百人。比期年，少者數百人，多者千人。家弦戶誦，《〈山左試牘〉序》。蔚然成風，秦蕙田《序》。中外人士，翕然稱之。陳長鎮《〈徐南岡太史詩〉序》。辛酉試事竣，《〈山左試牘〉序》。上召見，賜《日知薈說》、《御纂性理精義》、《朱批上諭》諸書。《墓誌銘》。旋奉命出守雲南。雷鋐《序》。端風化，興水利，弛關禁，《墓誌銘》。廣精舍。民謠於箐，士鼓於庠，邊以大和。陳長鎮《序》。丙寅冬，《墓誌銘》。以治平第一上計京師，平郡王《序》。擢糧儲道，以病免，痊補兗沂曹道。數月，陞山東按察使，擢布政使。在山東，矜慎庶獄，多平反。以歲旱祈禱致疾，戊寅六月卒，年六十有六。《墓誌銘》。鐸文章政事，皆有本原。平郡王《序》。樂育人材，於雲南尤深。生平施與無算，凡淮郡計偕入都者，皆沐其惠。自學政歸，嘗以八百金濟其致仕某座主焉。《墓誌銘》。著

有《易》、《書》、《詩》「提要錄」三部〔註5〕，共四十七卷。見《四庫全書提要》。弟鑭，字左黃，《芹香集》。以舉人官通州學正。《通州志・職官門》。通州丁有煜，號个道人，不黯時趨，汰華守樸。鑭以閒曹寡結納，獨深契有煜。與諸生課藝之暇，不時造廬晤對。《通州志・藝文門・徐越〈雙薇園集敘〉》。甲戌，知雙流縣。開山塘，種桑柘，興義倉，建書院，艁輿梁，嚴禁博具。訟不出三日即決。道遇訟者，或就茂林、僧舍中集訊，其紛立解。邑有林茂、林興者，兄弟也。家貧甚，母自鬻其身為富家婢，得白金二十兩為二子娶婦。二子思母，日夜勤劬，賣酒種蔬，積銀十七兩謀贖母，藏竹筒中，埋之灶下，忽失所在。兄弟相抱而號，夜詣叢祠祈夢，夢老人攜女抱雞，雞飛入河而寤。弟妻有父販雞，時攜女往來其室，遂疑弟妻竊以與父及妹，詬逼不已。時兄妻適以顛躓殞胎死，弟妻遂潛往林中自經。鑭行縣適經其地，見而救之蘇。至其家，詢得其故，謂興曰：「此非汝婦之罪，乃汝嫂所為也。」見房中有酒甕，命舁之出，傾酒他器，而竹筒出，銀在焉。眾大驚，問故。鑭曰：「老人者，叟也。叟旁一女，於文為嫂。雞屬酉，河為水，是為酒字。故於酒甕得之。蓋汝嫂惡姑婦，竊而藏之。今已故，勿論矣。」兄弟泣謝。貢生蔣世賢與簡州民黃建中爭山地，每屆刈獲輒械鬥構訟，三十年不解。前後承審者，十一人。松茂道張士俊以屬鑭。鑭知有交構其間者，繫之，溫諭兩造，一訊而決，誓於神，不復訟。士俊歎其能。川匪相聚曰啯嚕，大為民害。鑭謂凡此醜類，多結吏胥為耳目，乃逐蠹役二十餘人於境外，嚴行保甲，民大安堵。《郡志》載縣南十里有先賢商瞿墓，鑭修墓且建祠以祀。令雙流凡十載。及去任，民多挈壺攀輿以送。節採張鈞《〈送徐茹塘歸里〉序》。鐸曾孫景常，字芸樓，舉人，續學有文譽。

　　王鉅，字巨方，號默庵，世疆孫。少穎異，應郡、縣督學試，名皆第一。雍正癸卯充選貢。己酉中順天副榜，肄業太學五載。時江陰楊名時以禮部尚書兼管國子監祭酒，重其學行，保舉教職，不就，遂歸里。家居二十餘年，唯以著書課徒為事，足跡不履縣署。知縣程國棟數造門求見，不可得。迨調任長洲，始往拜，以答其意。國棟大喜，以為澹臺滅明來也。知府趙西與鉅同歲舉拔貢，又同遊太學，及守淮，屢致書招之，卒不往。學政雷鈜為鉅都中舊友，歲試畢，欲與一見，不可得。屆科試欲選拔其子復曾，及見報拔冊籍無復曾名，

〔註5〕《易》、《書》、《詩》「提要錄」，指《易提要錄》、《書提要錄》、《詩提要錄》三部。

大駭，屬教官招致入場，鉅笑而謝之。其自守嚴正皆此類。乾隆辛卯，卒，年八十有二。著有《默庵文集》、《舊青堂詩鈔》。節採《王氏家傳》。順治初，故明諸生司石盤、孫光烈及厲豫先後起兵，邑乘諱其事，鉅獨撰《三忠傳》以表之。今《三忠傳》刻在《射州文存》中。復曾，字孝先，廩生。著有《四書循注》、《集見編》。《芹香集》。同時方正之士，有成景賢，字邛齋。白晝言動，夜必書之，自少至老，無間一日。以舉人知富川縣。解組後迭主講席，訓士以昌明正學為務。子人龍，字復樓，廩貢生。事親以孝聞。著有《粵遊日記》。按：曹鑣《甘白齋文集》云：「成復樓，鹽城人，官廣文，著《粵遊日記》。」考，人龍未官廣文，此語誤也。

卞鑾，字竹溪，乾隆戊辰進士。知四川永寧縣，均賦役，除陋規，課農桑，理冤滯。聽訟時重門洞開，任人觀聽。古藺巡檢某，貪婪擾民，劾罷之，民大稱快。征緬之師凱旋過縣，以牛酒迎境上，申明約束，民不知兵。值歲饑穀貴，請開倉平糶以紓民困。上官難之，鑾自任賠償，卒得請，穀價以平。節錄陳汝聰《永寧縣民去思碑記》。以鯁介罣吏議，《射州文存·劉霈〈卞母徐太孺人八十壽序〉》。民皇皇如嬰孺失母，老弱扶攜走郡城白其冤。《去思碑記》。久之，歸，鍵戶幽居，不入城市。劉霈《卞母壽序》。色養逾二十年，出入扶掖不去側。母卒，擗踴哀號如孺子，時年已六十三矣。人皆歎其孝。《射州文存·楊一中〈祭卞母文〉》。陳惠疇，字亮採。《芹香集》。先以舉人官懷寧教諭，見《安徽通志》。後以進士知慈利縣。聽斷明決，興舉廢墜。以最擢永順同知，《湖南通志》引《慈利縣志》。官終澧州知州。見《兩淮鹽法志》。

劉霈，字漢倬，號東濱，《阜寧志》作「東溟」。新興場人。曾祖應庚，有義行。嗣父蔚其，字六居，貢生。夙秉英姿，潛心著述，平居以詩酒自娛，著《深柳堂集》。蔚其事見朱觀《國朝詩正》。霈登乾隆壬戌進士，以足疾不仕，歸而讀書，肆力於詩、古文、詞，韓、歐、李、杜諸大家，無不窺其旨趣。著有《東濱詩》、《文鈔》各數十卷。新興場以詩文名者有沈期，字又侁，著有《雨村詩鈔》；沈必進，字階升，著有《可園詩鈔》；沈玠，《芹香集》「玠」誤作「價」字摺玉，著有《〈左傳〉世族源流考》；《集》錄《兩淮鹽法志》。沈兆麟，諸生，著《遊圃詩鈔》。《沈氏譜》。霈兄霆，字振甲，增貢生，事節母盡孝。重信義，然諾不苟，謙和不伐己善。節錄王鉅《默庵文集·祭劉振甲文》。新興場又有倪諤，字廷士，舉人，以學行著聞。教士不計修脯，寒畯多蒙其惠。

卞佩羽，字南呂，伍祐場人，國學生。伍祐居淮水下游，每伏秋暴漲，連河兩岸率受其害。乾隆十八年，河決，張家馬路灶地漂沒，佩羽散財鳩工築堤，

橫亙官界溝北岸，田廬草蕩賴以全。山陽阮侍郎葵生為之傳。又有倪嶺、劉晟，皆新興場人。嶺，諸生，性剛直，嘗拾遺金還人。晟以事往來吳陵，道遇故人王福，一女及笄，以貧故將鬻於人，晟傾囊助之，召其婿吳燦成婚，時論多其義。《集》錄《兩淮鹽法志》。

印得方，字覲庵，體貌魁碩，驍勇有幹略，為本營把總。乾隆四十七年，鹽梟季光祖等聚眾橫行海上，率舟數十艘過南門，縱火焚太平橋。知縣康傑率營兵往捕光祖黨，朱三挺刃刺傑，得方急以肱麾傑於數十武外，手接賊刃反刺之，立斃。光祖亦被擒，餘眾奔散，地方寧謐。得方以功擢劉河營守備，遷太湖營都司，陞瓜州營游擊。壯烈伯李長庚統閩浙水師，剿海寇蔡牽，檄得方率所部往，每戰身先士卒，積首功擢鎮海參將，再擢瑞安協鎮。嘉慶五年，以老乞歸，歸七年而歿，家無餘資。子鎮邦，官千總。節採《行狀》。

徐樞，字麗中，乾隆癸酉拔貢。四十七年，官太平縣教諭，見《安徽通志》。誨人以敦行為先，士習丕變。乙巳冬，徽、寧諸郡大旱，饑。奉檄察賑，窮巖僻壤，必躬自履勘，天寒雨雪山徑險狹，肩輿不能進，輒徒步前往，積勞成疾，卒。祀太平名宦祠。子燧，字挹潢，號連舫，亦拔貢。官合肥教諭，課士甚嚴，諸生咸服其教。安貧砥節，力撟校官，庫污陋習，旋告歸。優游林下，與同邑張芳齡、武進李文喆為三老會，觴詠無虛日。芳齡，字藝圃，廩貢生，性孝友，嗜學，掩貫群書，考據精確，貌溫而肅，雖盛暑不去衣冠，易簀時猶口誦《五經》不輟。著有《自鳴集》、《黃岳紀程》諸書。燧卒，年九十有六。芳齡卒，年八十有七。二人皆留心本邑掌故。而燧之族有名杏字萊仙者，府學生，於嘉慶間續纂《縣志》。風雨寒暑奔馳搜討，遺文墜事無微不錄，於節婦貞女尤三致焉。山陽曹鑣為之敘。《敘》見《甘白齋文集》及《淮安藝文志》，而杏所續者，今不存。學署請旌《貞孝節烈清冊》及金汝霖所刻《貞孝節烈錄》載《續志》孝子十五人，孝女四人，孝婦六人，貞女二十一人，節婦二百六十人，烈女一人，烈婦四人。如姜恩士妻蔣氏、程又山妻葉氏、張舒赤妻李氏、徐李妻瞿氏，皆已見舊《志》，而《續志》覆載之。如于歲有妻張氏、郭調鼎妻史氏，皆乾隆間著名烈婦，舊《志》所未載也，而《續志》反無之。即此一卷可以概其餘矣。

左自明，字鏡池。生四歲而孤，家徒壁立，母姜操行甚苦。乾隆二十六年，以節旌。進士劉需為之傳。自明事母盡孝養。值洊饑，食不給，閉門待盡，忽庭前枯樹生柿，甚鮮美。每晨起採以奉母，夜輒復生，母子以此得不死。論者以劉董、孟筍擬之。母卒，哀毀柴立。後家漸饒裕，推廣孝思。建宗祠，置祭

田，修族譜，設立義塾，助知縣朱洛臣創節孝祠，其他義行甚多，不可枚舉。學政劉鏞以「無忝所生」額其閭。乾隆五十四年，卒，年七十有三。同治三年，以孝旌。咸豐間，有鄭學鑾事與自明類。學鑾家貧竇而服勞奉養備至。丙辰，歲饑，食竭，母子相對而泣，昧旦忽見宅後有麰麥數十稃，不知其所自來，人咸謂孝感所致。

夏子宣，有行誼。嘗拒奔婦，拾遺金還其人。子晰疑，值荒歲，鬻子女者輒為贖還之。光緒《府志》。按：夏子宣為夏志浩之曾祖，《府志》列子宣於志浩後，非是。晰疑子成己，增生，事繼母至孝。《採訪冊》。成己子志浩，亦庠生。成己病痢垂危，志浩禱以身代，並嘗糞驗瘥劇。父母歿，志浩哀毀骨立，事死如生。咸豐五年，由阜邑請旌。《阜寧縣志》。

劉希向，鹽城人，遷車橋。家貧，為童子師。乾隆三十三年，車橋大火，及希向屋，其父按：父名堯年入室取木主及先祖畫像，希向尋父，復號而入，久不得出，其母將投火殉之，人持之免。或見其庭樹下火光中人影往來，驚曰：「劉氏父子未死耶！」亟覆水為路往救之，舁其父出，猶握木主畫像不釋，希向之額焦焉。時風火烈甚，煙焰竟天，樹亦不焚。後一歲，父病，希向割股進，父良愈。希向晚遘病，其子按：子名紹裘亦割股療之。《山陽志·流寓》及潘德輿《養一齋文集》。邑人先後以孝旌者，有陶閶、成豐、劉應文、楊新、崔東翔、沉香年、吳珍重、沈芷林、成正、劉盈紹、王金梁、滕廣發、陳珏、楊鍾、程紹武、李芳林、李陽春、祁惟五、劉鶴雲、張葵、沈天祐、楊景輅、楊始盼等。閶，字菊友，少孤，事寡母盡孝。閶妻夏亦孝事其姑。豐與應文皆刲股療母。應文，見乾隆《鹽法志》。新，文生，與東翔皆親沒廬墓三載。香年，父豪侈，晚年家道中落，香年事父益謹，甘旨無虧。珍重，父客死湖湘，往迎其喪，跋涉數千里，勞瘁骨立。芷林，諸生，家徒壁立，而事親嘗有餘歡。從子早喪怙恃，愛之如己子。正，少孤，生母亦蚤卒，繼母疾篤，正年才十六，晝夜侍側，衣不解帶，祝天求以身代，而母疾果愈。盈紹、金梁、廣發，孝行略與正同。珏、鍾、紹武、芳林、陽春，皆貧竇而能竭力養志。鍾與陽春皆生員。陽春，芳林子也。惟五，母歿，茹素終其身。鶴雲，武生，痛母早殞，嘗背父啜泣，事父暨繼母甘旨定省無少缺。葵、天祐、景輅，侍父母疾甚謹，械窬必親滌。天祐待其妹尤有恩，家貧，倚以存活。景輅，增廣生，母張少寡，以節孝著聞。景輅事母，務得其歡心，為母請旌表，裹糧赴都，備嘗艱苦。子始盼，文生，孝謹如其父。楊氏三世盡孝，與劉氏同。

姚允恭，字謙莪，乾隆中諸生，性至孝，立心俊偉，以「事事可對鄉黨」「念念可質鬼神」二語銘座右。早歲沉酣經史，老益嗜學，論古之文多警闢，著有《養性堂文集》若干卷。允恭好推解，精醫學，多所全活。節採陶鑅《十硯齋文集・姚謙莪傳》及徐燧《跋》。後數十年工醫而孝義者，監生宋連，字濟美，督學孫保元為敘以贈之。又有王家楫，字濟川，文生，續學工醫，著有《勸孝歌》，語甚切摯。

金嘉慧、金嘉瑜，兄弟也。性至孝。隨母林氏寄居江寧上新河。道光二十二年，英夷犯江寧，二人奉母泛舟遠徙，遇盜江中，母匿避艙後。盜既去，出窺之，盜見而復返，意叵測。母曰：「吾屬義不可辱。」急沉於江。嘉慧、嘉瑜亦投江殉母死。考《三老詩存・張芳齡〈和金紫垣七哀詩〉》注云：「婺源金待聘妻林氏與子嘉慧、嘉瑜，婦林氏、祝氏皆投江死。」據此，是嘉慧、嘉瑜非鹽人，而金汝霖所刊《貞孝節烈錄》有二人名，忠義孝悌祠又奉二人栗主，今姑據《採訪冊》錄之。又有葛莊子者，值道光六年大水，寡母趙氏挈之遷高阜，大風覆舟，母溺焉。莊子攀舟哀號，母忽從波中露衣裾，莊子急捨舟救之，俱沒於水。兄弟俱盡孝者，又有張士珍、張士宏，黃致中、黃執中暨生員郝步衢、郝步聯，皆以孝旌。

唐耀遠，字梅村，郡庠生，鹽城人，居阜寧之懲洋港。《阜寧志》。按：《唐氏譜》云：「初居上岡鎮，後徙懲洋港。」高祖琦，據《唐氏譜》。字魏公，《嶧縣志》。官嶧縣丞，舊《志・選舉門》。才氣凌厲，與營弁互揭，被劾去。《嶧縣志》。大學士趙國麟題「聖里賢尹」額贈之。《採訪冊》。曾祖相，中河守備，嘗捐貲贖人子女。任挑河工，叢冢數千當其衝，紆道避之，賣宅償其費。買妾，知其有夫，焚券還之。祖德宏，有孝廉稱，官吏先後表其廬。父綏祿，光緒《府志》。純孝性成，《射州文存・唐耀遠〈紹先庸論序〉》。剮股療父病。嘗以鮍鮑貸於人，其人昏醉，給價多四十餘金，覺而追反之。耀遠幼有至性，年十二，侍親疾，飲食臥起、浣洗便污必躬親之。光緒《府志》。按：《府志》初印本鹽城人物無耀遠，此所引乃續印本也。又《府志》於綏祿誤入「阜寧人物」。父居喪失明，舐之而愈。母病，冬日思瓜，弗得，哭禱神祠，忽有市瓜者至門，買以獻母，疾尋愈。《採訪冊》。父母歿，孺慕悲號，繪像奉事，出入必告，朝夕視膳如親生時。好施濟，有求必給。《阜寧志》。凡族中喪葬婚嫁力不能給者，皆資助，光緒《府志》。不足，則稱貸益之。《阜寧志》。又傾資恤災民，掩骴骼，至落其家。光緒《府志》。嘗購腴田數十畝，種棟桑數萬株，稍長，分送四境，冀為本邑興蠶織之利，《採訪冊》。遠近呼之曰善人。《阜寧志》。與生徒讀書稽古，反覆辨晰。《〈紹先庸論〉序》。著有《紹先庸論》。嘉慶中

以孝子旌，道光中舉孝廉方正，人稱「唐氏有世德」云。光緒《府志》。同時阮寶光，一名光祚，字瑤峰，增貢生。事親善養志，經營喪葬，哀毀骨立。石䃮口鹵潮傷禾稼，寶光請於縣，率民塞之。鹺商怵以利害，弗為動。子師龍，舉人，官教授，以勤幹為總督陶澍所知，保薦卓異。又有薛壽愷者，給事中鼎臣之後，事生母、繼母暨王母皆盡孝，喪葬一秉古禮。生平一言一動皆謹勅，不敢貽父母羞，鄉里稱之。二人與耀遠同歲舉孝廉方正。耀遠徒弟臨遠，字芝圃，廩貢生。性嚴正，生平無妄言，為廩保十數年，獨行其是，不為苟同。凡文武生童餽遺，概屏不納。孤寒後進，瞻依如慈父母焉。與耀遠同歲入學者為王念言、仇文炳、周得輿。念言，字謹齊，歲貢生，外和而內肅。遇災祲輒捐貲賑濟為眾倡。文炳，字硯農，天姿高邁，讀書過目不再覽，為文洋洋灑灑，千言立就。唯孤峭不能容物，而尤惡鹺商，以此為所陷，與弟文耀同落諸生籍。年五十後自悔少壯所為，反躬刻勵，口不言人譽過，究心儒先語錄，所為詩沖淡清醇，望而知為有道之言。著有《語錄》二卷，多昔人所未發。得輿，字益齋，篤風義。其師興化查嶧山秉鐸南陵，卒於官，貧不能歸葬，得輿不遠千里，往迎其喪，葬以己田，歲時薦享不絕。子大鏞，字序東，歲貢生。性孝而廉，為廩生，不名一錢。或議其矯，流涕謂人曰：「當吾王父時，貲產甚饒，至吾父而貧矣，而猶有富名。入學時，無以應廩保教官之求，致為所窘。吾父每訓吾，輒舉此為戒。今誠不敢妄取以詒先人恥，非矯也。」耀遠著《紹先庸論》，與大鏞問答之詞為多。與耀遠友善者為吳瀾、程在庭。瀾，字觀泉，庠生，宅心和厚，雖矜持而與物無競。一日，坐塾中，家人走告曰：「田中麥多為眾所掠取矣，盍驅諸？」瀾曰：「吾方講書，未遑也。」又有人告曰：「眾掠取多將盡矣，何安坐為？」瀾曰：「吾方改文，未遑也。」其雅量如此。耀遠敬其為人，以從兄之子妻其子焉。在庭，字森崖，亦庠生，居鄉有厚德。耀遠賙恤貧乏，不足，則稱貸於在庭及崔楨二人。楨自有傳。

胡大年，字介眉。有至行，事寡母得其歡心。母病不能寐，負之以視星月。母喪，哀毀不飲酒茹葷者三載。與弟同爨五十一年，斗粟尺布不自私。妹適葉氏，遇之甚厚。有從女適熊，貧而嫠，大年視如己子，體恤終其身。有田二十餘頃，惡衣菲食如寠人，至救貧濟荒，弗吝也。乾隆五十一年、嘉慶十三年，皆發粟以振鄉里。年七十有一，無疾而逝。大年族孫貴與，寠而盡孝。光緒十六年，與大年同被旌。又有黃腹心者，事父母暨諸父、諸母，皆致其誠。少師事同邑張聯桂，年逾強艾，奉事彌謹，歲時餽遺，如在塾時。於其歿也，哭之

哀,經紀其喪如子姓。

　　王家弼,字右卿,號雲巖,鉅曾孫。兄家任,歲貢生,有異才,清介絕俗。值歲荒,杜門槁餓,與妻對縊死。家弼酷嗜問學,行市中,遇古書輒解衣入質庫,易錢以購,雖風雪祁寒不顧,以此博覽群籍。凡天算、律呂、韜鈐、壬遁、堪輿、河渠、鹽法諸書無不窺其奧窔,而尤邃於經算之學。其說經雖根據漢、唐注疏,而尤尊宋儒性理之說,合經學、道學為一事。謂新安之學心性而兼訓詁,近之學高密者,亂其糟粕,而朱子訓詁之說不行;學姚江者,亂其精華,而朱子心性之學將廢。又謂朱子之學,一壞於不讀書之俗士,一壞於多讀書之鉅儒。俗士鈔襲以為時文,鉅儒考據不講義理。義理晦則人人無忠孝之心,時文盛則人人為身家之計。學術之有關於國家,非細故也。自「新安之學」至此節錄《聖巖文集‧尊朱辨》。時江都汪中著《述學》,風行海內,家弼獨謂其論參辰只沿舊說而未明歲差之微,論交辰並著兩家而不免騎牆之見;《〈墨子〉後序》直以墨翟上比孔子而轉以孟子答夷之之言為非,容甫蓋不知格物致知為何事,徒取駁雜之書以為鬥靡誇多之用,是以大本之失至於如此。節錄汪容甫《〈述學〉書後》。其算學不專主西法,謂西法之言三角,即中法之句股弦也;其言八線,即中法之矩分內距引經也;其言借根方,即中法之立天元一也;其言理分中末線,即中法之河圖數也;其言南北地度,即中法之里差也;其言朦朧影,即中法之損夜五刻以裨於書也;其言最高最卑,即中法之盈縮遲疾也;其言平氣、定氣,即中法之分至以授人時、四正以定日躔也。西法之於中法,踵事加詳則有之,然無一不從中法來也,且實有不如中法者。西法全用定氣,至以雨水歸之前年,置閏移於後月,何如節氣、日躔各為一事乎?西法以星為宮,至於鶉鶉火可以在北,元枵可以在南,何如天體星辰各為一事乎?周天三百六十,亦中法之所有,而不合於自然之數,何如即以日度為天度乎?歲差五十一秒,亦中法之所有,而不可為一定之法,何如百年長一、百年消一乎?凡此,皆中法之必不可廢者。而西人廢之,中人亦從而廢之,不已悖乎?今治歷當以中法為主,而以西法輔之,此善於用中法者也,亦善於用西法者也。節錄《中法不可廢說》。西人制簡平儀,分天、地二盤,言晝而不及於夜,測日而不及於月星。家弼創為簡平夜儀,兼用緯度以測恒星,為前人所未及。節錄《簡平夜儀背記》。性直諒,與人交,諤諤無所忌避,遇諛諛者,必面斥之。道光中,以優貢遊太學。監察御史黃爵滋欲上封事,復中沮。乃與之書曰:「弼聞人臣之心,知有國不知有身家,知有是非不知有利害,唯其止知有國,止知有是非,故其心有獨見而無群

議。弼聞足下作封事萬餘言，將欲陳之闕廷以啟聖聽，弼竊私心慨慕，謂天下當此泰否之交得如足下數人雜持補救，天下不足憂也。既而聞其事中止，徐訪之，知為友朋賓客所沮。夫群議洶於外則轉念動於中，其初念漸淡漸消，或轉誤認以為客氣未可知也。足下思為責難之臣而竟不得一責善之友，不知足下所友者果居何等？弼聞君子之愛人也以德，弼之欲進言於足下，猶足下欲進言於朝之初念也。善其未為轉念所間，故敢書其語以獻。」節選於黃樹齋《侍御書》。居京師久，王公貴人爭相引重。以狷介故，卒無所遇。歸里後，杜門著述，不與外事。久之，卒。同時薛敬之，字邃庵，道光中以耆年賜副榜，為人寡欲惇學，多所論撰。光緒乙酉，督學黃體芳見其遺書，愛之，欲諮送國史館，以去任未果。

崔楹，字倚庭，監生。好施濟，族鄉中無力婚娶喪葬者，皆資助之。每寒夜風雪，牽僕行墟落間，寒與衣，饑與食，或自門隙中擲錢予之不使知。道光辛卯，湖堤決馬棚灣，民大饑，食糠秕草木皆盡，天寒風勁，道殣相望。時楹家有錢穀以萬計，盡發以濟凍餒，饑民聞風麕至，賴以全活者甚眾。又有監生張耀寶，性至孝，嘗刲股療母疾。道光中散財粟振饑，布政司賀長齡以「惠沾桑梓」額其門。光緒十六年，耀寶以孝被旌。又有馬昌年、馬盛年兄弟，皆監生，遇荒歉，必竭力振救。置義田一百七十畝，積穀備饑，總督鐵保題額旌之。昌年名見光緒《府志》。盛年子永清，諸生，宅心和厚，歲饑，振財粟、施方藥無算。里有遭火災者、貧不能葬者悉俾得所。射陂為山陽涇溪、潤諸水所匯，多淤田，官勘吏估，居民苦之。永清不惜勞費，率同志牒訴郡邑及諸大府，凡五百餘家，克安厥業。惜年未五十卒。自「宅心和厚」至此皆本潘德輿《養一齋文集·馬生哀辭》。又有顧建光字觀旗，戴天育字萬斯，皆庠生，僑寓阜邑。建光力振貧乏，孜孜如不及。天育為鄉族代完逋課。《阜寧志·僑寓》。又有李尚裕、徐宏采、朱榮宗、劉奠國，並以樂施著稱。光緒《府志》。又有沈名山、金天祐、金潤淮，皆躬行實踐，鄉里稱其義行。陶性堅《〈芹香集〉序》。名山，以孝旌。

沈照，字小庾。父鶴書，字松巢，貢生，與弟駕書敦孝友。駕書，字琴泉，增生，嘗刲股療親。著有《簾波館吟稿》。盛大士謂其詩「旨深調遠，骨秀神清，能掃空一切浮靡纖豔之習」。照，舉人，工書，善詩。與山陽潘德輿、歙徐寶善、建寧張際亮、曲阜孔繼鑠友善，並有聲壇坫間。官湯溪知縣，善於撫字，有惠政。以親老致仕。親既沒，兩江總督陸建瀛愍其貧，勸出山，不聽。與德輿友善者，又有商咸，字相巫，庠生，遷山陽之車橋。其《渡射陂詩》有

「荒村近水風來闊，海國無山日落遲」之句，大為前輩稱賞。見《養一齋詩集・〈懷人詩〉注》。孝子劉希向寓居車橋，疾革，咸為之謀棺衾甚力。見《養一齋詩集・劉孝子傳》。德輿高弟有李允清，字六橋；梁法，字小廉，皆恩貢。允清博覽載藉，尤深於馬、班二史法。工詩，書法善效率更體。邑中先後工書法者有薛廷瓚敬居、倪官衣川、姜有慶譽甫、徐輣裴園、殷載丹湘圃、顧大禮曲臺、王家駒超群、徐景沅湘舲之倫。有慶，歲貢，著有《一碧閣詩集》。輣亦工詩。道咸間，邑人以詩鳴者，又有趙敬熙、薛錞、王豫之。敬熙，字子泉，庠生，世居石橰，著有《賊陷建業詩》百首，可補《癸甲摭談》等書所未載；憂時詩數十首，亦老杜諸將之遺也。錞，字汝諧，庠生。博綜群史，故能言皆有物。所為新樂府，感傷民瘼，具體香山。豫之，字笠塘。襟懷散朗，不鶩聲利。以詩受知於將軍魁玉，從之成都，遍歷皖潯楚蜀諸名勝，登臨嘯詠，詩調益高。

蔡萬青，武舉，官河標千總。道光二十二年，英夷入犯長江，萬青調戍上海，從提督陳化成戰吳淞口，化成歿於陣，總督牛鑒遁，眾大潰，或謂萬青可以去矣。慨然曰：「主帥已死，去將安之？惟有死於此耳。」左右曳之，不為動。炮斷其左股，仆於地。其僕負之歸上海，是夜遂歿。

英夷犯順，文武重臣多坐擁強兵，望風犇葩〔註6〕。沿及今日，此風未替，致敵焰日張，華威日挫。論者徒歸咎槍炮不利，不知由倫理不明，故敵懍者希也。萬青以末弁微臣忼慨授命，愧夫！世之避敵幸生貽誤軍國者矣。陳鶴齡、王開祥均把總，鶴齡調戍東梁山，開祥調守江寧儀鳳門，同於咸豐三年殉難。鶴齡子長青亦死焉，賜恤入祠如例。開祥，海州籍，世居鹽城。光緒《府志》。《續纂江寧府志》作「鶴林」。又藍翎把總張振揆於咸豐十年十一月與粵寇戰，歿，巡撫薛煥奏請優恤。又從九品殷裏成徙居安東，於同治元年二月十二日剿賊陣亡，子漢超襲雲騎尉世職。於正月十九日戰殞者為童生王曰庸，都梁莊人也。其妻孔氏痛夫死於賊，亦投水死。又有周淑元者，監生。同治元年正月賊陷阜寧，將犯鹽城，淑元與同邑薛宮等庤芻粟、購兵械、集丁壯，扼之射陽湖。賊策馬衝渡，我兵炮擊斃之。賊見鄉兵勢盛，相持七日遁去。湖以南得無恙。淑元外禦寇盜，內察奸宄，晝夜奔命，積勞成疾，卒。餘人詳《藝文志》。

陶鑲，字石型〔註7〕。世父德堅，諸生，以孝旌。父性堅，博覽載籍，著有《二觀山房集》，校刻鄉先生詩文集甚多，倡議祀陸忠烈於孔子廟廷，大吏

〔註6〕「葩」疑誤字。有「犇輳」，指趨附、聚集。
〔註7〕「石」或為「右」。

從其議，請於朝，獲俞旨。鑲少無他好，篤嗜聲音訓詁之學。山陽丁晏、丁壽徵以經術名一時，鑲師晏而友壽徵，學益進。唯厭薄制藝，不屑屑為之，以此屢躓童試。道光中，侍郎祁雋藻督學江蘇，重樸學。戊戌冬，試士淮安，鑲入場試經解，雋藻初未之重也。教授周濟舊為嘉定錢大昕高弟，時適以監試在場，雋藻質以經義，濟曰：「及門有陶鑲者，真經生，濟不足備顧問也。」雋藻促召鑲至，叩以許、鄭之學，應對無滯。雋藻歎為宿學，拔入邑庠。旋食餼，時年幾四十矣。其釋「井之初六、舊井無禽」，謂《焦氏易林·咸之井》云「老河空虛，舊井無魚」，無禽為無魚，漢人已有此解，諸家之說皆不免支離。釋「乾坤其易之縕」，謂縕為縕袍之縕，為衣中所著之絮。易如衣，乾坤如絮。乾坤縕於易六十四卦之中，非易縕於乾、坤兩卦之內也。釋《詩·公劉》「于橐于囊」，謂《史記索隱》引《埤蒼》云「有底曰囊，無底曰橐」，《《國策·秦策》注》云「無底曰囊，有底曰橐」，二說相反。考虞翻注《易》「括囊」云「坤為囊」，坤之卦畫為☷，為無底之象。囊既無底，則橐為有底可推也。自「井之初六」至此，見《十硯齋文集》。其說經精確皆此類。所著有《十硯齋詩文集》、《周易明筮編》。鑲與同邑徐檀、檀弟檉友善。檀字樂園，檉字蔭庭，皆廩生，篤志好古，研究漢學，年未及壯而歿，時論惜之。檀著有《樂園遺稿》、《醉經軒經解綜要》，檉著有《毛詩釋故》。自檉與鑲暨山陽丁壽昌、丁壽徵皆以經學試高等，自此學子競知讀書，江以南書賈來售者，爭以經說相炫鬻，書肆為空，風氣丕變。自「檉與鑲」至此，見丁晏《《周易明筮編》序》。與鑲先後以學行著者，劉紹祖、楊觀豫、楊繼源、王憬、張醰、金樂清、楊載瀛、蕭傑四、祁森、邵進、周衡、陸系厓、解式金。紹祖，字經傳；觀豫，字保亭；繼源，字潛川；憬，字惺齋；醰，字以芬；樂清，字粟香；載瀛，字澹園，皆貢生。傑四，字軼唐；森，字松坪；進，字肩吾；係厓，字嶼南；式金，字礪庵，皆庠生。衡以耆年賜副貢。諸人皆勤於學誨，至老不怠，其端方孝謹，亦略同。醰倡辦團練、捐賑等事，皆清勤為人所稱。學政彭久余以「經明行修」額其門。衡子保，字定齊，增貢生，事親克孝，績學植行，有父風。

王翊卿，性清正。每值朔望，為鄉人宣講聖諭，恪恭無惰容。家貧，事親必具甘旨。親歿，水漿不入口者五日。既葬，晝則衰絰課徒於家，夜則苫塊寢枕於墓，雖風雨寒暑罔間。知縣姚銑題「韋布純儒」額贈之，光緒十六年，以孝旌。又有李檜，國學生，五歲失怙，哀毀骨立。年十三，隨兄奉母遷阜邑，稍長，事母益孝謹。幼嗣其叔，叔歿而貧，檜迎嗣母與母同居，孝養周摯。嗣

母有女，孀而貧，檜為置腴田五十畝以慰嗣母心。兩母先後棄養，呼號泣血，哀感行路。伯兄年老家貧，檜為贖產，俾娛老焉。咸豐五年，以孝旌。子鳴鳳，字筥莽，亦庠生。急公赴義，鹽、阜兩邑，善舉多資助。道光三年，阜邑地溢，當陞科，鳴鳳牒訴大府，請緩至九年，民感其惠。自「李檜」以下節採《阜寧縣志》。《阜寧志》所載鹽邑人士又有王枸、王開生、王漢，或善行甚微，或已入阜籍，今皆不錄。

金遐昌，字佑申，監生。事母至孝，嘗捐腴田入宗祠。諸弟亦以孝友稱。以上二語見光緒《府志》。邑中有大善舉，遐昌與其弟正昌、旭昌等捐貲為眾倡，遠近稱之曰金善人。咸豐丙辰夏，大旱，海水逆漲，天妃、石礄閘皆圮塊不可扃閉，金氏昆弟獨捐數千緡築壩禦之。功雖不就，而人多感其義。旭昌，字紫垣，以廩貢署江寧教諭。值英夷入寇，居民逃徙，婦女有遇寇死難者，旭昌採訪得十二人，請於大府旌之。事見《三老詩存・張芳齡〈和金紫垣七哀詩序〉》。遐昌族子汝霖、孫意誠，皆以孝義著稱。汝霖字雨人，歲貢生。母疾篤，將不起，默禱於天，請減己算以代，忽不藥而愈。家貧而好施予，恒稱貸於人以濟，屆期必償無爽約。有知其好義不受償者，輒謝曰：「微生高之事，吾不為也。」生平最重節義，採訪列女，彙請旌表，行之數十年如一日。意誠，舉人，事嗣母暨生母皆盡孝。生平最惜字，於集仙堂西隅購地築文光精舍，每月朔望，收買字紙及瓦礫之有字跡者，久而弗倦。光緒初，捐資獨建倉聖廟，規橅壯麗。人或笑其太費，意誠弗恤也。年未四十，卒。

陶鄰，字洽莽，國學生。好賙恤貧乏。咸豐丙辰，歲大荒，倡捐賑，收哺棄孩。同治初，助大營軍餉。嘗至潤州，晚步江瀕，以五十金活三人命。有詢之者，卒不言。子耀龍〔註8〕，廩貢生。官江寧訓導，修學宮，採訪節孝。及歸里，捐鉅貲設棲流所，經理恤嫠會，皆立法以程久遠。光緒十年，直隸大水，耀龍遵父遺命捐銀千兩。十六年，山東大水，耀龍遵母唐遺命捐助棉衣千件。由順天府尹周家楣暨山東巡撫張曜先後奏請，奉旨旌其父母，給「好善樂施」四字。與鄰同時有王喬柏、游超人、馬松年，皆監生。喬柏於道光戊申出錢穀立平糶局，又嘗獨修北門馬路，創建學宮兩廡，生平不憚勞費皆此類。超人好賑恤困乏。年九十餘，無疾而卒。知府顧思堯以「耆年碩德」旌其門。松年於咸豐丙辰散麩麥賑饑，數逾千石。又於同治元年捐三千緡，沿潮河築圩禦寇。事詳杜文瀾所撰《碑記》。子紹聞，字衣庭，性孝友，俾諸弟讀書，而己獨力田興其家。迨析產，盡以沃饒予群季，而自取磽確。山陽徐嘉為《讓產說》以

〔註8〕「耀」，原為「躍」，據下文改。

贈之。生平待戚黨有恩，解橐燔券無少吝。紹聞弟紹融，庠生，晚歲好施。光緒戊寅，捐金振晉、豫饑，其數雖與請旌例合，而不求人知。遭歲荒煮粥振饑者，又有郁懷昌、張富文、尹成玉、宋炳南，庠生董桂馨、喬柏、弟喬元，皆為里黨所稱。

裔大生，字養餘，歲貢生。祖涇，增生。父紹澧，歲貢生。皆有學行。紹澧，性愷弟，善事親，以孝旌。大生，胚胎前光，孝行益著。年逾五十，依依愛慕如孺子。親沒，於匶主前出告，反面一如生時。歲除必宿墓側，祭品必求豐腆。以父母不衣裘，終其身不禦皮服。諸子購以進，流涕固辭。其至性如此，家法之嚴，邑中無與倫比。教授生徒，文、行並勖，而尤以屏除嗜好為先。故從遊者率多謹守閑檢，而科目之士亦多出其門。家雖貧，而好利濟。咸豐丙辰，歲大饑，有弟為草竊兄將置之死者，又有貧民將鬻其妻者，大生皆解橐給之，俾得生聚。同治壬戌春，與同邑李秀良等奉檄築壘潮河，掌錢穀出納，事竣，盡以所餘賑恤難民，不以一錢自私。而於學序公事，尤力肩勞怨，為眾倡率，期於必成而後已。光緒壬午，卒，年七十六。秀良，字小峰，舉人，有幹濟才，文名冠一邑。秀良後舉人以文著名者，推沈煉青為最。煉青，字純伯，為大生弟子。

薛宮，字幼南，廩生。生而嚴重，總角時即不肯與群兒伍。嘗誤斃一雞雛，流涕自責。少長，益端愨。舉足不忘規矩，盛暑必正衣冠，課徒先行後文，循循善誘。尤善事親，出告反面唯謹。親有不懌，多方以娛之。侍親疾，曲盡勞勳，不假手於人。親歿，寢苫枕塊。既葬，築室塋域以宿。大水壞其室，則每夕操舟造墓門，未嘗一日間。遠近識與不識，皆稱之曰孝子，謂唐耀遠後一人而已。同治元年春，捻賊抵潮河，宮與周淑元等召集鄉兵禦之。當是時，寇自北來，鹽、阜實為里下河藩蔽。諸州縣及邑中義士爭輦錢穀助餉。宮司會計，不名一錢。事竣，不伐己功，人皆服其廉讓。知府顧思堯政尚威猛，於紳士少所許可，獨優禮宮。欲舉宮孝廉方正，宮上書力辭，思堯益歎服。後以孝旌。宮嗜學，文亦雅正肖其人，著有《瀕湖日記》。同治九年，卒。無子，止一女，廩貢生劉敬存之子婦也。敬存，字義門，少孤，事寡母傅能盡色養，言及母氏苦節，輒隕涕，以此為宮所推重。光緒十九年，卒。宮門人呂金貢，字相三，亦以孝聞。又有丁泰華者，監生，母劉早寡，有賢稱。泰華事母，生而養志，疾而刲股，歿而盧墓，祭而豐腆。宮欽其至孝，於其歿也，為之行狀。諸生以孝旌者，又有單江峰、顏三陽，童生以孝旌者為王貴森，皆與宮同時。而江峰

孝行尤著，歿之前二日，謂其家人曰：「上帝遣孝子唐梅村來迎我矣。但今日、翼日皆非吉日，不可以逝，唯間日乃可。」至期，端坐而歿。

張孝子介，本丐也，其名不傳，邑人皆呼為張丐。光緒十一年，知縣盱眙於培澍牒於大府為請旌，謂「丐之名不可上聞，因改名介」云。孝子，伍祐場人，隨母乞食東夏莊，得食必跪而奉母，母未食不敢食。村民憐其孝，為構屋居之，時以食饋遺其母。自是傭力以養，晨出必先為母滌溺器，暮必返，見時鮮必買以養母。遇己生日，則終日不飲食。咸豐六年，歲大饑，母亡，棺斂無所出，孝子搶地哀號。不得已，乃藁葬於野，負土成墳，廬於側。逾數年，朝夕號慟如初喪時。久之，成疾，卒。諸生夏士鑾，義士也，殯殮孝子，兼改葬其母，以成孝子之志。今東夏莊有張孝子墓云。節採夏士鑾及興化庠生薛銘恩所撰《孝丐傳》。

陳蔚林，自號耐齋，祭酒王先謙所撰《陳君墓誌銘》。諸生。有至性。光緒《府志》。遭歲潦饑，漁樵以養。晨興懷麥餅數枚刺舟出，跣足入水，寒風剚骨，困踣欲絕，念親無所得食，不自休。向夕，魚蝦蘆葦盈載反，歡然侍食共飽，日以為常。《墓誌銘》。事本生父母暨嗣父母皆盡孝養。推所得貲財予群從昆季，而以敝衣蔬食自處，拯恤窮乏不少吝。光緒《府志》。值流民倡亂，營兵入鄉大索，駢係老弱，將馘以邀賞，傾貲賄犒，盡脫其俘。《墓誌銘》。按：此係咸豐三年事。生平博覽群籍，尤深於《毛詩》。《南菁書院叢書・〈毛詩異文箋〉敘》。其說《詩》沉潛本經，博稽眾論，有不合則求之古文假借，以定其指歸。《墓誌銘》。處友生間，則以敦行立節為規，而後文藝。光緒《府志》。卒，年五十九。妻唐氏，《墓誌銘》。食用力崇儉約，有餘則賙恤貧乏，事姑舅以孝聞。節錄山陽徐嘉所撰《行狀》。與蔚林同歲入學，有沈鏶、梁德沛。鏶，字小彭，性孝友，事親愉愉如孺子。親病，浣灑便溺，寢食不去側。與人質直坦易無城府。德沛，字石州，安豐鎮人，以歲貢署蕭縣教諭。各直省教官於文武童初入學時皆有例規，每恣意婪索，致為生童所詬怨。德沛司鐸，崇尚廉謹，不與生童計較多寡，書斗亦斂束鮮恣肆，多士翕然重之。居鄉亦豈弟有厚德。歿之日，窮民多為之流涕。與德沛同鎮，有庠生邵九華，字蓉卿，以植品績學見稱。光緒癸未，重遊泮水，學政黃體芳題額贈之。時重遊泮水者，又有劉汝誠、張聯桂，皆老成負德望。

李建寅，字筵賓，舉人。善事親。親疾，晝夜侍側，械窬皆手滌。每一鬻藥，淚濺薪濕。喪逾三載，言及泫涕。歲時禋祀，哭必盡哀。里人稱其至孝。性狷潔，寡交遊。家貧，授徒糊口，所至皆以嚴見憚，稍露鑿枘，輒辭歸服田。

凡農人力作之事，皆能為之，雖夏月暴烈日中，不以為瘁。與人質直，重然諾。與同邑蕭向榮友善。向榮子翰臣，其門人也。乙酉舉鄉試，相約計偕入都，至孟春，有嗽疾，或勸勿行。建寅曰：「吾生平從不失信義於人。已許之矣，何可辭乎！」力疾就道。舟至煙台，疾革，誦《周易》「渙卦」不遺一字，端坐而逝，時丙戌二月二日也。久之，喪歸，家人啟視之，面色如生。距歿時已十閱月矣，聞者異焉。同時廩生裔步彪，大生子也。師道嚴峻，有不合，則捨而躬耕。又有庠生周維翰，事母孝，而臨財廉，生平無妄語。二人皆中年不祿，時論惜之。建寅少師事周書堂，為人方嚴不阿，言笑取皆不苟，臨終遺命不以僧道治喪。

姜露、許良棟、許自立、吳碧心皆以孝行著。露以織蘆為業，日以百錢奉母。母卒未葬，鄰舍火，露伏柩上，其姊聞之亦來赴，同抱柩而號，風反火滅，草室亦全。良棟母袁以節稱。良棟，遺腹子，長而孝養。母卒，築室墓旁，每日擄薪易錢市食物薦祭伏哭，寒暑風雪未嘗他去。露、良棟皆鄉里愚民，竭蹶自資，養生奉死，有過人之節。以上見光緒《府志》。自立、碧心皆孤貧，孝行與良棟略同。碧心以母好禮佛，母歿後削髮為僧，朝夕擊木魚繞母墓。蓋愚而孝者，又有姚天元、龔長春，皆蜑人也。天元舟居縫皮為業，以妻不善事母，乃別買一舟與妻孥異居。母目盲齒落，飲食皆天元代哺，三十餘年如一日。長春事一瞽母曲盡孝，家貧而鯹備於富家以自給。每晨起必滌溺器、具餐飯而後出，薄暮必返，未嘗一夕離母側。鄉人以其有士君子行，以龔先生呼之。道光間，孝子有胥福安與丁泰華，皆為知縣焦肇瀛所優禮。光緒二年，旌表孝子一人，趙賓。十九年，請旌孝子二人，文生姚煥章、童生楊步程。十九年，又請旌孝子一人，監生馬雲錦。又有陳福齡者，光緒七年由阜邑請旌。又童生徐彥江、監生楊忠烈，十七年旌。又佾生裔克縉、樂天良、余善夔、夏鴻達，文生夏永祺、邱夢儒、孫湘、夏渭，監生王印煮、曹家彥、童長新，監生夏兆瑞，儒童梁雲路、陳裕慶、朱壽坤，監生裔巨卿、滕萬民，儒童成景春，文生夏友仁、王連珠，例貢陸桐、趙如壽，佾生丁子香，皆十六年旌。又有監生殷炳才嘗剖股療親。又有匠人喬萬年、監生胡天慶、監生郭儀福、監生卞準、文生郭岫、陳步曾、徐九華、季敦仲、楊安泰、沈芹、劉應、元還樵、李致和、葛裕盤、李步曾、呂絲，監生王旒、王國樓、廖潤祥、陳桂山，孝行皆見《採訪冊》，附錄於此。

唐居仁、王榮、蕭巖並有誼。居仁嘗贖人妻，歲荒賑粥。榮、巖皆備鉤竿、置義船，專以拯溺為事，活人甚多。光緒《府志》。

又有歲貢李藩、監生徐孜任邑中公事皆清慎不苟。又有陳聯孫者，值歲

饑，民多殺牛以食，乃買牛四十餘頭畜之，至春耕時不論價值散之貧農。又有蕭相清、姜幹燧，皆監生，居鄉專以濟人利物為事，遇有爭訟，恒捐貲排解，甚則長跽涕泣以請，雖桀驁亦為心折，故所居環十數里，鮮有以訟牒入縣門者。相清兄弟四人皆年逾耆艾，友愛彌篤，有「一門四皓」之稱。

流寓附

宋

耿遇德，《揚州府志》、《高郵州志》及《會典》均作「裕德」。行七，號曰七公，東平州人。寶元間為通判，棄官南徙於鹽城大港頭，尋如高郵為東嶽廟祝。年八十一，卒。里人建祠暨社祀之。寶佑間封康澤靈應侯。節錄孫宗彝《愛日堂文集・康澤侯傳》。

張卨，楚州東漸人。家富好施，不責人報。遭亂流離，骨肉散零，獨與一僕羈棲於射陽湖中，乞食以活。遇盜，求貨不得，縛於大木之下，將生啖之，已刲股數臠。僕竄已脫矣，見之慟哭而出，舉身遮護，而拜賊曰：「我主雖本富家，今赤身逃難，豈得更挾財貨？如欲飽其肉，願膾我以代。」賊聞言嗟異，並釋之。紹興中，歸里。故業尚盈百萬，卨以弟待僕子，弟事之如諸父。《夷堅志》。按：《桂苑叢談》載張辭《上鹽城令詩》有云「今日東漸橋下水」，疑東漸為鹽城地名，卨當為鹽人，然別無確據。今據「羈棲射陽湖」一語，列入「流寓」，以備參稽。

元

卞濟之，字巨川，蘇州人，仕宋歷參知政事，宋亡隱於家。程文海薦之，不起。遷鹽城之伍祐場，遂家焉。與諸文士歌詩論文，不談時政。手植枯枝牡丹，閱數百年猶存。歿，葬大岡鎮。《射州文存・夏雷卞參政傳》。舊《志》載枯枝牡丹事與此大異，存以備考。

明

李昊，徽州人。嘉靖二年，張巒等率饑民倡亂，撫按動兵剿除，弗克。昊奉牒安撫之，兵息民安，賞以金帛冠帶，辭不受。見程《志・名宦》、沈《志・仕績》，今移置「流寓」。

吳敏道，字曰南，寶應人，萬曆《揚州志》。號南華山人。雖老於諸生，而才名籍甚，康熙《寶應志》。與朱應登、朱曰藩，號「三才子」。師道立《〈觀槿稿〉序》。隆慶己巳、萬曆辛巳，兩至鹽城，知縣南海楊瑞雲成《縣志》十卷，以授敏道校焉。楊《志・吳敏道〈序〉》。楊《志・藝文》載敏道詩二十首。論者謂其參訂之功居多。

《沈〈志〉評語》。瑞雲濬射陽湖，民築楊公墩以紀其德，敏道為作記。《記》云：「楊公墩在鹽城之清溝鎮，清溝父老為其令楊公作也。作之者何？公有濬射陽湖之功，作墩以表也。若漢之白渠、魏之鄭陂、隋之薛公渠、宋之范公堤、陳公堤、蘇公堤之類是也。射陽湖在鹽城縣治西一百四十里，湖最巨且深，蓋縈回三百餘里，能受淮、揚兩郡七州縣之水，旋轉而入於海。故其時兩郡無水患，而穰歲相仍稱樂國。自嘉靖以來，淮水奪淮之柳鋪灣而下，黃河南徙則又奪高、寶之堤而下，並匯於射陽湖，日湔月洗，兼以黃河之水淳蓄沙積，於是射陽湖日就淤淺，非曩昔矣。夏秋水漲則湖莫能容，崩騰泛溢，浸民田，千里相望，森如巨壑，所蕩溺人畜不可勝數，安復問禾黍？迨冬春水落則水潎潎露湖底，不能運十斛舟，百貨阻莫通，是商民俱病也。自是諸州縣咸蒙其害，而鹽城尤甚，流離困苦之狀慘不忍見。萬曆七年，楊公至，愍然傷焉，謂歲蠲其租而日給之食無裨也。周訪博諮，乃姑倡開濬射陽湖之議，白於督撫凌公雲翼，督撫善其策，即俱疏以請於上。於是督撫發帑鍰，簡文武諸屬吏分董之，而楊公挺然以一身總其役，部署丁卒，口授方略，日乘小舟棲泊洲渚間。披寒雪、冒暑曦〔註9〕，至身且病，猶強治事，不少喻息。蓋以萬曆九年正月始事，是年八月即奏成。明年，清溝父老乃於其鎮之元君殿後樹墩以識焉。湖既濬，水始湍駛，趨海如箭，即伏秋水發，亦且得所歸，無泛溢患。二十年蛟龍所窟宅之田，一朝而畢出，鹽人咸把鋤犁而耕。至秋黃雲蔽野，社鼓相聞。昔《河內之歌》曰：『鄴有賢令兮為史公，決漳水兮灌鄴旁，終古舄鹵兮生稻粱。』乃今於楊公再見之。水雖落，中流深尚丈餘，萬斛之舟揚帆鼓棹而行，百貨畢至。海濱所產，如薪、如魚、如醝，咸得達於四方。昔《滄州之歌》曰：『新河得通舟楫利，直達滄海魚鹽至。昔日徒行今騁駟，美哉薛公德旁被。』乃今又於楊公再見之。蓋居民、耕者、商賈、過者靡不望墩而拜，曰：『我楊公之賜也。』於是名其墩曰『楊公墩』云。余又聞楊公開大盤灣時，一日，下令築巨墩，可容數千人。墩成，適颶風大作，海潮擁至如山，徭夫數千爭上墩，得不死人，亦稱為『楊公墩』云。楊公蒞臨且五載，十九在工，十一在鹽。其所治河蓋四五，不直一射陽湖。即今猶請督府重濬之，為千百年計至殷也。即在鹽異政惠跡甚夥，不具載。特因清溝父老李雯等之請為揚挖墩事云爾。」邑產瑞麥，敏道作《瑞麥歌》。歌云：「高皇昔日龍飛初，掃蕩乾坤氛祲除。歸馬放牛隻耕作，嘉麥乃產寶雞墟。明祖時陝西寶雞縣進瑞麥，劉青田作《瑞麥頌》以獻。國家養士二百載，只今唯有鹽城宰。鹽城宰官關西後，政如膏霖灑東海。赤手挽水水東驅，陽侯遠遁蛟龜徂。棋分繡錯畛與畷，負鹽之子犁爭扶。平疇麥秀三岐出，禎祥為根瑞為質。狩獵風翻翠玉莖，離離日射黃金實。白頭父老持獻公，駢枝並穎銀瓶中。芒上猶瀼甘露乳，葉間如綴列星叢。公曰天助吾民厚，撫字於吾更何有。馴雉翩翩繞使車，豐年穰穰釀村酒。乃知靈芝百無用，何況蒼麟與朱鳳？途歌巷舞及鄰封，詩成竊擬青田《頌》」。瑞雲為敏道買草堂以

<hr>

〔註9〕「曦」，原為「曦」，誤。

居之。《集》中《楊李二明府、俞楊二將軍為買草堂詩》，又有《鹽城楊明府飲草堂詩》。

王之案，字心一，朝邑人，萬曆二十九年進士。除清苑知縣，遷刑部主事，以力爭梃擊案，廷臣忌之。四十五年，京察用拾遺，削其籍。事詳《明史》卷二百四十四。遂遊鹽城至沙溝鎮，寓於姜長榮之鳧園。之案與長榮手書及所畫墨竹，今存歲貢姜純家。天啟初，召復故，官拜刑部右侍郎。魏忠賢黨楊維垣力詆之，坐除名，下之獄，瘐死。《明史》。

吳敬義，其先徽州人，家於鹽。其父值明季寇亂失所在，敬義年十三，遍走吳越秦楚燕齊等地求之，間關跋涉，足繭骨立，尋知其父已死，號慟欲以身殉。歲時致祭，必唏歔流涕，終其身未嘗一日忘。生平篤愛宗族期功之親，依以存歿者凡數十人，人皆推其孝義。國朝康熙三十六年，卒。咸豐間，以孝旌。

劉文照，字雪舫，海州人，後籍宛平，光緒《府志》。明外戚也。《高郵州志》。流寇陷京師，兄新樂侯文炳、左都督文耀皆殉難。見《明史外‧戚傳》、《通鑑鑑輯》諸書。文照年十五，逃還海州故里，已而變姓名，流寓淮上。光緒《府志》。又寓居高郵，見《高郵州志》。又嘗與邑人宋曹偕隱湯村，詳見卷二《古蹟》。以女妻曹子桓詒。詳見卷十四《列女》。及歿，曹迎其喪，葬之湯村。詳見卷二《古蹟》。文照嘗有句云：「去住向誰商出處，飄零到我負生平。」聞者悲之。光緒《府志》。著有《燕遊草》、《一門殉難紀略》。《高郵州志》。

國朝

章慶曾，歙縣人，業鹺新興場。乾隆三十二年，修縣城，慶曾捐千餘金，鳩工拾城下骸骨數千具，購地一區瘞之。明年，饑，知縣朱洛臣勸捐賑，曾捐米百石為眾倡，灶戶唐居易、宋宗潛、夏鈞、朱暻感其義，各以百斛助賑，饑民賴以全活。同時有鄭世勳、曹蓮、汪應庚、江演，皆歙人，業鹺，家於鹽，以好施著聞新、伍間。世勳，字功宏。新興場海嘯，灶民溺死無算，世勳相高阜，築大墩十餘座，為避潮之所。自是歲，遇風潮安堵如故。蓮，字紹青。乾隆中，海灘升科，自二十一年至二十四年積逋甚多。亭戶逃亡，課懸無著，蓮捐貲輸官，灶始復業。應庚，字上章，世業淮鹽。雍正中伍祐場災，出資賑粥，凡三閱月。後運穀至丹徒，活饑民九萬餘口。事聞，特旨加光祿少卿銜。演，字次義，嘗捐貲獨濬伍祐場河，商民便之。節採《兩淮鹽法志》。

鄭燮，號板橋，興化人。乾隆元年進士，文宏博雄麗，書法出入漢隸中而別開生面。《興化縣志》。微時嘗授徒沙溝，與劉榲、劉倬友善。今沙溝劉氏家藏

燮墨蹟甚多，皆與楷往返書牘也。《採訪冊》。又鄧石如，號頑伯，懷寧人。包世臣評其書法入神品。《先正事略》。石如繼室為鹽城沈氏，見李申耆《養一齋文集》及方朔《枕經堂文鈔》。故客遊鹽城最久，居布政司徐鐸家，篆、隸其壁殆遍。鐸卒，江寧梅鏐為文志其墓，石如為之書於石。《採訪冊》。

曹彭洛，字芙常，一作芙裳，《說文》「裳」「常」本一字。歙人，舉人，大學士振鏞之曾孫也。咸豐中避粵寇之亂僑居上岡，十數載後客死海州。彭洛，高才博學，工詩，古文卓然成一家言，鹽人多從之遊。性好振人急難，凡皖南人士避地至上岡者多依之以居，與共甘苦，人稱長者。其主表海講席，能立師道者，道光中有山陽丁晏儉卿，同治中有錢塘張錫恩洛如，俱校閱文藝務罄心力。晏以經學提倡多士，前後主講者鮮能及云。同上。

徐墀，字玉階，泰州人。其從父魁枬以服賈，家於鹽，初無子，撫墀為嗣。墀嫻武略，從贈內閣學士徐剛毅曉峰剿捻淮右，積功擢守備。曉峰備兵汀漳，墀從之任。同治三年九月，粵匪李世賢陷漳州，曉峰死之，墀率眾巷戰，兵敗被執，罵賊不屈，遇害，年二十九歲。及浙閩總督左宗棠克漳州，家人入城求其遺骸不可得，尋奉旨賜恤如例。後魁枬生子燮，入鹽籍，為諸生。燮憫其兄死王事，與光緒十九年招魂葬之城北東袁莊。同上。

蔣寶素，字問齋，丹徒人。詩及古體文，筆力堅厚。家無儲粟，不取非分財。咸豐癸丑，避寇江北，寓沙溝鎮，作《將略》一卷、《史略》二卷、《傷寒表》一卷。同治丁卯，遷寓仙女廟。卒，年七十九。《丹徒縣志》。寶素雖善屬文，不為諛墓酬應之作，精長桑之術。寓沙溪時，為人療治無所取，簞瓢屢空晏如也。同時鹽邑寄公，如尚書江夏賀壽慈、學政鹽山孫葆元、布政使高要梁佐中、編修江都顧奎之倫，名位雖顯，民無得而稱焉。方之，寶素有景公、夷齊之別矣。

鹽城縣志・卷十三・人物志四

列女舊《志》所已載者。

　　宋左丞相陸秀夫夫人某氏隨丞相海島〔註1〕，厓山破，丞相仗劍趨妻子入海，夫人隨抱兒子先沉海死。明弘治十四年，廣東右布政使劉大夏建祠祀楊太后，以夫人配享。萬曆壬辰，訓導龐尚鴻申請當道以夫人及二子配享公祠。楊《志》、程《志》不載陸丞相夫人，此乃沈《志》所載。又沈《志・藝文門》載《陸忠烈公世系考》云「夫人趙氏」，蓋據顏敏所見潮州《陸氏譜》。而龔開《陸君實傳》則云「章子美琰以兄之孫子妻，則夫人係章氏」。《福建通志》載張世傑等奉衛王至楓亭，蔡曰忠感異夢，以女為丞相次室，而生釗。厓山之難，丞相殉國，蔡夫人痛不欲生，以丞相別時衣冠葬於莆田之嵩山，則夫人又係蔡氏。沈儼、陶性堅舊有「元配章氏、繼室趙氏」之說。又考前明郭子章《陸丞相墓辨》引《陸氏家故》「趙氏與兒子留未與厓山之難，從公厓山者，係妾倪氏及幼子也。」今姑仍舊說而辨之如此。

　　明諸生劉存仁妻王氏，沈《志》云某氏某人妻，程《志》則云某人妻某氏，合於史法，今從之。存仁，孝子劉鑾子也。王素修婦道，沈《志》作「氏素修婦道」，去族稱氏不合書法。今從程《志》，後放此。存仁病卒，是夜縊死夫旁。有司以聞，建貞烈祠在板橋市旁。

　　劉國用繼妻胡氏，夫亡，七盡，自經夫柩側。啟其篋，則所製舅姑及前妻子衣履悉備，其烈而兼孝且慈如此。知縣陳美親視棺殮，裂帛為文以祭之，又手篆「烈婦胡氏之墓」六字表其阡。宋曹為撰傳。夫亡自經者，又有顏遂妻胡氏、王路妻郭氏、那楫妻張氏、泰順知縣潘仲蘭妾何氏。遂卒，胡矢志不二。

〔註1〕該句疑有脫字。

舅姑以其無子且貧，潛以許人。一日聘禮至，胡悲號幾絕，是夜自縊死。有司以「貞烈」旌門。路卒時，郭年二十九，蓬首垢面不履閾外，二孤相繼歿，遂自縊。張年十八，夫亡逾旬，夜半乘家人熟睡潛縊死。仲蘭卒，何年二十四，自縊柩側。康熙《府志》以顏遂妻胡氏為山陽人，《山陽志》亦載之，乾隆《府志》則載之鹽城，與舊《志》合。

蕭儒妻蔣氏，夫死，夫兄欲奪其產，迫之改嫁，蔣不堪其虐，控之巡鹽御史下郡司理。夫兄誣以奸，蔣無以自明，引利刃祝曰：「虛空有盡，我怨無窮。」遂斷其左腕。眾驚詫，夫兄始伏辜。知府高捷命髹其手貯之石函，為文申鹽院。鹽院判云：「萬古綱常，千秋名節，一手可扶行。」縣給粟帛旌其門。

朱得春妻孫氏，家窘甚。夫謂妻曰：「合則俱死，分則兩全，爾謂何如？」孫曰：「寧死不從命。」又數日，餓不能起。孫忽曰：「節義廉恥，人有其心，如天意何？且屈身以活爾，爾得值即他往，不可遲也。」至後娶者之門，遂自刺死。又殷尚義妻李氏，有容色。夫貧甚，受鄰人賂，密許與通。李知之，紿夫出，繫兒女於床，自溺死。按：以上二人皆死於崇禎四年，見孫榘《被縷集》。程《志》、沈《志》誤為國朝人，今更正。《被縷集》又云：「張遠妻陸氏，生一子，度不能俱活，曰：『盍鬻兒？兒得食，我兩人亦可活也。』張鬻兒於市，得千錢，乃棄其妻遠去。妾待至暮，不見，遂自經。」又云：「魏成新娶妻為賊所擄，邁之不從，賊肢解之。」以上二人，舊《志》皆失載。

國朝成昌代妻高氏，年二十七，夫亡，晝夜悲慟。一女方七歲，夫在時已許為許姓婦。高強召其舅姑將女去，人疑其有他志，高亦不嗔，一日設祭列雙筯，漏二下，縊死柩旁。有司旌之。按：宋恭貽《鶴陰書屋集》有《成烈婦傳》，見《射州文存》卷二。又廩生成肇孫妻王氏，貢生王嘻女。夫病，念妻無出。王曰：「君無慮，君如不諱，妾必不辱君矣。」夫歿，即於次日自縊死，年二十九，時康熙癸未也。乾隆四年建坊。按：山陽李鐙有《成烈婦傳》，長洲宋既庭、崑山蔡方炳、邑人樂繹、夏之時皆有《挽成烈婦詩》，見《成氏譜》。

諸生趙錫疇妻宋氏。康熙《府志》云：「貢生宋之驪女。」按：「驪」當作之「騏」，崇禎三年貢。錫疇於康熙七年因奏銷案赴京，返至沂州半城，地震，殞命。宋聞訃慟絕，復蘇，及旅櫬歸，以頭觸棺，血淋漓，俟殯事畢，嘔血數升死。程《志》云「絕粒死」，沈《志》、康熙《府志》皆云「嘔血數升死」。呂震男妻朱氏，朱二十一，夫亡，矢志奉姑，姑因家貧，欲再嫁之，朱泣不從，姑潛許人，及聘禮至家，遂自縊死。張樹名妻蔣氏，隨夫館劉伶臺側，夫亡無子，蔣哀哭措葬，畢，局

門自縊。土人重其節烈，具棺斂之，與樹名合葬。又監生蘇季占妻薛氏、張允曙妻王氏、苗長延妻潘氏，皆夫亡投繯死。薛死時年二十二，王死時年三十九，潘死時年二十二。

監生薛衷妻楊氏，孝謹儉樸，動中禮法，事舅與繼姑盡孝。以上三語，見宋恭詒《鶴陰書屋集‧薛烈婦傳》。夫病暴劇氣絕，楊度無生理，遂自縊。及夫復蘇，妻已殞命。先夫而死者，又有王椅臣妻胡氏。椅臣病篤，諭妻曰：「吾死，爾年少家貧，宜改圖為終身計。」胡泣曰：「夫慮我耶？請先夫死。」即於是夜自縊，時年二十八。《鶴陰書屋集》有《祭王節婦胡氏文》。

夏自慊《夏氏譜》「慊」作「誠」妻劉氏，年十八歸自慊，半載而寡，無子，孝事嬬姑者十年。至康熙壬午，姑以壽終，合斂治喪，畢，劉閉戶不食而卒。知縣鄭鼎以「苦志奇節」褒之。舊《志》於「烈婦」「節婦」皆載之，今刪其一。

楊子厚妻鄭氏，子厚雙瞽，鄭親奉湯藥不懈。及夫卒，斂畢，以刃刺喉斷吻而死。夫亡服鹵死者，為沈琮《沈氏譜》及《坊》均作「沈琮玉」妻邵氏。康熙六十年，死時年二十二。乾隆四年旌。夫亡不食死者，為蔣鏞妻薛氏。始因有娠，剪髮伴殮。未幾，胎殞，遂痛哭絕粒而斃。引刀自刎者，又有蔡虎妻唐氏。年十六，夫亡。遺腹子至三歲溺死，唐悲夫絕嗣，遂自刎，時雍正三年也。知縣于本宏以「青年節烈」旌其門。

徐昌裕妻尹氏，夫病，刲股療之而不愈，夫歿，哭之哀，創潰而死，距夫亡十有五日。張康年妻曹氏，兩次刲股療夫，夫亡，晝夜哀號，彌月亦以金瘡潰裂而歿。舊《志》列入「節婦」，今移此。劉闇士妻許氏，夫病篤，刲股以進，竟不起。遺孤十月以痘殤，因哭拜夫柩自經，距夫歿二十日，身著麻衣，懷一貼云：「我死無易我服。」家人成其志，雍正八年事也。十三年建坊。時衣衰麻自縊者，又有姜恩士妻蔣氏、楊文宗妻呂氏。蔣於乾隆元年夫亡，三年喪畢乃殉節，時年二十八。知縣程國棟旌以「節烈可風」。呂刲股療夫，夫歿，欲自盡，因夫逋未完，夙夜針黹，償債畢乃縊死，時年二十四。知縣魯宗懋獎曰「巾幗完人」。

王麟長妻秦氏，康熙五十九年，夫亡，舅姑亦相繼亡，連遭三喪，無孤可撫，營葬畢，自縊死，時年二十歲。夫亡無子而死者，又有潘開泰妻王氏，年二十二，志不再適。親族憫之，微言以諷，遂縊。斂時有白鶴鳴空，眾以為貞烈所感。又有孫天涵妻王氏、高應侯妻姚氏，皆夫殞自經。王，年二十五。姚，年二十一。姚哭其夫，至淚盡流血。

　　張莘臣妻劉氏、吳其中妻倪氏，皆遇暴不從，羞忿自經死。劉於雍正三年
旌，倪於乾隆五年旌。遇暴力拒，痛哭赴河死者為王言妻唐氏，歿時年方二十。
以上烈婦。

　　夏之彥聘妻沈氏，未嫁而之彥亡，父母欲改字他姓，女性貞烈，慟哭憤鬱
而死。族黨慕其賢，多往弔祭。順治四年，將遷其柩與夏合葬，以屬豫之變不
果。《夏氏譜》引宋恭詒所修《縣志》。程《志》、沈《志》皆失載。

　　薛國琳聘妻沈氏，沈潛女也。幼讀書曉大義，嘗刲股療父。未嫁夫亡，聞
訃飲泣，潛以所著衣履剪埋灰壤，伺母寢，乘間繯死。面如生，身服綠繒衣，
反白裏使向外，以示喪服，其秉禮如此。時康熙二十一年六月二十七日也，年
二十四，事聞，旌表建祠。又有夏允聘妻沈氏，沈華周女也。年十七，未婚而
夫死，哀號嘔血幾絕。無何，父受他姓聘，女知之，復嘔血，疾革而卒。夏氏
義之，迎其柩與允祔焉。時未嫁聞訃而繯死者，又有趙樹儀聘妻王氏、趙廷對
聘妻蔣氏、年十九歲，死於康熙三十三年。陳繼中聘妻王氏。諸生王友薛女，死時年十
九，乾隆四十旌。聞訃絕粒數日而後繯死者，為薛薰聘妻趙氏、張姓聘妻郭氏。
趙死於雍正丙午，知縣于本宏題曰「蘭閨英烈」。郭死時年十八。聞訃斬衰往
弔，歸而繯死者為王姓聘妻嚴氏，嚴廣生女。歿年十九。

　　唐氏女、蘇氏女皆遇暴力拒，一投繯死，一投水死。唐旌於康熙五十七年，
蘇旌於雍正十一年。

　　姜昌祖聘妻潘氏，諸生潘同鼎女。康熙戊戌，未婚而昌祖歿，哭告父母，
易服往弔其喪，拜哭仆地，視含殮畢，取笥篋中華飾服物悉投諸火，遂執婦禮
虔奉舅姑。既而昌祖弟昌朝生子，潘請立為嗣，甫四歲而殤，遂不食而死。時
雍正壬子歲也，距昌祖歿時十有五年。以上烈女。程《志》曰：「孫學士一致有《讀沈
烈女傳》，即前沈潛女也。又有《讀蔣烈女傳詩》，學士於康熙三十一年謝世，則非此篇中歿於
康熙三十三年之蔣烈女矣。其詩云：『吾里後先稱蔣沈。』蔣與沈媲美，乃竟湮沒，可歎也。又
兩《傳》未知何人所作，惜不得而讀之。」

　　王祝頤聘妻蔣氏、錢庶常聘妻蕭氏、張顥孫聘妻薛氏薛從龍女，給事中鼎臣之
孫皆未嫁夫亡，聞訃慟哭，往弔其喪。蔣守節三十八年，蕭守節四十年，或弔
以詩云：「一生未識兒夫面，恪守閨門盡節終。」薛守節十有八年。以上貞女。

　　明司拱辰妻王氏，性至孝，在室刲股救母。及嫁，刲股救姑。

　　國朝鄉賓宋茂勳妻夏氏、茂勳子徵士曹妻陸氏俱純孝。夏卒，年九十三。
陸卒，年九十八。曹子恭詒妻陶氏增生陶泰茅女亦至孝，其卒也，姑泣拜柩前曰：

「吾拜吾孝婦也。」一時觀者皆為揮涕。恭詒有《陶孺人墓誌銘》在《射州文存》中。

貢生沈志范妻高氏，性至孝，年十三，刲股療母。于歸後，孝事舅姑，助夫教子，悉遵禮法。閨門雍睦，為當時女宗。子儼妻閻氏，徵士若璩女，亦刲股療姑。又有孫三元妻吳氏刲股療舅。又有徐鼎臣妻邱氏、李士顯妻徐氏、董金山妻楊氏、曹廷球妻成氏、曹允安妻姚氏皆刲股療姑。其兩次刲股療舅姑者，為廩生樂繹妻成氏、諸生楊苞妻吉氏。其刲乳療姑者，為潘某妻陳氏。刲股療父者，為夏氏、顧氏。名利貞，諸生顧蘇女。夏刲股時將分娩，人皆危之。不數日，創即愈，人咸謂「孝行獲天佑」云。

朱尚璉妻王氏、張舒赤妻李氏事舅姑皆以孝聞，又皆好施與，教子積善，習為賑粥、助喪諸義舉。王卒，年九十。李卒，年九十三。又有高爾珩妻凌氏、媳孫氏、金梃妻成氏皆孝事舅姑。以上孝婦兼孝女。

明許成五妻黃氏，年十七，生子甫一歲，夫卒姑老，黃奉姑撫孤。值元季兵亂，偕姑避兵海州，就食濟寧。迨洪武初亂定，還鹽城。前後四十餘年，備嘗艱苦。知縣俞順辰上其事，特加旌表。

唐彥賓妻李氏，年十九，生子三歲，夫卒，誓不再嫁，紡織以奉舅姑。天順六年，知縣劉諒上其事。諒所旌又有王彥高妻潘氏，青年厲節，發穀四千餘石以振貧乏，奉旨旌表。年八十四歲終。以上二語見康熙《府志》。國子監學錄滕愷《節義潘氏碑記》：「旌義所以勵俗也。以義而見旌於世，在丈夫且罕，而況於婦人乎！以婦人而有丈夫之志教其子尚義，以助官賑濟者，於罕見之中尤罕見焉。此鹽城令劉侯所以急於勒石、題名以為邑民勸也。觀夫鹽城士人王彥高妻潘氏，淑貞，盛年喪夫，守節不渝，教育遺孤三人。當飢饉之歲，而能欽遵旨意，以其夫彥高存日所積穀四千餘石，諭諸子曰：『汝父生平尚義，志在濟人。不幸早世，廩有餘粟，請因明詔而濟民焉。』諸子承命唯謹。侯乃哀其守節，重其尚義，儲偫其粟米於公廩，申令邑民之貧乏不能自存者驗口給散，均受其惠，不惟得以生存無恙，抑且得以盡力農畝，歡聲如雷震動一邑，而潘氏之節義益彰矣。乃遵承戶部劄付，欽依天子璽書，瓏石題名以為民勸，乃致書幣來南雍徵文以記其事。余惟唐虞三代之世，其教既明，其化既成，黎民於變，比屋可封。當是之時，旌其門閭、表厥宅里猶不敢緩。然而閭閻之寡婦勸子為善，雖唐虞三代聖人之世猶不能望者也，況當今民食不足之際有能推食助官賑濟者，且以義行。目之今閭里婦人，上無其夫，下撫諸孤，其肯助官賑濟也哉！今潘氏雖喪厥夫而有三子：長曰維先；次曰紀，干蠱克家，倜儻尚義，綽有父風；又次曰經，肄業邑庠，明經制行，仕顯有期，天之報施，豈其微哉！將見昌大門閭而後之襃封者，潘氏其有焉。因書以為記。侯，名諒，字守貞，武昌富川人，上舍釋褐，有善政著聲於時。」

朱玠康熙《府志》作「玠」，楊《志》、沈《志》作「價」妻張氏，年二十七，夫亡，撫子金成立，娶婦錢氏。未幾，金亦亡，無子，姑婦相守，節操益勵。漕撫王宗沐以「一門雙節」旌之。張卒，年八十三。錢卒，年七十五。

徐華妻凌氏、薛蓮妻王氏皆二十一歲而寡。凌遺腹生子，王有子在襁褓中。二人之父母欲奪其志，皆以死自矢，苦節終其身。凌歸華僅八月。王年八十餘卒。

虞生樂環妻薛氏，年二十二，夫歿，自縊弗殊，碎碗割頸亦被救，乃閉門堅守八十餘卒。此程《志》、沈《志》所載也。賈刻楊《志》不載其事，但云「苦節建坊」而已。康熙《府志》以薛氏為烈婦，云「自縊、割頸被救，乃閉門縊死」。王信《西溪詩稿》亦言其刎頸未絕，似程《志》、沈《志》所載為得其實，今從之。建坊立祠。又孟世昌妻殷氏，嫁三月，夫歿，投繯、仰樂皆為舅姑解救，遂孝事舅姑，以紡織鍼黹易甘旨。值歲洊饑，供養無缺。舅姑歿，負土成墳。上官旌之。年七十一，卒。

諸生夏時中妻王氏，年二十四，時中歿，子紹尚在襁褓，斷髮分鏡，終身縞衣，足不越閾，公姑甘旨每日三進，以上四句見康熙《府志》。苦節四十餘年。院道旌表。紹後為內江縣丞，紹曾孫之時，官永新知縣。邑人王信為王貞媛作《破鏡歌》云：「嗟哉！王氏女作我夏君妻，百歲期偕老，一旦忽分攜。滿腹盡剛腸，更比鍊尤強。夜雨孤燈歌冷榻，秋霜柏樹倚寒窗。我聞當日哭夫君，皆將鵝鏡雨中分。惟願夫將半邊鏡，地下常常照妾心。照妾心見妾貞焉，敢復心他人心。更願妾將半邊鏡，世上常常照夫身。照夫身見夫君，焉敢復身他人身。君不見往時任士中弱冠便云終，其婦命娘能截髮，至今千載仰高風。我觀夏君妻應與此婦同，將髮一斷卻繫夫。破鏡中繫夫正欲夫繫，妾願把一髮纏雙龍。我想初嫁時結髮永為期，及今斷髮，余不忘結髮初，生前結髮死斷髮，一死一生志不渝。年年守孀闈，思夫淚數揮，惟穿縞素服，不著紅紫衣。鬢蓬為誰整？母病嫌遠歸。每於春晝掃落花，莫教一片簷前飛。不是春風羞妾面，妾面卻與春風違。惟有秋月知妾心，妾心不讓秋月輝。樓上獨墜何足道？閨中自殺不稱好。妾家非無樓，恐作綠珠儔。閨中非無劍，恐連敬姜羞。敢使知慷慨捐生者，卻與從容守節非等流。君不見望夫臺上一婦人，化石已成淚如津。妾身不用化為石，石卻原來是妾身。況有一孤兒，時方兩歲餘。使妾有他志，孤兒誰撫綏。孩提應戀母，肯教累舅姑。為夫鞠其子，因子報其夫。君雖死猶不死，妾身無夫即有夫。分鏡應無負，斷髮亦不辜。所志固如此，千載何如乎？」

諸生易無極妻孫氏，年二十而寡。李化龍妻薛氏，年二十二而寡。孫斷髮破而誓死靡它。子之興年十五，刲股療母。薛哺養孤嬰，績麻易食，已茹蒿藋，而舉姑必具甘脆。喪葬殫力，茹苦五十餘年而歿。子之秀，事親盡孝，痛母苦

節，茹蔬終身。大吏以「母貞子孝」旌兩家之門。

　　郭儒得程《志》、沈《志》作「魯得」，賈刻楊《志》、康熙《府志》、乾隆《府志》作「儒得」妻凌氏，府谷知縣郭化成之子婦也。化成先官太湖訓導，儒得隨父而歿。凌時二十有四，二子俱稚。未幾，化成宰府谷，凌隨之任。崇禎初，流寇王嘉允攻府谷，化成殉難。凌奉七十衰姑扶舅櫬旋里，時群盜如毛，道路多梗，間關數千里，備極劬瘁。歸後，奉姑誨子尤艱苦，後奉詔旌其門。子泰，歲貢，以文名邑中。

　　國朝生員夏啟元妻孟氏，年二十三而寡，長逼之改嫁，孟以刀劋面，毀其容乃止。年八十三歲，卒。題旌如例。又殷世祺妻成氏，年十八，適祺二載而寡，遺腹生女，父母欲嫁之，成斷髮毀面，誓死不二。又張其新妻馬氏，生子二歲而夫亡，年方十八，夫弟逼其改嫁，馬自縊、投水俱被救，苦節四十餘年。張士德妻孫氏，年二十五，士德死，子幼家貧，族人勸其改適，孫剔目誓死，採薪辟纑以食，年七十以節旌。

　　廩生凌天允程《志》作「治」，乾隆《府志》作「允」，沈《志》作「蔭」妻薛氏，年二十二而夫歿，夫之王父及父母俱年耄，薛竭力奉養，紡績撫孤。上官屢旌其門。年八十，卒。又教諭凌嘉瑞女，年十七適宋灝。越四載，夫歿無嗣，凌斷髮示志，歷艱苦五十餘年。康熙十八年，建坊旌表。

　　沈毓奇妻顧氏，守節四十餘年，備嘗艱苦，教子漢成進士，媳孫氏亦有淑德。又沈誠妻朵氏，苦節六十二年。子毓芳，順治辛卯，成副貢。

　　梁起潛妻夏氏，撫孤植節五十五年。夏氏病，子世勳刲股救母。世勳妻唐氏病，世勳子亦刲股療之。節婦孝子萃於一門，聞者詫為異事。

　　顏時俅妻王氏，夫歿，家無儋石儲，矢死毓孤，劬苦萬狀。鄰人兩次大火，延燒數十家，王所居茅屋四圍皆火，獨未毀人，以為苦節之報。

　　庠生夏洪範妻唐氏、妾沈氏，洪範死，二人俱年少，相誓曰：「八十翁姑，十月孤兒，責在我輩。」遂相伴守節，編蒲結網，指或見血不少輟，閱三十年如一日。又李遂妻秦氏、妾馮氏，皆青年早寡，兩人共撫一孤，教之成立。秦年七十九，康熙辛卯卒。馮氏年八十六，康熙己巳卒。邑令獎之曰「名門雙節」。乾隆五年，建坊。

　　崔孚嘉妻周氏，年二十七，夫亡，孤子聲遠始五歲，舅姑皆七十，周辛勤紡績易粟以養。值洊饑，舅姑相繼歿，經營殮殯皆盡禮。聲遠新婚二載而歿，妻吳年二十二，遺周歲孤，姑婦共撫之，冀延崔氏祀。未幾，孤又殤，乃立從

子以嗣聲遠，恩勤益摯。周晚遘危疾，吳刲股和羹療之而愈。周守節四十六年，吳守節三十餘年。

嚴爾召妻卞氏，年二十二而寡，遺孤三歲。夫兄爾美繼歿，妻改適。卞復撫育其孤如己出。有孤孀而老，卞事之曲盡色養，負薪煎鹽，鶉衣鵠面。值歲饑，已茹蒿藋而奉姑必具粟米。先為兄子營婚娶，而後始婚其子焉。守節四十五年而歿。舊《志》卞氏之前有「夏自慊妻劉氏考」。劉氏已見《烈婦》，此係復出，今削之。

裔天成妻張氏，年十八適天成，逾年夫死無子，父母舅姑並憐其少，議嫁之，張泣曰：「舅姑已喪，長子叔僅三齡，溫情誰屬，兒寧可有他志耶？」以死自誓。後舅姑相繼病歿，婦號慟絕粒。時叔天顏已生子涇，急立以嗣其兄，張氏乃復食。按：涇係增生歲貢，裔紹澧之生父也。

典史劉旭繼室張氏，沙溝貧家子也。旭，清苑人，尉鹽城，卒於官，囊無餘貲，張鞠鬻前妻子，僦居城中，為人縫紉浣濯以糊口。娶婦生孫而子死，張撫孫婚娶，生兩曾孫。而孫又歿，復偕孫婦撫兩曾孫，食貧勵節，撫三世孤，四十餘年如一日。乾隆十一年四月二十一日，卒，年八十。以上節婦。

嗚呼！忠臣、孝子、節婦皆秉乾坤之正氣而生，而節婦所處倍難於忠臣、孝子。何也？忠臣一死塞責，節婦死而後已。孝子逮養，雖貧亦愉；婦人喪耦，雖富亦愴。其湮鬱悲思在床幃枕簟之間、燈炧漏盡之際，不可為家人、外人道。雖以淵雲、嚴樂之筆墨精妙，不能摹寫其愁憯之情狀。然而忠臣、孝子令問易宣，節婦潛德難耀僻壤窮閻。輶軒之所不至，其湮沒無稱者可勝道哉！以上節婦數十人，舊《志》所載稍詳。其有略於此者，非其苦節有不逮，良由錄送者不善紀述，所述亦僅雷同習見之語。載筆者雖欲詳其奇節其道末由，今依舊《志》匯錄姓氏、分注事略及守節年數於下，備觀覽焉。明代則有夏廣業妻劉氏，年二十二，夫亡無子，守節。知縣程燫表其門。廣信府通判瞿鑒妻安氏，鑒先官館陶知縣，安氏封孺人。後陞通判，遂卒。時安年二十七，無子，撫前所遺孤如己出。年至七十，有司表其門。楊《志》云「壽至七十」，程《志》、沈《志》同，獨康熙《府志》云「年至七十有四」。薛基妻成氏，年二十，夫亡無子，守節。壽至七十六終。高守德妻金氏，年二十三，生子才周歲，夫亡。孝事舅姑，志節堅貞。年七十三歲，卒。丁寶妻唐氏，年二十六，夫亡，子三歲，守節至七十五歲卒。諸生梁寓妻趙氏，早寡撫孤，苦節至老不渝。諸生凌玠妻張氏，玠亡，遺腹生子，撫孤守節，年七十終。諸生唐瓚妻周氏，夫亡時子甫二歲，撫孤守節四十餘年。諸生金愚妻薛氏，年二十，夫亡子幼，守節五十餘年。陶欽妻李氏，

年二十二，守節事姑，年七十終。張義方妻王氏，年二十二，守節，誓不再適。張寵妻成氏，年八十八卒。張子增妻楊氏，年二十守節，至七十而終。陸承芳妻張氏，年十九，夫亡，撫遺腹子守節，壽八十九。李叢妻蔣氏，年二十四，夫亡，父母勸改適，不從，守節終身。李嘉言妻王氏，年二十一，守節歷五十餘年，督學御史匾其門曰「碧天孤月」。姜勉妻宋氏，夫亡，撫襁褓子，守節六十餘年。申貢妻張氏，年二十一，夫亡子幼，兄嫂強之再適，剪髮自誓，紡織撫孤，年七十三終。唐淮卿康熙《府志》作「維卿」，楊《志》、程《志》、沈《志》作「淮卿」妻鄭氏，年十八，守節茹苦，至七十餘歲卒。帖鐏妻那氏，年二十五，夫亡子幼，矢志守節，壽至七十九。王瑞妻夏氏，奉事翁姑，矢志靡二，有司旌之。諸生王在鎬妻易氏，撫孤苦節，歷四十年。諸生薛橋妻劉氏，年十九，生子彌月而寡，奉衰姑，撫幼孤。年八十四，卒。夏道一妻周氏，年十九，夫亡無子，斷髮納棺，誓不二適，苦節三十八年終。陶守成妻顧氏，年二十二，夫亡，撫二齡孤子，家徒壁立，教子一壁成名，年六十五終。一望，廩生，事母至孝，國朝咸豐間以孝旌。熊時信妻蕭氏，夫亡，撫從子為嗣，苦節四十年，各院題旌。李騰京妻陳氏，騰京剿白蓮賊陣亡，祀忠勇廟。陳青年守節三十餘年。王師儔妻吳氏，撫孤守節，歷四十載。耿諫妻曾氏。撫孤守節，有司旌其門。國朝則有王琳妻張氏，琳死，張年二十二，無子，篤志守節閱四十餘年。姑徐氏病，張日夜侍側，衣不解帶者數月。生員《芹香集》及《夏氏譜》作「廩生」夏生《夏氏譜》「生」作「注」妻薛氏，給事中鼎臣之姊，夫亡，薛年二十四，撫孤茹苦。孤又夭折，孀居三十餘年。劉偲妻楊氏，婚逾年，夫死，楊年十九，子甫四月。舅姑俱歿。夫之從父從母，撫之有恩，楊侍之亦盡孝，人兩稱之。周鍾岳妻李氏，年二十一，夫亡無子女，誓死殉夫，痛哭擗踊，致目眊耳聾，苦節四十三年。陸元珍妻周氏，年二十二，夫亡無子，斷髮自矢，苦節四十餘年。庠生許爾楫妻王氏，年二十四喪夫，遺一女，僅三月，守節歷三十五。陳之猷妻殷氏，年二十九喪夫，子四歲。屢罹凶年，或欲奪其志，誓死不從。年七十，有司旌其門。朱振宇妻瞿氏，年二十六，夫亡，家貧子幼，守節至七十一歲卒。張天德妻華氏，張天性妻邱氏，皆宜春教諭張三鳳之孫婦。德卒，子二歲，華年二十一。性卒，子五月，邱年十九。娣姒同居守子，志育遺孤，歷四十餘年。王廷贊妻倉氏，年二十四，夫死子幼翁姑老，家無宿舂，死守不易，七十一歲終。吳遲妻孫氏，夫早逝，撫二藐孤，矢志不移，居節歷三十餘歲卒。王廷旦妻張氏，旦喪，母以毀卒，張年二十四，遺腹生子，教之成立，苦節為有司旌表。劉溥妻蔣氏，適溥逾年而寡，無子女，守節四十五年。張翼飛妻淇氏，年二十三，夫歿，事舅姑盡禮，教子以義方，守節四十二年。見康熙《府志》。劉天瑛妻李氏，年二十四，夫亡，遺二孤，孀姑八旬，晝夜勤劬，竟夫未了之事。有司旌之。王國佐妻李氏，年二十，夫亡，子方三歲，斷髮矢志，苦節四十五年。朱詠之妻曾氏，早失所天，艱貞歷五十七年。林

文郁妻朱氏，年十九，夫亡，遺孤數月，苦節歷五十餘年。李士傑妻顧氏，年二十二，夫亡，子在襁褓。族人勸其改節，顧附棺痛哭，毀容以示，苦節四十八年。張仲妻金氏，嫁四年而夫亡，年二十二，斷髮哀嚎，死而復蘇，撫孤守節，歷三十餘年。建坊旌表。宋茂元陳氏，宋谷貽妻殷氏，宋安貽妻張氏，陳年二十九，撫孤守節，八十四歲無疾而終。殷與張，其孫婦也。殷年二十九，夫亡。張年二十五，夫亡。同志守節，歷年甚久。高華徹康熙《府志》作「撤」，程《志》作「胤」，沈《志》作「蔭」妻倪氏，年二十五，夫亡，苦節撫孤五十年。彭與宇程《志》、沈《志》脫「宇」字，今據康熙《府志》補妻陶氏，年二十二，夫亡，茹苦守節，年七十三卒。陳開江妻戴氏，年十九，夫亡，遺腹生男，曰：「我不敢死矣。」堅守苦操，閱四十餘年。薛璵妻陶氏，薛德嚴妻夏氏，陶年二十一，夫歿，撫子守節六十九年。子德嚴又早逝無嗣。夏氏年十九，苦節歷四十二年。陸呂陽妻司氏，呂陽以刲股救父病死，遺二子。司年二十四，食貧守節，閱四十二年。廩生夏昀妻薛氏，昀死，薛撫孤守志，教子入泮，苦節四十年。一女適梁蔭隆，亦少寡守節不二。梁蔭隆妻夏氏，見上。王師皇妻謝氏，年十八，夫亡，撫孤守貞。五十二年，邑令旌之。殷坦妻王氏，夫亡，年二十六，茹荼撫孤，歷三十餘年。楊紹祖妻趙氏，夫亡，年二十八，撫孤歷五十年。楊廷秀妻夏氏，楊枝生妻姜氏，夏年二十八守節，壽九十二卒。子枝生卒時，姜年三十，守節四十年。庠生張大成王氏，年二十一，守節撫孤，壽八十五。楊景豔妻宋氏，苦節五十三年。庠生姜長茂妻夏氏、妾張氏，夏守節四十一年。宋振貽妻周氏，夫嗜學，早喪無子，周年方三十，編蒲易粟，守節至老。吳中義妻陳氏，撫孤守節。夫弟及婦早亡，遺一子甚幼，愛之如己出。徐碩妻王氏，年二十七，守節撫孤，閱三十四年。楊塋妻姜氏，年二十一，守節，奉舅姑，撫孤子，閱五十五年。吳嵩妻顧氏，年二十四，守節撫孤，閱三十餘年。武舉李鉞妻樂氏，前明廩生樂大章女。大章殉節，自有傳。女年二十六，撫孤守節，備極悽楚。夏漣猗妻趙氏，年二十，守節無子，立門內外無間言。庠生成象孚妻瞿氏，年二十三，守節歷四十餘年。王宣詔妻胡氏，年二十六，撫孤守節，壽七十五終。王奉泉妻李氏，年十六，夫亡，撫遺孤，又早亡，誨孫成立，年八十六終。尹節印妻宋氏，嫁四載，夫亡，剪髮毀容，守節三十七年。陳琮妻王氏，年二十三，夫亡，孝事舅姑，撫孤守節。郭克廣妻楊氏，撫孤苦節四十三年。凌宗愷妻王氏，年十九，適凌二載，夫亡，孝奉孀姑，守節數十年。陳利國妻劉氏，陳武乾隆《府志》作「武前」妻林氏，劉年二十五守節。武，其子也，早逝，婦林氏，年十九守節。劉壽八十四，林六十七。乾隆五年，建坊。王建伯妻胡氏，建伯歿，胡年二十七，撫教孤子，敬事舅姑。守節四十五年，康熙辛巳終。乾隆五年，建坊。劉漢妻錢氏，年十八，夫亡，姑孀兒稚，盡瘁事畜。康熙戊寅，壽六十五終。乾隆元年，建坊。楊綱妻張氏，年二十四守節，至七十八歲卒。雍正十二年，建坊。子景輅，

庠生，以孝聞。張氏家於居仁里，宅有梅一株，為前明遺植。康熙中梅根曾產芝一本，每歲花開甚盛，使老婢賣以為活。庠生虞楠詩所謂「節媛無資家無田，庭有老梅三百年。千枝萬朵春滿樹，十朵梅花賣一錢」也。**徐光國妻陳氏**，夫亡，投繯以殉，姑救之蘇，諭以撫孤大義，乃止。後子又殀，復教育遺孫。守節三十五年，康熙乙酉年六十二終。乾隆二年，建坊。**陳維垣**程《志》、乾隆《府志》作「垣」，沈《志》作「坦」**妻吳氏**，年二十六年，夫亡，子甫二齡，守節垂六十年。乾隆二年，建坊。**吳公穉妻薛氏**，撫孤守節，歷三十四年。六十二，卒。乾隆五年，建坊。**潘兆昱妻高氏**，年二十七，夫亡，育孤守節。雍正十三年，建坊。**潘如苓妻劉氏**，年十九歲，夫亡子初生，稱未亡人者六十年。雍正十一年，建坊。**凌苞山妻王氏**，年二十七，夫歿，一子復殤，欲以身殉，宗人為之立嗣，乃止。嗣子復殀，教育遺孫。雍正十年，建坊。**附監高維岳妻孫氏**，撫孤守節，復殀折，教育嗣子成名。長齋布素，歷三十五年，壽六十終。雍正甲寅，建坊。**徐元利妻韓氏**，年二十三，夫亡，撫周歲兒，紡績度日，守節四十九年。乾隆二年，建坊。**潘兆晟妻陳氏**，年二十六，夫亡，遺孤一周，守節至老。乾隆六年，建坊。**錢士高妻萬氏**，夫亡子幼，守節五十年。乾隆五年，建坊。**姜可則妻陶氏**，年二十九歲，夫亡，撫孤成立。乾隆五年，七十八歲，建坊。**諸生劉咸其妻沈氏**，守節三十年。雍正乙巳，卒。夫亡時，子霆八歲、需二歲，教育皆成名。乾隆四年，建坊。按：寧都魏禧嘗為之作傳，見《左氏譜》載需所撰《左節母傳》。**夏禹治妻劉氏**，撫孤守節，歷五十四年，壽八十卒。奉旨建坊旌表。**監生潘樞**程《志》作「潘樞」，沈《志》作「潘之樞」**妻葛氏**，舅姑老子幼，守節不渝。乾隆二年，建坊。**萬方泰妻吳氏**，夫客死陝西，以骨歸，遺孤甫八月，吳痛哭失明，苦志守節。乾隆五年，建坊。**卞士欣**程《志》作「欣」，沈《志》作「頎」**妻朱氏**，年二十八，夫亡子三歲，矢志守節。**曹法曾妻劉氏**，年二十五，夫殞，子生九月，矢志守節。乾隆五年旌。**陳天佑妻顧氏**，夫亡時年二十八，恩勤鬻子，營葬舅姑。乾隆五年，建坊。**蔡應熊妻張氏**，夫亡遺二子一女，張撫之以守，歷年二十五而終。雍正十一年，建坊旌表。**郭怡妻卞氏**，年二十，夫亡無子，撫嗣子，嘗刲股療姑。**張峒妻羅氏**，年二十三，夫亡，撫嗣子成立。年五十五，卒。乾隆五年，建坊。**王肇修妻劉氏**，年二十二，夫亡，子生僅七月，奉孀姑以撫子，年五十四。乾隆五年，建坊。**丁啟元妻帖氏**，年二十五，夫亡遺腹子一茂，撫長成立。守節四十年，康熙七年終。知縣徐超以「節凜冰霜」旌之。**張伯翼妻葛氏，張麗中妻倉氏，張潛夫妻王氏**，葛氏守節撫孤，歷三十三年。倉氏，其子婦也，守節三十四年。王氏，又倉氏之子婦也，夫亡時年二十五，撫二幼孤，守節三十四年。知縣衛哲治旌曰「一門三節」。**張鑽妻易氏，張漢妻洪氏**，易年二十三歲，夫亡，撫孤子漢。及長，娶婦洪氏，生一女而漢死，洪年方十九，老姑、少婦兩孀相依為命。易八十一歲卒，守節六十年。洪七十歲卒，守節五十二年。乾隆八年，旌表。**李頎妻徐氏**，年二十七，夫亡

撫孤，子娶婦。未幾，子、婦相繼歿，復撫孤孫。苦節四十九年，卒年七十五。**張琳妻周氏**，夫亡時周年二十五，姑老二子一女皆幼，恃一縢以活，紡績易米，上以奉姑，餘飼子女，嘗穭秕不繼。無怨苦節，四十九年而終。**成朝品妻王氏**，**成昇妻倪氏**，王年二十六歲，子昇未一周而孤。昇長，娶婦倪氏，生子四周而昇死，倪年二十四歲，姑婦共撫遺孤至六齡，又殤。姑婦煢煢相依，終歲無歡容。王守節三十七年，壽六十二。倪守節三十五年，壽五十八。**成朝鼎妻王氏**，年二十五守節，六十三歲卒。子豐剖股療母，以孝聞。**王士廉妻張氏**，年二十七，夫亡，撫稚子廣封，守節四十六年以歿。縣令崔昭給「荼苦完貞」額。廣封之女許嫁趙樹儀，又烈女也。一節一烈，皆雍正間建坊。**嚴鎧妻劉氏**，**嚴允烈妻王氏**，劉氏適嚴甫十月，夫亡。遺腹子允烈長，娶婦王氏。康熙庚寅，允烈歿。次年，母亦歿，年五十七，守節三十五年。王氏守節時年二十八，歷三十餘年。**王堯章妻凌氏**，相夫子事孀姑。一兒才數歲，溺水死，踰月而姑死，夫又死，未及兩月三遭喪亡，形影相弔，守節自二十三歲至五十四歲終。**陳韋言妻劉氏**，夫亡時子僅二齡，撫教之，補諸生。母終時，年八十有二。**曹寅公妻薛氏**，夫亡時，子未彌月，舅姑俱老，一身兼任，事畜苦節四十六年，壽七十有四而終。**增生劉楫妻楊氏**，年二十四，無子而寡，至七十七歲而終。**洪良臣妻孫氏**，**洪世俊妻曹氏**，**洪世華妻孫氏**，良臣卒，孫氏年二十六歲，遺二子，世俊、世華。俊、華又各生二子而歿。俊歿時，曹年二十八歲。華卒時，孫年二十九歲。兩世三節婦，為時所稱。**葛子尚妻戚氏**，夫亡時，一子甫三歲，兩孤姓孿生者五歲，戚均撫之，人以為難。守節歷四十一年，壽七十八歲卒。**陳天培妻王氏**，年二十八，夫亡撫二子守節。**楊晴嵐妾郭氏**，年二十九歲，夫君亡無子，奉嫡室陳氏甚謹，守節歷四十餘年。**潘宇奇妻徐氏**，年二十七，守節歷三十七年，雍正十三年終。**蘇太占妻周氏**，**蘇天佑妻張氏**，二人娣姒也。太占卒於康熙己卯，周年二十六歲，守節三十四年歿。天佑卒於康熙己丑，張年二十歲守節，有子娶婦而夭，兩世稱未亡人。太占弟季占妻薛氏，夫亡殉節，見前「烈婦」。**邵行四妻周氏**，**監生邵際宋妻王氏**，二人娣姒也。周年二十八，夫亡無子，守節四十餘年。王年二十五，夫亡撫孤，守節二十六年。**吉仁妻陳氏**，年二十，夫亡，遺孤甫月餘，撫之以守。嘗剖股療翁危疾。守節歷三十三年。**王之臣妻李氏**，**王之鄰妻熊氏**，之臣亡，李年二十七，撫孤式周，祗事舅姑。夫弟之鄰娶婦熊氏，生一女而亡。熊年十七，痛不欲生，李苦勸，同心以守。乾隆間，李守節三十餘年，熊守節三十餘年，兩縢共鞠一孤，王氏祀得不中絕。**卞體謙妻王氏**，年二十四年，夫亡，守節六十三年。**諸生潘琥妻蕭氏**，守節四十三年。**成應芳妻張氏**，年二十五，夫亡，守節三十九年。**吳青陽妻周氏**，年二十六，夫亡，守節四十二年。**楊伯登妻王氏**，年十八，夫亡無子，守節六十五年。**諸生王標妻宋氏**，年二十五，守節歷五十四年卒。**舉人薛藎臣妻徐氏**，年二十二，夫亡無子，守節四十一年。**宋君相妻張氏**，年二十三，夫

亡，守節五十五年。王民直妻陳氏，年二十四，夫亡，守節五十九年。祁大生妻李氏，年二十九，夫亡。康熙己亥，卒，守節五十五年。張魯生妻劉氏，年二十九，夫亡。康熙甲申，卒，守節三十五年。童永齡妻顏氏，年二十五，夫亡。雍正甲辰，卒，守節五十七年。李基妻許氏，年二十六，夫亡。雍正甲辰，卒，守節五十四年。祁玉音妻周氏，年二十八，夫亡。康熙乙未，卒，守節三十一年。監生姜逢甲繼室周氏，年二十四，夫亡，撫前妻子。康熙辛卯，卒，守節四十一年。按：沈《志》誤作「側室」，今依程《志》改正。諸生王經正妻成氏，年二十二，夫亡。康熙戊子，卒，守節三十八年。子垍妻成氏亦以節聞。李玉文妻車氏，守節五十六年。諸生宋坤詒妻楊氏，年二十七，夫亡無子。雍正庚戌，卒，守節五十一年。潘遇楊妻張氏，年二十八，夫亡。乾隆丁巳，卒，守節五十七年。張於斯妻胡氏，年二十八，夫亡。乾隆丁巳，卒，守節三十六年。宋慶辰妻王氏，年二十九，夫亡無子。乾隆戊午，卒，守節五十二年。候選州同王順妻姜氏，嫁未二年而寡，年十九，矢志守節。奉翁姑生事、死葬皆盡禮。守節三十四年。祁商霖妻黎氏，年二十五，夫亡，事八旬翁姑盡孝，撫子佳麟成立。苦節五十一年，壽七十八歲卒。知縣衛哲治旌其門，曰「貞節維風」。監生徐熙妻卜氏，年二十八，夫亡。乾隆庚申，卒，守節四十七年。沈仲英妻高氏，年二十九，夫亡。守節三十餘年，教子成立。生員陶昇妻薛氏，年二十七，守節。蕭美玉妻沈氏，年二十二，夫亡。撫嗣子，守節至七十二而終。陸子仁妻許氏，年二十二，夫亡。奉孀姑，撫幼女，守節五十餘年卒。生員唐我宰妻薛氏，守節數十年。生員張佳燕妻沈氏，年二十一，茹茶鞠孤，苦節三十三年。生員孫大嗣妻高氏，忍死守節，撫孤成名。監生姜振遠妻高氏，守節數十年。汪榮妻胥氏，年二十五，守苦節。吳文奇妻張氏，年二十八，撫兩子女，守苦節三十八年。薛繩妻徐氏，二十四歲守節，五十四歲卒。監生薛凱妻高氏，撫孤守節。張燦宸妻陳氏，年二十九守節。孫鼎臣妻蘇氏，年三十守節。王日莊妻孫氏，守節四十七年。成鴻妻曾氏，年二十九守節，歷四十五年。倪國侯妻王氏，年二十九守節。徐乃髮妻易氏，年二十六守節，歷四十五年。成天祥妻徐氏，年二十五守節。虞景運妻周氏，年二十七守節。成上九妻袁氏，年二十九歲守節。李瑞玉妻沈氏，年二十七歲守節。徐晟妻李氏，年二十八守節，歷四十八年。成西山妻吳氏，年二十九，夫亡無子，守節四十五年。潘克宜妻劉氏，年二十九守節，一子復殤。王成美妻劉氏，守節三十四年。成漢妻徐氏，守節三十二年。黃某妻倉氏，當事以「節孝流方」旌之。成子華妻朱氏，年二十八守節。李某妻凌氏，錢天生妻丁氏，年二十八守節。成來儀妻郭氏，年二十九歲守節。呂渭臣妻劉氏，年二十七守節。王玉長妻楊氏，年二十八，夫亡無子，守節四十年，卒。許天辰妻潘氏，年二十八守節，歷四十四年卒。姜治本妻楊氏，年二十九守節，歷四十五年卒。楊爾和妻周氏，年二十八，

夫亡無子，守節四十年卒。劉仲滋妻許氏，楊相侯妻孫氏。以上二人，皆十八歲守節。徐宏程《志》作「宏」，沈《志》作「鴻」妻曾氏，生員徐李妻瞿氏，張運生妻成氏，程又山妻葉氏，黃君相妻管氏，丁元彪妻吳氏，徐盛庭妻王氏，王津伯妻姜氏，孫倫妻顧氏，成汝伯妻倪氏，趙廷璽妻江氏，許登玉妻姜氏，黃良弼妻谷氏，徐光德妻樹氏，祁方行妻孫氏，胡萬之妻鄭氏，周應楨妻胡氏，祁秀升妻李氏，黃君臣妻倉氏，王景聲妻劉氏，陳伯侯妻王氏，徐子龍妻陳氏，朱良玉妻王氏，監生朱光謙妻夏氏，以上二十四人，皆年二十九歲守節。韓貞吉妻單氏，張明遠妻李氏，王狩南妻趙氏，李萬成妻成氏，吉有卿妻李氏，宋文仲妻彭氏，施尚卿妻黃氏，劉子楨妻孫氏，吉茂也妻王氏，宋愈妻程《志》作「宋」，沈《志》作「朱」王氏，凌霞舉妻李氏，樹宗禹妻陳氏，劉之高妻孫氏，以上十三人，皆年二十六歲守節。袁若周妻曹氏，年二十三，夫亡，撫嗣子，守節四十七年卒。裔陸周妻王氏，年二十四守節。周國臣妻商氏，年二十九，夫亡無子，守節。車載璉妻戴氏，潘克成妻梁氏，皆年二十八，夫亡無子，守節。沈象莊妻顧氏，年二十四，夫亡，撫遺腹子守節。應峻德妻王氏，年二十八，夫亡，守節四十一年。梁利南妻郝氏，呂熊伯妻儲氏，年二十三守節。夏宗虞妻孫氏，年二十八，夫亡，守節三十二年。黃欽浩妻韋氏，年二十八，夫亡，守節三十八年。楊耀三妻陳氏，倪繩祖妻張氏，王特簡妻劉氏，崔錦妻夏氏，葉公謹妻捏氏，彭彥伯妻王氏，祁尚國妻謝氏，梁友吉妻蔣氏，吳式序妻宋氏，潘克紹妻劉氏，張道堪妻胡氏，董俊陞妻范氏，宋嗜常妻張氏，以上十六人，皆二十八歲守節。孫祝眉妻王氏，年二十六，夫亡，子生僅八月，節操堅苦。成司鐸妻楊氏，高爾詔妻吳氏，監生張雋妻王氏，陳方來妻高氏，丁爾玉妻成氏，胥枚吉妻瞿氏，以上六人，皆二十一歲守節。王銓妻劉氏，徐昌祚妻董氏，以上二人，皆年三十守節。楊景泰妻周氏，年二十三，夫亡無子，守節三十五年。卞士瑗妻姚氏，年二十七，夫亡，守節三十八年。程子畏妻倉氏，王君侯妻黃氏，楊公臣妻張氏，潘宇平妻邵氏，王之翰妻邱氏，以上五人，皆二十五歲守節。顧其修妻紀氏，年二十四，夫亡，守節二十九年。倪六吉妻彭氏，年二十九夫亡無子守節。吉士謨妻虞氏，高萬斯妻王氏，王礪平妻孫氏，沈玉璽妻張氏，成廷桂妻徐氏，孫彬之妻張氏，樹簡臣妻蘇氏，何廷爵妻孟氏，吳有恆妻倪氏，夏沂妻楊氏，夏永芳妻王氏，周彥儀妻陳氏，宋鏊妻王氏，彭善林妻徐氏，徐鼎生妻張氏，宋祖髮妻朱氏，以上十六人，皆二十七歲守節。潘琰妻張氏，年二十八，夫亡，一子未匝月，守節。趙九疇妻孫氏，年二十八，夫亡，撫遺腹守節。彭映岱妻呂氏，年二十九，夫亡無子，守節。生員孫忞慎妻張氏，楊隱山妻吳氏，以上二人，皆年二十守節。祁弗踰妻沈氏，年二

十五，夫亡，子僅五月，守節。郭淑宜妻劉氏，年二十一，夫亡無子，守節二十三年。張景祿妻徐氏，年二十九，夫亡，守節二十三年。楊元正妻蔣氏，年二十六，夫亡，撫遺腹子守節。夏銘妻畢氏，年二十八守節，郡守旌以「松筠比操」。薛采妻張氏，年二十三，夫亡，守節三十四年卒。殷煥然妻徐氏，年二十九，夫亡，守節二十三年卒。劉能宏程《志》作「宏」，沈《志》作「鴻」妻夏氏，年三十，夫亡無子，守節。陳伯士妻滕氏，強我清妻朱氏，監生徐尚貞妻沈氏，諸生袁之漢妻吳氏，徐夢鵬妻劉氏，樹宋臣妻王氏，孫懋文妻張氏，張廷標妻王氏，李燦東妻吳氏，卞鈉妻高氏，以上十人，皆二十四歲守節。陳爾平妻洪氏，年二十五，夫亡，守節三十一年卒。薛經妻孫氏，成聯任妻陳氏，以上二人，皆年二十二，夫亡無子，守節。夏聞衣妻薛氏，年二十三，夫亡無子，守節。諸生宋炎妻張氏，楊尚之妻趙氏，李信先妻孫氏，以上三人，皆年二十三守節。袁正公妻王氏，年二十一，夫亡，撫遺腹子守節。徐虎文妻陶氏，年二十五，夫亡，守節二十五年卒。何東山妻秦氏，王普公妻陳氏，王鴻榮妻楊氏，王東曉妻陸氏，以上四人皆年二十二守節。尹義修妻王氏，年十九夫亡守節。胡士德妻涂氏，年二十一，夫亡，守節二十六年。王有勇妻呂氏，年二十一，夫亡，撫遺腹子守節。嚴有端妻徐氏，年二十五，夫亡，守節四十九年。劉棐妻樂氏，王又培妻熙氏，孟殿臣妻劉氏，年二十八，夫亡，守節三十六年。曾宋臣妻孫氏，年二十二，撫孤守節，孝事翁姑。楊喬岳妻蔣氏，年二十八，夫亡，守節三十三年。張子芳妻蕭氏，孫調九妻丁氏，年十七，夫亡守節。張聖修妻吳氏，蔣潮倫妻李氏，年二十八，撫孤苦節三十餘年。戴拱樞妻李氏，年二十，夫亡，剪髮自矢，撫孤守節至七十二而卒。蔣秀章妻成氏，年二十六，夫歿，家貧撫孤守寡。庠生楊子趙琪顧氏，夫歿，年二十九，守節五十三年卒。庠生張亦厚妻王氏，夫歿，年二十八，奉姑訓子，守貞四十年。陸子玉妻沈氏，年二十九，夫亡，貧無生業，事翁教子，守節四十餘年。裔虞公妻王氏，年二十八，夫亡，撫嗣子，苦節終身。張亦紹妻徐氏，年二十六，夫亡，矢志撫孤，歷二十餘年。孫如松妻王氏，夫亡苦節。蔣鏻妻吉氏，適蔣三月，夫亡，遺腹生子，家無恆產，苦節撫孤，教之成立。蔣有善妾王氏，年二十七，蔣故，上奉主母，下撫兩孤，勁節四十年。彭澤宰妻薛氏，夫亡，薛年二十九，撫二遺孤，矢志冰霜，沒年八十有四。孫起龍妻陳氏，年二十六，夫亡，苦節四十餘年。孫應龍妻張氏，夫亡，苦節二十餘年。徐士宜妻張氏，徐孫盧妻王氏，年二十五，夫病刲股療之。夫歿，斷髻以殮，孝事翁姑，慈育遺孤，苦節五十年。王理中妻陳氏，年十九，夫亡，事孀姑育嗣子，歷二十餘年。蔣席珍妻劉氏，夫亡，家貧，織蘆為生，艱苦守節。鍾子介妻華氏，夫亡，安貧撫孤，閱三十年不易其節。宋公志妻夏氏，夫亡，家貧守節四十八年。王調元妻倉氏，早年喪夫，茹荼守節。儲某妻姚氏，守節撫孤。庠

生劉震妻許氏，年三十五守節。孫克備妻張氏，撫孤育女，甘貧如飴。廩生王梅妻陳氏，夫亡，家貧守節，撫孤事衰翁，歷盡艱辛。乘良公妻姚氏，姑病刲股，夫亡守節。監生劉霈妻許氏，孝養孀姑，守節四十年。夏度妻王氏，年二十六，夫亡守節。庠生夏秉義妻張氏，夫病刲股，夫歿奉姑，守節三十六年。宋家驊妻周氏，年十九，夫亡，遺孤未一歲，父母憂其年少，欲嫁之，乃衲刃語人曰：「苟撓吾志，請以此從。」父母懼而寢其議。宋涵五妻胥氏，年二十六，夫亡無子，每逢忌日詣冢哭奠，勁節三十四年。宋釗妻葛氏，年十九，夫亡，撫孤茹苦三十三年。張戀妻孟氏，年二十九，守節教子成立。宋以徵妻沈氏，年二十五，夫亡，飢饉流離，守節三十三年。荀禎祥妻張氏，庠生荀庭妻孟氏，張氏年十九，夫亡，孝養舅姑，教遺腹子庭入泮。庭娶孟氏而歿，無子。姑媳相守節，操益厲。有司旌之。張壽八十，孟壽七十一。楊近山妻洪氏，夫歿，守節數十年不渝。廩生王德潤妻瞿氏，成旦妻倪氏，年十八，夫亡，守節歷三十年。潘海若妻宋氏，年二十四，夫亡，守節三十二年。朱爾霞妻李氏，年二十九，夫亡，守節四十九年。成咸有妻張氏，夫亡家貧，有勸其求生路者。張曰：「求生路，是迫我就死路也。」歷三十年而卒。單世傑妻江氏，年二十七，夫亡，苦節三十年。姜逢鼎妻朱氏，年二十八，夫亡，守節三十年。潘殿臣妻柴氏，年二十八，夫亡。公欲奪其志，柴以死誓，勁節不渝。張嚴明妻李氏，年十九，夫亡，守節三十餘年。陸俊生妻左氏，年二十七，夫亡，守節三十餘年。趙師浩妻嚴氏，守節三十餘年。邱公甫妻紀氏，年二十五，夫亡，守節四十八年。王日章妻劉氏，年二十三，夫亡無子，守節三十五年。彭三一妻唐氏，年二十八，夫亡，矢志撫孤，壽七十九終。彭凡一妻王氏，年二十九，夫亡，守節四十餘年。季成九妻姚氏，年二十六，夫亡，守節三十一年。張季占妻王氏，陳遇奇程《志》作「遇奇」，沈《志》作「奉橋」妻卞氏，王翼周妻汪氏，年二十七，撫孤守節。王四顯妻李氏，年二十四，遺腹生子，撫孤守節。孫西陝妻洪氏，夏有相妻許氏，王鴻勳妻楊氏，以上三人，皆年二十五守節。陸君享妻楊氏，年二十八，夫亡，撫一孤子。子亡，撫兩孤孫。苦節自甘，壽八十六歲終。陳化育妻楊氏，夏采侯妻孫氏，孫文新妻張氏，年二十五，撫孤守節。生員繩妻王氏，姜嘉士妻陶氏，王惠伯妻朱氏，李佩音妻邵氏，陳子上妻陳氏，夫亡無子，立嗣守節。生員利瓦伊辰妻孫氏，年二十五，撫孤守節。李宗文妻曹氏，年二十八，撫孤守節。張克俊妻王氏，年二十八，夫亡，苦節四十餘年。徐懿妻宋氏，年十九，夫亡無子，守節。夏一極妻張氏，夏一賢妻張氏，娣姒也。極亡，妻年二十五，無子苦節三十八年。賢亡，妻年十九，生遺腹子，苦節三十六年。兩人共撫一子，相依為命。趙希文妻雷氏，陳昌祺妻封氏，陳昌佑妻夏氏，金調梅妻曹氏，殷貞吉妻王氏，年十九，喪夫苦節。孫正東妻司氏，家貧苦節。王揆陳妻高氏，夫亡無子，守節四十六年。王孚遠

妻劉氏，守節五十四年。孫漢章妻季氏，高重也妻孟氏，高以雅妻樂氏，隨夫就食江南，夫亡無子，奉翁姑夫三喪歸葬。苦節三十餘年。生員易以宣妻周氏，夫亡，苦節四十年。朱文政妻倉氏，年二十一歲守節。王德甫妻還氏，單德美妻秦氏，卜某妻歐氏，生員夏震起妻蘇氏，祁仲遠妻吳氏，以上五人，皆撫孤守節。劉兆祥妻許氏，徐某妻丁氏，撫孤守節，刲股療姑。楊景鶴妻劉氏，年二十六，撫孤守節三十二年。生員孫蘭孫妻陸氏，孫恣爕妻夏氏，陸氏年三十守節，八十六歲卒。子婦夏氏年二十七歲守節。兩世雙節事載《江左闈儀錄》。夏氏長子新禧，廩生。戚可勵妻季氏，夫亡，年二十七，事翁姑撫幼子，守節四十五年。知縣衛哲治以「守節撫孤」旌其門。陳雲章妻姚氏，年三十，夫亡，矢志守節。家毀於火，室物俱盡。姚撫子女，備歷艱苦數十年。錢士榮妻楊氏，年二十一，夫亡苦節，事姑撫子，守志三十三年。荀中山妻張氏，夫亡，年二十九，撫孤守節三十七年。荀甫遠妻夏氏，年二十八，夫亡，撫遺腹子，守節四十一年。荀占魁妻徐氏，年二十一歲，夫亡苦節。儒童李上公妻王氏，年二十七歲守節。六十六歲，卒。李簡公妻袁氏，年三十歲，夫亡守節。九十一歲，卒。翟士賢妻戴氏，年二十二歲，夫亡無子，守節，紡績事姑。生員畢星耀妻吉氏，夫病，刲股以療。夫歿時，年二十六。守節歷數十年。李貴臣妻湯氏，李紹周妻劉氏，湯氏年二十九，撫孤子紹周，守節三十六年卒。紹周卒，妻劉氏二十九，撫孤子季昆，守節逾三十年。馬經宣妻張氏，年二十五，夫亡，撫稚子勵，苦節歷三十七載。知縣衛哲治旌以「貞婦慈母」。儒童薛慰妻沈氏，年二十七，夫亡無子，苦節自矢，備嘗艱辛。成蘭室妻陳氏，年二十八，夫亡，守節三十五年。薛秉若妻曾氏，年二十三，夫亡無子，守節。生員劉柱妻錢氏，陳法妻錢氏，皆生員錢虞升女。一年二十七，夫歿，守節四十八年；一年二十二，夫歿，守節三十五年。貞操萃於一門，世所罕覯。夏英齊妻宋氏，年二十五，夫亡，遺孤子三歲，撫之有室，而子又亡，與媳朱氏撫孤孫。同守苦節，五十年如一日。楊旭妻祁氏，年二十九，夫亡，撫孤啟文入學，守節三十餘年。生員唐臣義妻丁氏，年二十七，夫亡，守節三十年卒。秦君悅妻帖氏，年二十九，夫亡，守節四十年卒。儒童李恕妻曹氏，年二十八，夫亡，撫子事舅姑，守節三十三年。張純妻嚴氏，年二十七，夫亡無子，家酷貧，苦節自甘。谷秋卿妻顧氏，年二十七，夫亡，撫孤守節五十一年。任俊三妻王氏，年二十六，夫亡子幼，備歷辛苦。儒童姚元祥妻陳氏，年二十三，夫亡，守節三十一年。徐士修妻黃氏，年二十四，夫亡赤貧，撫孤守節。生員王識龍妻薛氏，年二十二，夫亡，守節三十年。陳某妻季氏，年二十二，夫亡，撫遺腹子。子三歲而殤，矢志守節。奉祖姑與翁，克盡孝養。張士進妻陳氏，年二十五，夫亡子幼，事翁撫子，茹苦三十年。張銘妻顧氏，年二十一，夫亡，撫初生孤子成立，守節三十餘年卒。卜起鳳妻陳氏，年二十六，夫亡，事姑撫孤子，守節三十二年。瞿君達妻徐氏，

夫亡，守節二十餘年。嘗遘危疾，子延刲股療之，未愈，婦祁氏復刲股以進，疾遂瘳，人以為苦節之報。喬士進妻祁氏，夫亡守節，曾於馮秀溝買地十畝為義冢。知縣衛哲治牒請製府，給以「好義可風」額。江尊三妻馬氏，守節好義，於江家莊西施田三十五畝為義冢。夏殷如妻陳氏，早寡守節，教子龍光成立，於大孫莊東施田十畝為義冢。增生夏開先妻王氏，年二十九，夫亡無子，苦節三十五年。殷希侯妻楊氏，年二十九，夫亡，撫孤守節。七十九歲，卒。王君贊妻林氏，年二十一，夫亡，撫孤守節。胡亮之妻王氏，年二十五，撫孤守節。年七十，卒。潘權妻童氏，年二十五守節，仰事俯育。張璉繼妻章氏，年二十九，撫孤守節。曾世民妻曹氏，年二十九，撫孤守節，子孫繁衍。李茂實妻王氏，年二十四，撫孤守節。五十四歲，卒。劉俊升妻陳氏，年二十七，守節，奉翁姑撫幼穉。徐元璜妻王氏，年二十九，仰事俯育，守節甚苦。王東亮妻宋氏，年二十八，夫亡，撫嗣子守節。徐玉章妻朱氏，年二十，撫孤守節四十三年卒。吳裕泰妻戚氏，年二十六，夫亡，撫遺腹子守節。薛雨香妻宋氏，年二十九，撫孤守節。耿世卿妻陳氏，年二十五，夫亡，守節四十餘年。徐侯度妻王氏，年二十九，夫亡，撫孤守節。孫南星妻李氏，孫南枝妻成氏，孫南英妻姜氏，兄弟三人相繼歿，妻俱二十三歲守節，娣姒皆無子，事孀姑俱以孝稱。李爾寬妻潘氏，李爾珍妻季氏，皆二十九歲守節。潘有子，季無子。潘守節三十三年，季守節二十九年。李進思妻黃氏，年二十八守節，至七十三而終。陳國琰《鹽法志》作「國炎」妻薛氏，年二十五，夫亡，守節四十年。知縣衛哲治給以「操同柏舟」扁額。蕭翎長妻吳氏，年二十八，夫亡，守節三十四年。易汝言妻張氏，年二十七，夫亡，守節三十三年。裴國卿妻虞氏，年二十八，夫亡。六十二歲，卒。高重遠妻張氏，年二十八歲守節。季應選妻王氏，年二十九，撫孤守節。蕭爾玉妻潘氏，年二十七守節。六十一歲，終。唐君美妻周氏，年二十八，夫病，刲股不愈，守節撫孤。陳開生妻曾氏，卞相臣妻解氏，皆二十八歲守節。朱魁生妻楊氏，年二十八，撫孤守節。李祥甫妻李氏，年二十五守節。周悅妻朱氏，年二十七守節，孝事翁姑，撫子周經成名。葛子芳妻蕭氏，年三十五守節，撫子采里成名，歷三十餘年。梁積妻張氏，年二十五守節，孝事姑嬸。曾秦臣妻張氏。年二十八，夫亡，撫孤守節四十六年卒。

鹽城縣志・卷十四・人物志五

列女皆舊《志》所未載者。

郭調鼎妻史氏，有田在興邑季家壩。乾隆甲午秋，往田監納稼，夜有賊奪門入，欲污之。史竭力抵拒，大號救者。至賊遁去，史泣曰：「吾為婦人而受此辱，何以見吾夫？」遂自縊死。興化知縣多澤厚捕賊誅之，嘉慶中揚州知府伊秉授為請旌焉。光緒間，有在田監收，遇暴力，拒，自經不殊，以剪刀刺頸死者，為李在泮妻蕭氏。署理江蘇巡撫黃彭年專摺請旌。

馬烈婦王氏，夫名德興，匠人也，技拙而家貧，雖富歲恒苦饑。王有姿容，自歸馬，蓬首垢面，衣履恒不給，甘之如飴。有奸民劉某謂之曰：「汝年少艾，盍效鄰家女之往秦淮乎？綺羅粱肉可立致也。」王怒曰：「吾鹽婦女素敦節義，自有汝曹誘之，貧女失身者多矣。今敢復浼我乎？」怒詈之，夜自經死，時道光十六年六月二十日也，卒年二十二歲。論者謂「今之濫瀆甚於秦淮，如劉某者不可勝誅，如王氏者不可多覯，崖世道之憂者徒痛心扼腕而無如何也！」王氏雖旌矣，而坊表未建，墓亦無考焉。願官是土者為立祠建坊，書其事於石，以諗巾幗中之不能守貧而思變計者。

夏某妻王氏，生二子，夫死，鹽大饑，姑挾之出，家於舟，食日乏，姑諷之嫁，不從。村中年少往窺之，婦怒曰：「此我死日耶！來者盍舁棺來？」乃慟哭，願率二子去乞食死，辭色壯厲，姑屈焉。少年時饋姑婦食，婦雖餓不一染指，他食則略進一匕，後遂鬱鬱不食死，年二十九歲。山陽潘德興為之傳，事在道光間，至同治三年旌。

庠生左敬生妻張氏，隨夫館於沭陽湯俊家，俊妻弟周某素無賴，以言挑

—301—

張，張怒而詈之，泣言於夫，欲辭歸。敬生以竢歲終為辭，後周復於張之門外窺焉，張恚甚，以廚刀自剄，不殊，仆於地。敬生大驚，傅以藥，復蘇，遂不待歲暮而返。在塗哀號絕飲食，行至清江浦，於旅邸縊焉。清河縣詣，驗畢，牒沭陽令捕周，誅之，俊亦擬杖。咸豐元年，總督陸建瀛、巡撫楊文定合疏聞於朝，旌之。《阜寧志》載鹽城烈婦二人，一為庠生宋鳳儀妾李氏，一為文童許立廷妻王氏。鳳儀於咸豐三年十二月二十四日自塾挈眷歸，會大風雪，日且暮，造次舟覆。援者拯李與幼女上岸，而不得鳳儀。李大號曰：「夫君葬魚腹，我何生為幸？以幼女見累。」語畢，復赴水死。王氏，廩貢生王瑞徵女也。立廷家故貧，讀書攻苦致疾，王氏侍湯藥不倦。醫謂宜服童便，立廷憎其穢，輒先飲，勸之曲意，服事皆此類。夫歿，視含殮畢，飲酖以殉。

雷安邦妻周氏，其先蜀人也，寄籍於鹽。咸豐十年春，隨父與夫往金陵，值李秀成率援賊大至，大營兵潰，居民逃徙，失安邦所在。周欲死之，其父止焉，謂「雷郎存沒，未可定也」，遂逃歸鹽城。遇自南來者，必詢夫消息，無知者，晝夜號啼，寢食俱廢。父憫之，至江南尋之。逾年，卒不獲。周遂仰藥死，時咸豐十一年七月四日也，年二十三歲。王寅妻陳氏，生而淑慎，年十五歸寅。寅家貧而有惡疾，舅姑老且病，又值歲荒乏食，陳以一身肩事畜，拮据萬狀。無何，翁姑繼逝，子女亦殤，陳經營喪葬，勞勤備至。逾年而夫亦歿，陳仰藥而逝。

崔達魁妻單氏，年二十有一，歸達魁時姑已歿，理家事無鉅細皆辨，達魁因得肆力於學。癸未五月，達魁溺水死。單大慟，舐屍泥滓殆遍，既葬，欲以身殉，家人守之嚴，欲投水、投繯皆不得，遂不食。勺水粒米不入口者，二十餘日，竟不死。家人勸之，乃復食。既而悔曰：「未亡人得歸泉下幸也，何以生為？」復不食，又二十餘日，仍不死。六月既望為虞祭日，父母姊妹皆至，烈婦強起入庖為酒食以祭。祭畢，掩戶臥。昧爽，家人啟視之，已飲鹵汁死矣。

郭淑明妻朱氏，年二十，夫死，殮葬後，哭不哀，家人疑其有異志，使改嫁，勃然曰：「禽獸之行，吾不為也。」七七終，設祭主前，哭盡哀。是夕自縊死，斂時顏色如生。又有姚元祥妻陳氏，光緒二年，夫疾篤，慮妻無出而家又貧，囑令終喪改嫁，陳氏不答，但盡售衣飾箱篋，以易藥餌。及夫歿，遂仰藥死，年二十有八。

劉乙堂妻孔氏，事翁姑盡孝，年二十四歲，夫疾篤，刲股和藥以進。夫

歿，欲自裁以殉。時方有娠，冀生男以延宗祀。居無何，果生男，毓之至四歲，慨然曰：「兒已能自飲食，吾雖死可以告無罪矣。」以孤兒託之姑，仰藥卒。

顧氏金妻楊氏，夫歿，撫嗣子，矢死不嫁。翁暮年買妾伏氏，性悍惡，旋生子，謀嫁楊而逐嗣子。楊恐不免，歸嗣子於其父母，哭拜夫墓，仰藥而死。庠生薛錞為《姑惡詩》悼之。

黃烈婦，夫佚其名，澗河口農家婦也。年二十四，夫死，姑欲嫁之，不從。既而欲以妻其侄，陰納聘錢，又恐婦之抵拒也，使匿烈婦帳中，於就寢時犯之。烈婦掀帳入，覺之，驚號投河，鄰人趨救之。獲免，遂歸烈婦於家。而母之逼其嫁也，亦如其姑，烈婦計無所之，即日自縊死。以上二人未旌。程寶樂妻劉氏，岡門人，勵良人穮蓘〔註1〕，勤於亞旅〔註2〕。良人卒，劉哀號，欲以身殉。家人以有娠阻之，劉亦冀生男以延夫祀。未幾，果生男，因悠毀胎傷，竟不育。劉益慟，絕粒數日。家人防之，夜起投水死。總督曾國荃、學政王先謙合疏旌之，里人為建坊。

徐長春妻周氏，貧無立錐。夫歿，里中惡少勾眾劫之，逼使嫁某姓。周號且詈，誓死不從。武生金岑樓聞其事，往救，叱散惡少，周乃免。自是挈兩稚子，乞食墟落間，然恒以前事為恥。逾二年，卒投水死。搶孀之俗，阜邑尤甚。有呂樂仁妻羊氏，高作人，母家阜邑，夫歿，不敢歸寧，唯扃戶自守。未幾，嗣子殤，慟哭三日，仰藥死。二人俱未旌。以上烈婦。

宋烈女幼許字朱姓，家素貧。父保庶與母相繼死，兄弟不可以據，送往朱氏門。朱亦窶甚，閱數月未行婚禮。舅姑欲載往上海謀生計，烈女執不可，舅姑怒且罵撻之，卒不從，遂號慟，仰藥死。嗚呼！自與泰西互市，上海一隅，為宇內納污一大淵藪，江北婦女載而南者多矣，如宋烈女之寧死不污，真近日巾幗中之佼佼者。光緒七年旌。

江烈女名秀貞，隨母家於通州，性慧，知吟詠。有京口某生，遊學通州，慕其才聘之，未娶而歸，家已有婦矣，欲告父母卻不敢言也。父母微聞其事，錮之於家。女母見生久不至，議別擇婿。有紈絝兒啖以金謀納為簉室，母心動，女以死自誓，堅臥不起。未幾，客有自潤州來者，言生已死，女大慟，不食而

〔註1〕「穮」字不清楚。據《左傳·昭公元年》：「譬如農夫，是穮是蓘。雖有飢饉，必有豐年。」晉杜預注：「穮，耘也。」
〔註2〕「亞旅」指兄弟及眾子弟。語出《詩經·周頌·載芟》：「侯主侯伯，侯亞侯旅。」毛傳：「亞，仲叔也；旅，子弟也。」清張爾岐《蒿庵閒話》卷一：「辟之事親，亞旅耕田。」

卒。時生實無恙，言生死者，紈綺兒之謀也。此光緒庚辰事，吳中人士詠其事者甚眾。事見《上海日報》，待旌。

張烈女厚重簡默，見者憚之。母氏無行，女泣諫不聽。父德潤，走卒也，恒遠出，歸見惡少踞其室，凡室中所有亡過半矣，怒詰妻，妻誣女，詰女，女弗辯，唯涕泣而已，父弗能察也。母欲並污之，以箝其口，屬惡少屢調之，堅不從，日夜悲泣，冀感悟母。母卒不悛，女遂服毒死，時光緒年七月十二日也。里人哀之，為請旌焉。以上烈女。

郭貞女，父鳴遠，太學生，大岡鎮人。女善事父母，許字興化孫氏，未嫁而孫歿。女聞訃，痛不欲生，因諸弟皆稚而父母老憊多疾，遂矢志守貞，以事老親、撫弱弟自任。親歿，女年二十有四，摒擋百務井井有條理，延嚴師教其弟，弟有不能讀者則課之耕，遂致饒裕。女享大年而卒。興化陳進士廣德為之傳。同治三年旌。大岡又有監生郭松遐二女，一許字陸錦秀，一許字施蘭培，皆未嫁而夫歿，以守貞被旌。

仇貞女，上岡人，庠生仇文炳之孫。許嫁之夫曰唐天柱，以瘵卒。訃聞，大慟欲自裁。家人防之，將適唐氏服斬縗行有日矣，母忽病歿，未葬，而父又歿。未幾，而天柱之父母又相繼歿。當是時，仇氏有孤曰壽徵，甫十歲；唐氏有孤曰啟兆，未及十歲。啟兆兄曰小柱，慢遊傲虐，仇其弱弟。貞女既營葬兩喪，亟迓啟兆於家，俾與弟同塾而讀，櫛髮浣衣一如母氏。晨圖夕紩，面垢指繭，蔬已腹而粟兩孤。啟兆既有室，懼兄罄其產，挈婦歸。小柱撻之無完膚，盡鬻田宅，棄栗主於墟莽間。啟兆不得已，奉主來歸，貞女待之如初。無何，啟兆歿，有孤兒二。貞女助寡娣育之，以長者後其夫。論者謂「其以一身存兩家四孤，近世貞女罕與倫比」云。同時，上岡有仇全貞聘妻王氏，庠生王多吉女。其嫂也；儒童唐岳鍾聘妻王氏，沛縣訓導王會開女。其鄰也，皆未嫁守志，操行清苦，為里黨所欽。光緒間彙旌如例。朱貞女許字陳澄。澄卒，朱號泣，欲往弔其喪。時母方有疾，謂之曰：「女性素孝，今何厚於彼而薄於我乎？俟我下世，汝適陳氏未晚也。」乃止。及母歿，逾小祥，請於世父，求送往陳氏門。世父執不可。乃與幼弟偕詣夫墓，哭之。舅姑聞之大驚，延至家，勸使歸。朱謂：「歸將安往？吾寧終於此耳。」自是歷十餘歲不復歸，足不踐大門外，未嘗與妐叔交一言。日用操作則先娣姒，事舅姑甚孝謹，不聞有怨歎聲，而枕席間未嘗一日無淚痕也。遘疾不飲藥，久之，卒。光緒七年旌。又有庠生陳建中聘妻徐氏，廩生徐懷之女。建中家貧，力學，不入學誓不娶。及入學，年已二

十有八,將議娶而遽歿。徐大慟,誓不改適他姓,依兄嫂以居,光緒十三年卒。旌如例。以上貞女。

邵允中妻袁氏,允中未娶時隨人貿遷,溯長江數千里入蜀,遇風覆舟,同人皆歿,允中遇救不死,遂病,貲竭不能歸,轉徙逾遠。傳者以為死,父母困乏甚,不免凍餒。袁氏雖未嫁而奉之甚謹,歲以針黹所獲寄其家,久而不怠。逾十年,允中歸,始成婚禮,時袁氏年已三十餘矣。允中未幾卒,袁撫遺腹子、事衰姑時,拔釵珥以佐甘旨。乾隆四十五年,卒。乾隆間,孝婦又有唐綏祿妻夏氏、薛繼登妻王氏。夏氏子耀遠,王氏子壽愷,皆舉孝廉方正,得自母教為多。耀遠妻沈氏,亦以孝聞。耀遠多畜里人貧病者於家,或臭惡,令人掩鼻,夏氏哺養之,無幾微憎怨。毛宗繼一本作毛繼宗妻馮氏,性至孝。夫懋遷遠行,姑年耄病篤,醫治之不愈。馮焚香籲天,祈以身代,仍不愈,乃手利刃剖腹,自刲其肝以療姑。已割一臠而兒啼於內,恐姑驚,急入撫兒。兒啼頓止,復刲之時,夜靜庭黯,忽見白光如月,與刀霍霍相輝映也。和藥進姑,姑飲之立愈,而馮氏創亦無恙,人謂「為至誠所感」云。年七十,卒。刲股療姑者,又有劉青雲妻傅氏。傅好施。歲荒,振粥,收育遺孩,施棺櫃以瘞野殍。嘗有偷兒入室被擒,乃鄰人子為凍餒所迫者,予以錢遣之,其人遂改行。咸豐二年,以孝旌。子敬存,廩貢生,諸孫亦鼎盛。

陸苞妻王氏,初生時,母與苞母締姻。及苞長而瘖,家亦落。苞父,文生乾元,請辭婚。王氏方十數歲,力言不可。于歸後,虔奉舅姑。舅先殞,姑感風痹臥疾十數年,王進奉飲啖、湔滌垢穢,無纖毫忿怨。姑嗜飲,每日必酤以進,買酒錢皆自浣衣織席來也。聞者以為難。

文生陳肇元妻姚氏,家貧。夫還館,姚事翁姑先意承志。值歲旱饑,自甘草具而以粟米奉堂上。凡有所欲,概問之婦,婦皆殫心力求之,而不敢言無,以此成瘵疾。逮姑歿時,姚已疾革,家人秘而不敢使知也。姚尋知之,曰:「一息尚存,豈可虧缺婦道?」急著齊衰,匍匐赴喪次哭之,反席未安而歿,時乾隆五十七年也。光緒七年旌。同歲以孝旌者,有蕭價時妻崔氏、歲貢裔紹要潘氏。二人侍姑疾,晝夜弗去側,雖困憊,罕就衾枕,湯藥非先嘗,不敢進,祈神願以身代,而姑疾果愈。兩家孫曾多以科目顯,而姚氏後不昌。以上孝婦。

孝女徐氏,太平教諭之女也。從父至任,父以勘災積勞成疾,女晝夜焦勞,刲股療父。父卒不起,女亦以創卒。邑人多為詩弔之。咸豐間,又有王孝

女，早喪母，父獻廷貧老而獨，女願終身不字，事父以終，父亦倚之如子。父病篤，女百計療之，不瘳，父殂，遂投水以殉。又有孫孝女，父如璧，縣吏也，疾篤，女晝夜祈禱。及疾革，女刺指血和鴉片吞之，冀可以代父，遂歿，父亦旋卒。論者皆謂之死孝。父母歿以毀致疾而殞者，又有淩氏淩懷玉女、韓氏庠生珍韓延女、李氏李恒昌女、薛氏薛誌盛女，先後以孝旌。又有王霱堂女，母歿以毀卒，未旌。

　　孝女夏氏，監生夏連槐女。早喪母，事繼母暨父皆盡孝。父以訟久繫於官，猾吏苛索無已，而家又貧甚，女困憊，計無所出，朝夕涕泣，典質衣飾以濟父用，兼賂胥役，父竟殞於係所，女聞之呼天搶地，夜自經死。光緒八年旌。以上孝女。

　　庠生宋桓詒妻劉氏，故明新樂侯劉文炳弟文照之女也。文照，國亡南奔家於寶應，又與徵士宋曹偕隱湯村，無子止一女。說見卷二《古蹟》。曹子桓詒，字南禺，年二十二娶之，甫半載輒不祿。劉哭之哀，誓以身殉，絕粒十餘日。時已有娠，諸姒泣慰之，且責以義不當死，勞之食。閱數月果生子，劉遂矢志撫孤。學士孫一致以詩唁之。詩云：「新婚半載慘離魂，遺腹呱呱塊血存。多爾恩勤年少婦，節風新樂舊侯門。」曹以劉所生子為文照後，名之曰存。同治三年，劉氏奉旨旌表。蕭瑜妻沈氏，夫亡，姑欲嫁之。沈泣曰：「姑止一子，已逝。今所恃惟婦耳，俟婦不能奉姑逐之未晚也。」姑慚而止。家酷貧，唯畜鸕鷀數十，捕魚易米以養。值歲大旱，湖蕩涸竭，無川禽可捕，鸕鷀一夕盡飛去。自是饑困益甚，屢瀕於死，而奉姑益虔。久之，水潦盛降。沉歎曰：「吾鸕鷀果安往乎？」是夜聞門外搏翅聲甚眾，起視之，則疇昔所畜之鸕鷀也。婦姑大喜過望，自是家漸饒裕。

　　姚寶泰妻丁氏，年二十八歲，夫歿，姑老，子稚，家酷貧。每晨起結網易粟度日，不足則採野蔌佐之。夏夜績麻，置兩足甕中以避蚊蚋。學政辛從益額其門曰「節苦風清」。道光十七年旌。稽裕基妻徐氏，名羨蘇，字夢仙，東戚莊人。嗜書史，工韻語。裕基以沃土為罟弟所奪，不得直，憤鬱而歿。或勸徐牒於官，徐以懼傷姑心不可，唯作《哭夫詩》數十首，寫悲憤而已。鹽俗，婦女持齋者，每入寺廟焚香，城內城隍廟及西北鄙之新洋村每屆期釵裙踵相接也。徐雖茹素，終其身未嘗入寺觀。監生喬彭頤築堤圩，將掘毀徐田，徐作書止之，既而悔曰：「內言不出於梱，吾奈何以土田細故而違古訓乎？」其嚴正皆此類。道光十五年廩貢張芳齡等牒於縣為請旌。

周長春妻王氏，少寡，家貧，苦節自持。姑欲嫁之，王誓死不從。姑待之甚虐，王事姑愈孝。一日怒罵撻之聲聞于外，里婦奔救，見王長跪於地，流血及腕，咸不平。王笑謂里婦曰：「姑未撲我，我手血乃癰潰所致也。」姑聞言心動，曰：「吾此後不復撻汝矣。」然遇姑甚怒，必流涕請責以解之，不以愛己稍馳孝謹。視世之自矜節操，以暴慢其舅姑者異矣。族子大鏞敬其為人，於其歿也為之傳。

邱節婦宋氏，母曹方妊，時其姊適邱氏者亦有娠，指腹締姻而未書劑券。閱十數年，邱以蕩子故，家中落，無立錐地。或言宜絕其婚。母謂：「女何如？」女曰：「貧富，命也，兒安之矣。」既于歸，饔食恒不繼，無怨言。每歸寧數日，比言旋，而篋笥中物輒為良人所賣為摴蒱費。雖以淚洗面，終不聞交謫聲。歸四年而良人歿，宋衰毀柴瘠，歷六年而亡。孝子薛宮為之傳。

監生沈裕繼妻倪氏、倪高山妻董氏，皆新興場人。倪撫前人所生子如己出。夫歿，事繼姑盡孝。家貧甚，縫紉糊口。夫之後弟印憐憫之，恒饋之粟，他人饋遺則不受。咸豐十一年旌。董氏，夫歿止遺幼女，家壁立，鶉衣藿食，所居不避風雨，晏如也。守苦節，數十年而卒。新興場又有劉檀妻陳氏，夫病篤，焚香刲股，和藥以進。夫歿，撫孤植節，甘貧如飴，歷五十餘年。

劉景常妻梁氏，安豐鎮人，年二十一歲。夫歿，孑然一身，飲冰茹蘗。鄰人火，四圍皆燼，而梁氏所居茅屋獨全。又紀芃妻梁氏、劉步升妻袁氏，皆流均溝人。夫歿，家無恆產，而事姑甚孝謹。光緒四年六月十日，有二龍挾風雨驟至，瞬息間壞民廬舍數十家，兩家當其衝，而陋室如故，人皆謂苦節之報。

孫介福妻金氏，歲貢孫士榮之子婦也。介福績學困童試，以此致疾卒。金哀毀欲殉之，以翁耄子稚而止。自是日勤針黹以供事畜，日晷兩湌餔而不飱，視晷以待晼晚，而堂上滫瀡未嘗不具。子壽祺，弱冠入學。金大喜，謂將由困而亨矣。然祺善病，心竊憂之。逾數年祺竟歿，金慟誓不復生。婦王氏泣謂曰：「姑死，吾煢煢將安歸？」金遂不忍引決，然其求死之心無日或緩，特不欲以非正命終也。始而茹素，既而逾午不食。久之，雖午前飲啖亦少，遘疾，屏絕醫藥，卒。同時監生梁豫卿妻左氏，阜邑副貢左傳妹。歲貢梁德廉之子婦也。年二十適豫卿，結褵數月，夫病，刲股和藥療之。夫歿，哀毀不欲生，以懷妊不忍遽死。既而生女，恒悒悒不樂。丙戌，翁歿，旦夕號泣，淚盡見血，遂遘疾歿。與金氏皆光緒中旌表。以上節婦。

于歲有妻張氏，夫亡，送葬至東門外，投闥死。乾隆四十九年旌。《縣冊》又有「于步

有妻張氏，亦夫亡投水死」，「步」即「歲」字之訛也。姜名妻蔣氏，胡為城妻曹氏，陳萬士妻孫氏，夫亡，投水死。孫天涵妻王氏，王曰庸妻孔氏，同治三年，曰庸與賊戰，歿。王投水以殉。楊村門妻笪氏，例貢生吳佩琮妻彭氏，以上七人，皆歷年專詳請旌。毛俊祥妻薛氏，咸豐二年旌。張華年妻王氏，夫亡，自經。梁華妻孫氏，夫亡，飲鹵汁死。江嘉儀妻梁氏，夫亡，不食死。蔣鶴林妻成氏，遇暴不屈，自殺。吳德履妻陸氏，夫亡自殺以殉。附貢生金從恩妻楊氏，夫死，慟哭自殺。商啟元妻徐氏，事祖姑甚孝。夫歿後，有欲奪其節者，遂閉戶自經死。張橋保妻某氏，夫歿，自經死。王澤福妻毛氏，僑居江寧。道光二十二年，英夷入寇，挈家避難，遇賊投水死。李樹堂妻馬氏，同上。陸藝妻周氏，同上。曹湘亭妻劉氏，同上。監生鄭立亭妻陳氏，同上。金侍聘妻林氏、子嘉瑜妻祝氏、嘉慧妻林氏，三人皆同上。王嘉和妻夏氏，夫亡數年，哀思不已，遂自經。張自新妻吉氏，夫亡，自經死。孔立剛妻管氏，夫亡，絕粒死。以上十九人，同治三年旌。王元鶴妻楊氏，夫歿，慟哭仆地，嘔血死。郝思義妻徐氏，夫亡，不食死。成少梁妻沈氏，夫亡，遺腹子逾月而傷，不言不食而死。屠某馬氏，夫亡，自經而歿。俞純如妻吳氏，夫遠出，娣婦謀析居不得，誣以不謹。吳含憤無以自白，遂自經死。以上五人，同治八年旌。盧士經妻子李氏，夫歿，自經死。畢亦渠妻顧氏，夫亡，仰藥自殺。王明芳妻張氏，胡逢江妻沈氏，夫亡，自經死。吳兆松妻凌氏，夫歿於火，號慟投火以殉。刑潤生妻宋氏，監生吳兆祥妻韓氏，寄居紹興，粵賊至，投水死。童寶森妻凌氏，夫亡，不食死。韋石泉妻周氏，夫亡，自經死。陳保國妻卜氏，夫亡，仰藥死。王日恭妻孔氏，夫亡，投水死。以上十一人，同治十一年旌。自于歲有妻張氏至此，見金汝霖所刊《貞孝節烈錄》。鄭士俊妻李氏，夫亡，觸柱死。梁品俊妻蔡氏，遇暴，不辱自盡。李品三繼妻朱氏，夫亡，仰藥死。孫家楨妻吳氏，同上。張玉山妻陳氏，同上。生員李愚堂妻蕭氏，同上。許富國妻鄭氏，夫亡，絕粒十數日而死。歲貢生馬繼良妾羅氏，繼良病，汗大出，諸子環泣，羅疑其已死，遂自殺，繼良實未死也。余家章妻林氏，咸豐七年，遇賊來安，不屈死。林中式妻陳氏，寄居六合。咸豐七年，賊殺其夫，陳氏號慟，率其子女投水死。王某妻劉氏，僑居阜邑。同治元年，遇皖寇殉節。喻某妻蕭氏，同上。蕭彬妻郭氏，同上。翟某妻錢氏，同上。劉某妻裴氏，同上。楊林妻張氏，夫亡，絕粒以殉。左漢妻梁氏，同上。以上十七人，光緒七年旌。李育昉妻丁氏，夫亡，自縊。王東升一本作文聲妻毛氏，僑居清河。寇至，抱兒投水。賊鉤其髮挽之，毛紿賊曰：「去爾鉤，吾登岸。」賊信其言，急躍入深處死。許汝淮妻童氏，夫亡，仰藥死。沈仰山妻黃氏，夫亡，矢死自守。姑欲強嫁之，遂自經，年二十七歲。金淇竹妻賈氏，夫亡，服毒死。何承淮妻孫氏，夫歿，三年將禫服，自經死。陳良金妻夏氏，夫

亡,自經。**趙連登妻倪氏**,遇暴不屈,以廚刀自刎死。**陳寶珍妻宋氏**,自經殉夫。以上九人,光緒十八年請旌。是年旌冊又有瀋陽山妻黃氏,即沈仰山妻黃氏之訛。自鄭士俊妻李氏至此,皆見《縣冊》。**文生陳繼夢妻董氏**,夫亡,吞鹵死。**倪復會妻陳氏**,初嫁時有惡少蜚語誣污,憤而經,死年二十。**朱柚妻王氏**,夫亡,自經,年二十二歲。**王保如妻夏氏**,夫亡,越十四日,自經於冢旁,時年二十九。**劉雙全妻單氏**,年二十九,夫亡,不食,自紉衣裾,夜投水死。**劉惠南妻洪氏**,伉儷甚篤而不得於姑,逐之歸。母欲嫁之,遂投水死。論者以廬江小吏妻擬之。**唐榮元妻姚氏**,湖垛人。光緒十六年五月,夫歿,既葬,慟哭仰藥死,年二十一歲,無子女。**劉洪德妻沈氏**,沈漢莊人。光緒戊子,大疫,夫歿於途。沈號慟不食,歷十數日而死。**單烈婦**,馬陸垛人,夫佚其名。夫歿,投水死。以上九人,見《採訪冊》,皆未旌。以上烈婦。

　　趙盛如聘妻陸氏,上岡人,陸忠烈公之裔,未嫁殉夫死。乾隆三十五年旌。**元聘妻王氏**,未嫁,聞訃殉夫而死。乾隆五十九年旌。以上二人,見《鹽法志》。**王來泰聘妻戚氏**,嘉慶十九年,來泰歿,戚氏哀慟誓死,家人防守甚嚴。二十一年,媒來議婚,女鍵戶沐浴、服縞素,飲鹵而死。見張芳齡《自鳴詩集》。**朱堉聘妻劉氏**,**馬寧邦聘妻劉氏**,**陸泰然聘妻談氏**,在室聞訃,矢志守貞。後聞父母別受聘,遂自經死。以上四人,皆係專旌。**羅某聘妻支氏**,咸豐八年旌。**徐宸英女**,僑寓清江浦。咸豐十年,寇至,恐不免,投塘水死。家人得其屍,面色如生。**楊袁慶女**,隨父僑居江寧。道光二十二年,避英夷之亂,遇寇投水死。**吳家志女**,同上。**張桐聘妻吳氏**,在室聞夫歿,號哭累日,絕粒而死。**彭惟幹聘妻夏氏**,未嫁殉夫死。**江廷獻聘妻某氏**,同上。**李名之聘妻某氏**,同上。以上七人,同治三年旌。**笪某聘妻王氏**,王金傳女,未嫁聞夫歿,自經以殉。同治七年旌。自朱堉聘妻劉氏至此,見金汝霖《貞孝節烈錄》。**黃秉良女**,咸豐間,僑寓金陵,遭寇亂為強暴所掠,不屈死。**金名女**,同上。**李廷琛聘妻朱氏**,同治六年,廷琛歿,朱氏聞訃慟哭,身服縞素以明無二。逾二年,有親串與其母密議為擇配,女聞之,遂自經死,年二十一歲。**張宅之女**,同治三年,在上元為盜所掠,不屈死。**楊某女**,同治元年,在阜邑遇賊,投水死。**王國鑒聘妻呂氏**,未嫁,夫歿,誓不他適。家人欲薄其節,絕粒死。以上六人,光緒七年旌。**張以慶聘妻成氏**,詳見卷二《邱墓》。自黃秉良女至此,見《縣冊》。**吳連德聘妻劉氏**,**朱發舉聘妻劉氏**,以上二人,皆未嫁夫歿,慷慨殉夫死。**車敬熙聘妻荀氏**,荀懷珍妹。敬熙,高郵人也,未娶而歿。女聞訃號哭,不食不飲,家人百計解之不得,夜仰藥死。**徐某聘妻唐氏**,唐風臣女也。光緒十四年,徐氏子以疫歿。女聞訃,盡去妝節,服縞素,悲哀成疾。父飲以藥,拒之,臨歿,謂父曰:「兒歿後,請祔葬徐郎墓,予願足矣。」語畢而逝,時年二十一。父告之徐,得合葬焉。**胡以寬聘妻金氏**,以寬歿,女年方十三,聞之,數日不食。逾數年,父母潛

為擇偶，女聞之，夜投水死。自吳連德聘妻劉氏至此，見《採訪冊》，皆未旌。以上烈女。

蔡重仁聘妻重仁，《縣冊》及金汝霖刊本皆作「從仁」陳氏，伍祐場人，守貞三十九年。乾隆五十八年旌。劉學寬聘妻張氏，新興場人，守貞五十四年。乾隆五十八年旌。以上二人，見《鹽法志》。張麟性聘妻陶氏，儒童葉恒檔聘妻項氏，儒童方筠聘妻劉氏，曹沆聘妻李氏，儒童朱楹聘妻王氏，儒童夏學書聘妻江氏，李雲溪女，儒童鄧鳴瑚聘妻潘氏，以上八人皆係專詳，請旌年無考。儒童陳楷聘妻曹氏，喬開科次女，陳某聘妻施氏，施裕章女。儒童蔣東祁聘妻周氏，汪玉麟聘妻張氏，以上五人，咸豐二年匯旌。陳恬聘妻章氏，王氏女，夫名失考。以下凡止稱某氏女不云某人女者，放此。吳氏女，以上三人，咸豐八年匯旌。張侍年聘妻李氏，孟來昌聘妻嚴氏，蔡氏女，文生丁鶴齡聘妻左氏，施某聘妻薛氏，江長榮聘妻高氏，郭鴻遠聘妻鍾氏，祁兆祥聘妻薛氏，儒童夏學經聘妻江氏，李聖關聘妻許氏，儒童朱有德聘妻王氏，王有光聘妻周氏，阮某聘妻朱氏，北蔣莊人。韓某聘妻王氏，本城人，監生王輝先姊。朱紋聘妻張氏，江懿文聘妻郭氏，夏士篆聘妻孫氏，夏某聘妻江氏，孝子夏成己之族。王向貞聘妻夏氏，萬貞元聘妻馬氏，毛繼長聘妻周氏，曹璋聘妻劉氏，五品封職監生金汝弼聘妻祁氏，陳奠邦聘妻吳氏，劉瀛聘妻趙氏，儒童陳為之聘妻吳氏，洪旭聘妻陳氏，張雲程聘妻唐氏，胡順元聘妻唐氏，倪鴻祥女，車維祺聘妻戚氏，儒童孫雲漢聘妻劉氏，儒童吳子嶠聘妻曹氏，成元明聘妻趙氏，張國楨聘妻薛氏，孫桂松聘妻仇氏，戴鳳池聘妻江氏，吳姓聘妻曹氏，監生曹濟夫女。徐信和聘妻吳氏，李樽繼聘妻何氏，以上四十二人，皆同治三年旌。戴堯夫女，同治八年旌。儒童樟樹蕚聘妻朱氏，陶某聘妻姚氏，姚體群女。夏金之聘妻趙氏，王殿淮聘妻劉氏，儒童徐彥階聘妻卞氏，趙文元聘妻王氏，皇甫某聘妻郭氏，監生郭鶴岑女。儒童楊遷善聘妻卞氏，周發祥聘妻丁氏，趙某聘妻郭氏，文生郭銳山女。以上十人，皆同知十一年旌。以上見金汝霖《刊本》。王龍星聘妻單氏，王龍旗聘妻單氏，戴增壽聘妻王氏，儒童王龍袞聘妻程氏，性慧通書史。應某聘妻王氏，監生王栻女。徐英略聘妻成氏，成勝女。儒童張發泰聘妻楊氏，儒童喬世瑞聘妻孫氏，恩賜副榜孫藎臣女。夏守身聘妻丁氏，范石之聘妻葛氏，蔡恒聘妻朱氏，梁某聘妻胡氏，監生胡宏裕女。桑某聘妻管氏，管元音女。王汝翼聘妻蔡氏，鄒勳臣聘妻王氏，王錦梁聘妻張氏，王保泰聘妻張氏，宋玉堂聘妻邵氏，凌成林聘妻呂氏，岳陽之聘妻胡氏，胡昌盛女。邵慶恒聘妻陳氏，陳立勳女。曾某聘妻商氏，商永年女。朱某聘妻顧氏，顧階平女。胥兼善聘妻徐氏，庠生徐楠女。喬世駿聘妻李氏，儒童張兆蕃聘妻葉氏，鄒榮聘妻許氏，徐大觀聘妻蘇氏，以上二十八

人，光緒八年旌。梁甲聘妻胡氏，光緒十四年旌。儒童應耀先聘妻沈氏，光緒十九年旌。儒童聶金槐聘妻趙氏，黃保國聘妻曾氏，儒童王學曾聘妻張氏，儒童張家駿聘妻仇氏，儒童夏冠春聘妻楊氏，儒童李餤香聘妻張氏，謝桂亭聘妻楊氏，儒童陶寶書聘妻顧氏，儒童唐啟宇聘妻仇氏，許某聘妻陳氏，儒童王立昌聘妻汪氏，儒童劉經傳聘妻賴氏，蕭鋼聘妻俞氏，儒童陶聰餘聘妻朱氏，徐裕如聘妻蘇氏，以上十五人，光緒十八年請旌。以上見《縣冊》。儒童徐纘立聘妻潘氏，庠生潘長虹女，守貞三十六年。胥姓聘妻王氏，王衍祥女。胥病歿時，王氏年十九，聞訃欲自裁，父以在家守志許之，乃不死。同治四年卒。袁有慶聘妻邱氏，有慶死，邱年二十三歲，繰絰弔其喪，誓死靡它食，貧守志，現年六十一歲。朱福源聘妻顧氏，郭鴻遠聘妻朱氏，郭漢瞻聘妻卞氏，趙氏女，諸生趙敬修妹，能詩，撤環養親，終身不嫁。徐昆池女，守貞養母。劉氏女，裴劉莊人。以上九人，見《採訪冊》。皆未旌。以上貞女。

吉修妻任氏，刲股療姑，見《鹽法志》。仇小農妻李氏，見《府志》。項華春妻徐氏，布政司徐鐸女，詳見《阜寧志》。李良才妻陸氏，儒童王愛棠妻張氏，朱桂南妻王氏，以上四人，見《阜寧志》。咸豐五年旌。趙邦棟妻紀氏，歲貢生郝振高妻夏氏，馬坤山妻周氏，韋秉忠妻孫氏，歲貢生夏元掄妻陶氏，富川縣知縣成景賢妻董氏，以上六人，見徐杏《續志》，同治三年旌。監生卞聚來妻陶氏，儒童沈旭初妻曹氏，吳殿岳妻周氏，武生劉鶴雲妻秦氏，監生劉潤妻張氏，文生夏志浩繼妻韓氏，曹步雲妻楊氏，監生王玼妻沈氏，唐英妻朱氏，陳桂林妻張氏，金培繼妻邱氏，附貢生梁曉榮妻姜氏，游康莊妻曾氏，武生譚標妻金氏，千總劉璜妻韋氏，游康浩妻李氏，丁名妻蔣氏，丁長佑妻夏氏，唐復元妻袁氏，附貢生陶鏞妻袁氏，朱正延妻詹氏，監生朱瑞雲妻仇氏，監生張壽峰妻馬氏，薛其祥妻吳氏，王晉南妻沈氏，彭耀林妻卞氏，監生李康謠妻劉氏，儒童王桂森妻張氏，監生丁太華妻李氏，儒童沈先達妻許氏，監生丁太和妻徐氏，儒童楊光澤妻周氏，滕松林妻吳氏，姚儒佩妻王氏，文生王匯川妻凌氏，司蕙妻周氏，周涵妻許氏，文生顏之粹妻沈氏，廩生戴澤妻李氏，以上三十九人，同治三年旌。歲貢生夏儒林妻陳氏，趙瑞林妻顧氏，周翔麟妻徐氏，以上三人，同治八年旌。增生薛鈞妻馬氏，儒童瞿世萬妻孫氏，儒童祁榮爵妻胥氏，儒童劉長盛妻金氏，監生李卿材妻吳氏，嚴榮宗妻曹氏，孫學書妻蔡氏，儒童寒秋圃妻沈氏，吳崇德妻丁氏，儒童譚清芬妻韓氏，監生楊霖妻顏氏，王克紹妻李氏，王寶珍妻吳氏，瞿辱相妻張氏，馮學禮妻盧氏，監生徐耀三妻卞氏，張九思妻宋氏，許春華妻周氏，袁恒山繼妻夏氏，文生劉珂妻譚氏，喬佩蘭妻吳氏，儒童陳秉禮妻孫氏，姜玉純妻

嚴氏，監生卞秉中妻張氏，趙國紳繼妻盧氏，夏順淮妻胡氏，曹崟妻顏氏，以上二十七人，同治十一年旌。自卞聚來妻陶氏至此，皆見金汝霖《刊本》。陳福齡妻孫氏，光緒七年由阜邑請旌，見《採訪冊》。歲貢生戴大裁，阜寧人。繼妻劉氏，鹽城人。孫秉謙妻楊氏，儒童江漢妻金氏，文生成來儀妻胥氏，儒童劉文禮妻陶氏，監生丁泰來妻王氏，周興邦妻朱氏，周懷邦妻夏氏，成乾妻芮氏，文生王元瑁妻楊氏，喬萬春妻姜氏，蔡長春妻劉氏，儒童王煥妻高氏，趙魁文妻洪氏，儒童薛以中妻唐氏，王雲龍妻徐氏，曹加彥妻王氏，李致和妻夏氏，宋其錄妻時氏，顧宜春妻习氏，武生袁文彬妻徐氏，蔣桂蟾妻梁氏，潘金邦妻許氏，以上二十三人，皆光緒八年旌。丁子香妻劉氏，吳逢年妻李氏，監生裔巨卿妻張氏，儒童陳保珩妻成氏，儒童董鶴儕妻黃氏，項桂林妻許氏，監生周嘉妻陳氏，以上七人，皆光緒十八年請旌。同知銜馬紹聞繼妻薛氏，光緒二十年請旌。自戴大裁繼妻劉氏至此皆見《縣冊》。成景春妻朱氏，王得壽妻張氏，成豐妻陳氏，王廷秀妻熊氏，繆聖傳妻江氏，楊士益妻姜氏，張志仁妻梁氏，廩貢生成人龍妻乘氏，陳為揚妻彭氏，卞孔章妻李氏，吳寶儒妻陳氏，楊某妻某氏，儒童陳錫麟妻徐氏，貢生邵揚華妻陳氏，程榮之妻史氏，毛自誠妻成氏，監生顏鳴煦妻王氏，職員鄭渠妻倪氏，以上十八人，皆見《採訪冊》，旌年待考。以上孝婦。

文生周大觀女，董士明女，卞高峰女，姜文魁女，文生陶性堅孫女，以上五人，咸豐二年旌。成氏女，曾創建慈雲庵。蔡氏女，蔡家巷人。二人，同治三年旌。許鶴鳴女，監生陶鄰女，王渭傳女，附貢生曹紳女，李名遠女，文生顏宜春女，戴國成女，徐煜女，孔鳳林女，顧振高女，楊裕常女，高太昌女，監生倪安邦女，薛景茂女，王蔭蘭女，監生韋銛女，丁邦慶女，仇勝國女，何覲廷女，劉文舉女，陳鳳采女，嚴卓之女，周德興女，虞慶之女，丁有餘女，倪尚元女，劉名之女，周雲衢女，顧振高長女，以上二十九人，同治三年旌。生員倪邦彥女，申德昌女，陳觀海女，以上三人，同治八年旌。馬驪成長女，范希舜女，李國棟女，王大有女，范彩鳳女，黃成文女，王富山女，文生徐聯奎女，丁兆霖女，劉慎才女，時皆然女，丁國榮女，劉學易女，沈步青女，王有良女，吳國泰長女，以上十六人，同治十一年旌。自周大觀女至此，見金汝霖《刊本》。王官女，沈兆祥女，監生邵廷棟女，邢蘭畦女，李俊女，卞玉書女，成乾女，監生顏璜女，倪名之女，徐殿魁女，楊智金女，監生邵迎陽女，韓錫山女，儒童楊錦元長女、次女，陳學聖次女，卞引鳳次女，武生徐杭之三女，以上十八人，光緒八年旌。何文齡女，儒童張步衢女，孫苞芝女，唐冠賢女，以上四人，光緒十八年請旌。自王官女至此，見

《縣冊》。以上孝女。嶧縣縣丞唐琦妾孔氏，乾隆五十四年旌。郭汝成妻夏氏，乾隆五十九年旌。孫履祥妻沈氏，嘉慶八九年旌。蔡如蕙妻張氏，李全忠妻卞氏，卞旭妻許氏，王居敬妻郭氏，孫雄士妻張氏，柏士貴妻潘氏，柏永豐妻陳氏，生員卞綏妻徐氏，利瓦伊高妻卞氏，孫志剛妻高氏，陳鑾妻鄭氏，生員卞岱妻郭氏，卞鶴舉妻蔡氏，蔡明友妻李氏，陳鍾萬妻張氏，陳兆祥妻孫氏，陳維達妻洪氏，王天佑妻倪氏，徐鳳梧妻王氏，孫德臣妻沈氏，劉隴其妻卞氏，隴其，徐杏《續志》作「龍其」，云「貢生」。王君政妻周氏，生員楊竹友妻吉氏，沈九職妻成氏，鳳天臣妻陳氏，陸傑妻別氏，生員徐普妻王氏，沈昌德妻王氏，朱禹勳妻沈氏，劉慶恩妻王氏，生員吉綸妻吳氏，倪煥來妻趙氏，沈國士妻蔡氏，李金山妻楊氏，陳愷妻邵氏，王希文妻李氏，沈堃山妻唐氏，堃山，一作崑山。以上四十人，見《鹽法志》。《鹽法志》所載，有已見舊《志》者，不錄。沈桐峰妻王氏，張漢即妻洪氏，張全略妻王氏，胡君望妻朱氏，姚維幹妻張氏，沈光國妻楊氏，胡士倫妻王氏，劉培妻姜氏，丁德裕妻趙氏，邢宗儀妻王氏，儒童徐源妻凌氏，儒童孫映東妻薛氏，季湘草妻蔡氏，儒童李騰芳妻夏氏，張帶玉妻荀氏，儒童商文彬妻夏氏，陳守儒妻王氏，韋愷妻王氏，嚴定妻周氏，宋曰明妻張氏，孫士雄妻張氏，儒童金燦文妻沈氏，朱大濟妻沈氏，尹文九妻倉氏，吳萬妻徐氏，黃德泰妻朱氏，徐明書妻潘氏，黃於爵妻周氏，陳鵬九妻季氏，陳嘉珍妻胡氏，夏新佑妻范氏，監生戴錫蕃妻李氏，孫苞妻林氏，儒童王定遠妻陸氏，劉慶恩妻王氏，戴友卿妻蔡氏，外委孫英文妻楊氏，周餘德妻費氏，生員胡琅之妻夏氏，例貢王時量妻喬氏，周舒展妻王氏，監生郝來賓妻劉氏，儒童乘時敏妻陳氏，儒童徐元擢妻顧氏，生員楊培妻王氏，裴兆先妻趙氏，王斗元妻姜氏，許敬思妻姜氏，儒童姜立妻王氏，李明德妻黃氏，陳煒文妻戴氏，李士雄妻王氏，張駿烈妻荀氏，蘇之爽妻韋氏，傅宏遠妻李氏，顏天爵妻單氏，夏士雄妻張氏，儒童趙一唯妻王氏，孫日暹妻胥氏，陳會雲妻潘氏，樂方平妻楊氏，儒童孫超然妻唐氏，張遇春妻趙氏，潘念祖妻姜氏，陶燦妻李氏，儒童王服冕妻張氏，儒童薛履康妻姜氏，王武臣妻胥氏，夏觀顏妻俞氏，劉永吉妻羅氏，凌宏業妻宋氏，監生楊禹中妻樂氏妾王氏，鄒和萬妻蔣氏，儒童季億存妻徐氏，劉觀遠妻祁氏，卞文得妻高氏，易知彰妻顏氏，陳炎妻季氏，生員郝振綱妻張氏，吳日燦妻楊氏，金朝柱妻熊氏，朱豔龍妻武氏，荀桂儔妻蕭氏，監生顧東皋妻徐氏，生員吳之純妻金氏，吳廷桂妻夏氏，儒童梁敏妻龐氏，儒童顏贊猷妻王氏，鄒兆麟妻陳氏，儒童夏嘉樂妻許氏，丁御天妻洪氏，郭人智妻王氏，單希閔命

侶驀妻王氏，楊桐妻陸氏，王文耀妻李氏，尹盛枝妻夏氏，李玉衡妻夏氏，李巨妻蕭氏，徐永瑞妻孫氏，吉慶妻唐氏，張攀桂妻吳氏，王用賓妻瞿氏，監生朱必瑗妻卞氏，沈毓昌妻潘氏，監生季嗣興妻周氏，季同文妻沈氏，孫東明妻王氏，殷祖寧妻周氏，朱繼點妻周氏，陸望榮妻路氏，周凌樹妻范氏，儒童陳大年妻喬氏，夏實宣妻陸氏，安國咸妻周氏，黃雲書妻張氏，曹鉞妻凌氏，侍大賓妾孫氏，唐文基妻朱氏，儒童凌喬巘妻沈氏，夏賜和妻劉氏，唐興安妻朱氏，儒童蕭士超繼妻黃氏，周灼妻何氏，王文瑞妻楊氏，蕭華賓妻葛氏，蕭聘三妻陸氏，顧新宏妻張氏，顧純妻張氏，顧廷珍妻潘氏，徐大源妻周氏，朱氏北左莊人。陳某妻朱氏，陳廣生媳。梁稀妻刁氏，梁赤妻刁氏，蕭紹虞妻夏氏，李茂妻田氏，胡文毓妻朱氏，夏廷芳妻鞠氏，梁槤妻王氏，梁收妻丁氏，王公兩妻周氏，王燦華妻季氏，顧舜九妻王氏，王萬祥妻楊氏，王金烏妻張氏，王尊惟妻陳氏，紀永列妻王氏，紀清明妻王氏，卞昶妻許氏，潘天佑繼妻某氏，生員潘英魁繼妻蕭氏，范友文妻喬氏，毛秀章妻馮氏，王來章妻宋氏，潘周遠妻商氏，郭致堂妻袁氏，朱廷暄妻徐氏，王晞陽妻吳氏，袁寶璉妻王氏，王師遊妻陳氏，夏之溪妻劉氏楊碩蕃妻夏氏，陳鏈妻夏氏，陳宗一妻倪氏，喬雲路妻楊氏，王喬青妻孫氏，管昆齡妻苗氏，劉碩馨妻成氏，沈至剛妻陳氏，姜聯雲妻宋氏，生員姜鴻妻吳氏，潘廷鳳妻孫氏，張純一妻葉氏，楊師修妻周氏，王孔懋妻劉氏，蕭甸安妻許氏，許利用妻潘氏，許成妻夏氏，朱有章妻陸氏，倪元仁妻凌氏，曹師儒妻王氏，張斯立妻孟氏，孫超科妻袁氏，孫翯凰妻嚴氏，王體頤妻姜氏，蔣蘊輝妻唐氏，吳鼇妻李氏，生員吳鍵妻金氏，湯九貢妻王氏，李振藻妻張氏，戴醴泉妻陳氏，胥某妻單氏，住胥仇莊。陳東高妻嚴氏，生員姜步高妻趙氏，張林生繼妻唐氏，姜鎮標妻李氏，監生姜汝為妻顧氏，許志良妻高氏，陳咸泰妻夏氏、滕氏本城人。劉仲九妻夏氏，夏建榮妻王氏，馬漢如妻江氏，黃修禮妻周氏，宋錫九妻顧氏，蕭士奎妻王氏，潘燦章妻朱氏，劉培妻宋氏，王炳祥妻顧氏，王懷瑾妻徐氏，王成坦妻宋氏，王興宇妻宋氏，姚得林妻王氏，沈允高妻潘氏，謝朗然妻曹氏，王萬順妻狄氏，王應選妻姚氏，王萬明妻袁氏，王萬全妻黃氏，王玉銓妻陶氏，王宏妻徐氏，王超俊妻顧氏，宋何玉妻尹氏，生員潘英旺妻戴氏，卞青選妻李氏，生員周樹昌妻瞿氏，監生柏冠雲妻丁氏、妾戴氏，柏昕妻丁氏，朱某妻陸氏，朱玉田母。薛諭妻成氏，姜勇妻宋氏，夏榮妻王氏，李柯妻夏氏，游康衢妻許氏，瞿廷紹妻孟氏，生員凌守冀妻夏氏，趙松年妻姜氏，徐顯公妻陸氏，朱承緒妻喬氏，林誌剛妻韋氏，郝載陽

妻畢氏，楊鑄妻劉氏，蕭山妻宋氏，蕭璽妻潘氏，以上二百四十九人，見徐杏《續志》，皆咸豐十一年補旌。《續志》所載節婦，有已見舊《志》者，今不錄。徐汝松妻王氏，徐同春妻蔣氏，柏汝新妻蔣氏，祁萬年妻徐氏，馬率真妻吳氏，李惟德妻還氏，顧曰康繼妻孫氏，朱槐妻沈氏，裴玉香妻陳氏，王冠南妻周氏，徐兆豐妻許氏，顧汶濱妻徐氏，劉漢元妻徐氏，宋濤妻劉氏，宋金鞍妻姚氏，宋國玉妻陳氏，顧佩田妻張氏，朱文國妻趙氏，韓模妻蔡氏，聶漢祥妻尤氏，呂學甫妻潘氏，王銘妻馮氏，馮碗妻陳氏，梁振魁妻朱氏，宋如岡妻顏氏，宋嗣興妻張氏，宋存禮妻馬氏，宋誠和妻商氏，張啟周妻王氏，姜曰良妻宋氏，聶慶成妻徐氏，王元標妻呂氏，陸維翰妻徐氏，夏超魁妻湯氏，曹瑞妻藍氏，劉魯妻湯氏，李克恭妻劉氏，許鶴松妻徐氏，張春融妻孫氏，戴熙妻王氏，程景同妻郭氏，餘者吉妻袁氏，蔡南選妻吳氏，吳桂年妻夏氏，程芸妻黃氏，吳德修妻袁氏，夏恒妻余氏，程肇伊妻馮氏，祁書五妻顧氏，周江妻李氏，許奎照妻程氏，楊家興妻卞氏，胡永泰妻蔣氏，程毓銑妻周氏，顧佩琨妻王氏，李廷倬妻吳氏，夏長春妻田氏，吉利川妻王氏，吳迎春妻陳氏，車聖傳妻陳氏，曾上林妻張氏，程樹賢妻潘氏，孫五樓妻胡氏，夏秉衡妻周氏，陳金殿妻單氏，郝嵩華啟閉顧氏，支連芳妻汪氏，王萬年妻郝氏，程毓麟妻錢氏，計春泉妻程氏，孫金樹妻周氏，曾者慶妻吳氏，夏士緯妻李氏，葛佩妻韋氏，程師曾妻黃氏，顧醴池妻唐氏，翟錦如妻耿氏，李進之妻陳氏，顧采芳妻韓氏，鄭魁元妻徐氏，陳宏鑾妻吳氏，董尹年妻朱氏，孫學龍妻丁氏，倪琴堂妻謝氏，朱訓妻徐氏，周效賢妻劉氏，朱鍾五妻滕氏，陳群鸞妻王氏，趙薦紳妻姜氏，荀祥元妻王氏，程賡瀛妻李氏，許立成妻周氏，谷宸妻邵氏，孫如苞妻周氏，喬福元妻蔡氏，苗瑞妻卞氏，謝殿寶妻徐氏，俞善義妻嚴氏，姜俊妻丁氏，孫喬坤妻盛氏，尤明章妻倪氏，蔡震甲妻盛氏，胡慶餘妻黃氏，郭照培妻龔氏，胡景高妻王氏，胡喬年妻高氏，徐鳳鳴妻李氏，朱燦妻孫氏，陳朝棟妻高氏，劉芳衢妻張氏，吳應芳妻徐氏，薛以忠妻李氏，曾璞玉妻成氏，程立鏞妻徐氏，胥迪妻成氏，基德為妻沈氏，李洪泰妻錢氏，韋履周妻張氏，馬喬南妻王氏，吉昺妻尤氏，尤中孚妻吳氏，錢萬榮妻買氏，徐彥臺妻李氏，卞得仁妻季氏，蔣開泰妻徐氏，卞大儒妻薛氏，郝松年妻劉氏，吳必昌妻成氏，潘長青妻周氏，楊丹詔妻張氏，劉鑒妻曾氏，陳履同妻吉氏，陳有諒妻陸氏，王念徵妻楊氏，卞燈妻楊氏，王必倫妻季氏，何順德妻王氏，單伯榮繼妻王氏，曹松年妻宋氏，朱璧妻胡氏，孫成泰妻方氏，何仰高妻王氏，單香山妻孫氏，凌雲筆妻王氏，孟祥瑞妻高氏，

劉培妻徐氏，程麗庚妻俞氏，劉玉坤妻苗氏，楊桂芳妻朱氏，崔純玉妻王氏，尤麗中妻黃氏，朱元髮妻伏氏，陳有年妻潘氏，程培鈞妻姚氏，倪得龍妻徐氏，程鳳苞妻何氏，夏文登妻陳氏，周鋭妻鄭氏，程錫榮妻吕氏，徐鳳林妻郭氏，程璋繼妻陸氏，程秉濬妻韓氏，周湘妻崔氏，程一作「陳」起鵬妻顧氏，曾保融妻孫氏，程宗衡妻邱氏，夏建讓妻吉氏，錢德源妻程氏，金樂韶妻楊氏，楊清泰妻程氏，金登雲妻程氏，王度妻徐氏，沈遵妻仇氏，韓巨川妻尤氏，曹日衍妻陸氏，蔣殿陽妻周氏，杜綱妻程氏，徐寶泰妻李氏，徐喬盛妻丁氏，丁得臣妻韋氏，劉琨妻吳氏，金藻廷妻吳氏，范肇龍妻仇氏，黃隆業妻張氏，宋蓮魁妻陸氏，李興隆妻花氏，吳啟樓妻吕氏，唐九餘妻單氏，姜九鼎妻夏氏，茅增祥妻胡氏，許長源妻方氏，季九鐸妻榮氏，宋榮鳳妻方氏，徐鳳桐妻陶氏，吳晉卿妻季氏，胡榮和妻陳氏，茅彬妻胡氏，武生徐國政妻陸氏，卞履澤妻嚴氏，徐彥平妻吳氏，朱文元妻張氏，鄒英魁妻葛氏，劉春陽妻黃氏，許寰妻王氏，張萬成妻賀氏，朱春明妻成氏，陳調髮妻胥氏，徐廣純妻王氏，李有珍妻龔氏，王如蘭妻許氏，蔡「方」一作「芳」余妻賈氏，顧逢春妻王氏，劉桂枝妻吳氏，劉懷元妻蔡氏，嚴盛妻王氏，紀有富妻顧氏，張愛松妻姚氏，成春臺妻張氏，張延選妻陳氏，高煥章妻瞿氏，王駕書妻沈氏，趙萬齡妻王氏，蕭鈞泰妻施氏，曹錫齡妻仇氏，徐芳策妻嚴氏，曹楷妻宋氏，裔廷松妻李氏，邢寬妻周氏，陳毓春妻成氏，楊育堂妻裔氏，楊愛堂妻張氏，柏維藩妻宋氏，蔡德雲妻柏氏，周用中妻藍氏，高長春妻徐氏，夏咸和妻李氏，周利川妻王氏，沈觀余妻紀氏，唐大治妻劉氏，王尊禮妻茆氏，顏旭堂妻陳氏，唐恒昌妻鄭氏，郝長庚妻劉氏，沈群芳妻趙氏，李登元妻楊氏，顧漢昭妻衛氏，程懷禮妻夏氏，邢廣譽妻朱氏，羅鈞妻楊氏，范步懷妻游氏，顧坤元妻吳氏，顧南華妻徐氏，倪勳妻申氏，劉德培妻潘氏，孫慶齡妻姜氏，吳同仁妻夏氏，凌維義妻薛氏，徐廣玉妻鄭氏，王懷方妻曾氏，陳宏妻張氏，劉玉珍妻顧氏，張煥然妻成氏，金由庚妻吳氏，周鉽妻吳氏，劉長發妻高氏，王會英妻夷氏，鄭春芳妻蕭氏，龔耀沛妻卞氏，王石金妻徐氏，陳長齡妻祁氏，孫獻廷妻張氏，范繼祖妻楊氏，李士華妻孫氏，許家讓妻王氏，葛振遠妻楊氏，徐廷有妻王氏，楊奎吉妻葛氏，王長興妻卞氏，葛福祥妻張氏，嵇常通妻蔣氏，嵇常華妻王氏，蔣成中妻萬氏，楊兆瑞妻王氏，李廷富妻丁氏，卞有富妻王氏，吳文熺妻孫氏，趙相星妻姜氏，趙學衢妻姜氏，馬堅妻李氏，王長泰妻仇氏，車林高妻吳氏，余寶善妻沈氏，趙駿聲妻夏氏，張高齡妻楊氏，吳榮秀妻許氏，謝九榮妻陳氏，顧龍元妻胡氏，胥知先妻鄧氏，

姜晃妻蕭氏，許相臺妻張氏，姜芝亭妻洪氏，夏萬鍾妻孫氏，姜在朝妻蕭氏，瞿慶齡妻張氏，吳藩輝妻秦氏，袁步雲妻孫氏，夏東山妻劉氏，沈長泰妻仇氏，朱冠餘妻崔氏，梁宜春妻方氏，張錦雯妻許氏，倪如苞妻唐氏，袁子安妻徐氏，顧龍池妻潘氏，李永清妻湯氏，陳翰修妻葛氏，朱喬楹妻陳氏，蔡柏年妻王氏，陳如槐妻黃氏，葛如結妻楊氏，朱玉和妻劉氏，韋覲顏妻許氏，薛洧修繼妻胥氏，戴同春妻張氏，曾懷新妻高氏，鄭維四妻王氏，鄭學文妻秦氏，劉純妻潘氏，宋桂林妻朱氏，孫仁和妻李氏孫儀和妻陳氏，謝九萬妻施氏，王榮春妻錢氏，卞富春妻楊氏，崔聲遠妻吳氏，張廷琛妻陳氏，許節婦，陳節婦，以上共二百八十人，見光緒《府志》，皆同治十一年旌。按：《府志》有宋金安妻姚氏，與宋金鞍妻姚氏是一人。聶慶成妻徐氏亦重出。又有宋祖法妻朱氏，即舊《志》之宋祖髮妻朱氏也。又有張天性妻邱氏等，此二皆見舊《志》，今並刊落。瞿若明妻唐氏，嘉慶間旌。魏步春妻平氏，道光年旌。廩生徐檀妻唐氏，王名才妻潘氏，王思深妻謝氏，生員楊敬昌妻王氏，監生李檜妾房氏，武生崔羨雛妻鄭氏，以上六人，咸豐間旌。唐大定孝子耀遠子妻廖氏，附貢生唐天賜母。唐朝升妻戴氏，欒樹棠妻樊氏，以上三人，同治間旌。許昌裕妻周氏，王學庸妻許氏，以上二人，光緒間旌。自瞿若明妻唐氏至此，見《阜寧縣志》。監生洪榮春妻金氏，文生吳潭妻李氏，儒童張賢齊妻凌氏，孫智和妻劉氏，秦化民妻張氏，儒童張桂昌妻馬氏，秦根實妻陸氏，監生徐在前妻袁氏，虞四學妻唐氏，王坤妻金氏，袁學忠妻葛氏，孫佑鳴妻劉氏，儒童張開運妻顧氏，儒童郭超寰妻劉氏，孫蘭芳妻郭氏，徐玉妻郝氏，儒童祁班相妻成氏，沈蔚初妻黃氏，滕尚德妻成氏，儒童廖柏妻李氏，儒童陳學禮妻王氏，蔣掄才妻楊氏，黃文登妻魏氏，馬鶴群妻朱氏，監生陸萬永妻魯氏，李東來妻王氏，文生金曙昌繼妻曹氏，儒童張兆芳妻姚氏，儒童胡椿芳妻朱氏，王連妻熊氏，王儒妻金氏，鄭學蘭妻顧氏，白士賢妻吳氏，儒童倪蘭芳妻張氏，儒童黃貴星妻馬氏，儒童顏之沛妻吉氏，儒童周良鏞妻蘇氏，儒童周維鏞妻姜氏，儒童曹鈿妻朱氏，監生曹旭妻張氏，曹右河妻王氏，儒童夏兆鑾妻祁氏，監生夏卜年妻黃氏，吳登五妻徐氏，儒童夏煥章妻沈氏，儒童孫超澍妻傅氏，趙琮妻盧氏，胡琨妻盧氏，孫德慧妻盧氏，孫鳳孫妻胡氏，儒童馬廷照妻王氏，儒童陳學來妻孫氏，儒童蘇煥文妻韋氏，儒童祁輯五妻嚴氏，儒童樂滂妻王氏，儒童朱凌雲妻鄒氏，周立中妻胡氏，武童陳裕豐妻吳氏，儒童嚴文彬妻曹氏，儒童嚴瑞廷妻吳氏，儒童陳得盛妻程氏，武生印魁元妻鄭氏，儒童仇綋妻王氏，儒童曹興周妻邱氏，儒童張春林妻劉氏，儒童王富國妻楊氏，儒童王廷珍妻仇氏，儒童陳倫妻程氏，

陶玉廷妻孫氏，吳熙妻郭氏，儒童張雨書妻仇氏，別洪亮妻沈氏，郭文煥妻戴氏，卞爽妻王氏，郭鶴軒妻曹氏，儒童李殿傳妻卞氏，鄒掄才妻顧氏，楊成儒妻徐氏，郭春華妻王氏，鄒掄元妻顧氏，曾保泰妻韓氏，嚴懷瑜妻方氏，馮法謙妻潘氏，胡太和妻周氏，儒童陳國賓妻曹氏，監生李湘妻周氏，許魁元妻張氏，高萬祥妻劉氏，戴煥章妻周氏，王桂芳妻沈氏，胡九如妻吳氏，丁佑妻郭氏，卞桃年妻楊氏，儒童黃禮仁妻孔氏，儒童張相山妻金氏，費士興妻朱氏，儒童薛桂林妻陶氏，于大金妻劉氏，周志高妻吉氏，儒童唐芝妻徐氏，儒童沈樞妻孫氏，花麗妻卞氏，紀友仁妻吳氏，佾生邵春林妻陳氏，儒童張攀桂妻沈氏，儒童王長福妻蔣氏，蔣步升妻吳氏，監生許鈺妻丁氏，許連妻王氏，許鴻儒妻王氏，以上一百十人，咸豐二年旌。周尚遠妻楊氏，王建妻馬氏，周啟元妻王氏，左仿妻楊氏，丁金和妻朱氏，金長發妻朱氏，梁惪奎妻王氏，夏貢金妻王氏，周攀桂妻蔣氏，田藩妻胡氏，王景福妻周氏，祁履超妻嚴氏，孫祺妻姚氏，許榮年妻江氏，孫齊家妻潘氏，王友林妻戚氏，王相卿妻顧氏，韓松年妻荀氏，孫余妻曹氏，王錢壽祺吳氏，虞春山妻嚴氏，徐宗慶妻崔氏，孫魁齡妻石氏，以上二十三人，咸豐八年旌。程可信妻倉氏，監生金冠年妻陳氏，葛鴻儀妻陳氏，成奇珍繼妻陳氏，徐炳妻袁氏，田繼宗妻成氏，江海秀妻許氏，潘世才妻范氏，成鑾妻程氏，曹石寶妻朱氏，孫舒安妻吳氏，王楫如妻夏氏，郝步瀛妻成氏，王桂林妻張氏，夏晶妻孫氏，丁鴻儒妻呂氏，生員周官妻梁氏，楊景伊妻丁氏，胡桂南妻施氏，韓大儒妻張氏，劉汝金妻王氏，周廷富妻駱氏，吳桐妻沈氏，蕭士安妻崔氏，蕭奎章妻凌氏，劉美成妻陳氏，例貢陳如玉妻孫氏，成蓬萊妻卞氏，楊廷俊妻柏氏，祁德元妻徐氏，楊大魁妻陸氏，孫桂元妻姚氏，陳元群妻張氏，解兆祥妻袁氏，陳憲妻王氏，王世超妻蘇氏，趙榮慶繼妻梁氏，顧成芳妻王氏，王俊妻夏氏，王志南妻朱氏，王際虞妻陳氏，王舜民妻陳氏，吳友三妻朱氏，熊占麟妻胡氏，卞嘉妻孫氏，姜鳳瑞妻王氏，尤信妻吳氏，王學成妻徐氏，孫源明妻張氏，韓長國妻陳氏，王三元妻姜氏，陳大廈妻周氏，胡廷棟妻陸氏，胡錦文妻張氏，胡秀文妻沈氏，胡雄文妻徐氏，嚴桂芳妻吉氏，許佩詩妻嚴氏，汪懷瑾妻姜氏，季俊茂妻張氏，朱暢然妻周氏，季存中妻薛氏，虞東山妻左氏，陳琪妻孫氏，陳錦元妻徐氏，周濟川妻李氏，王蔭儉妻商氏，王蔭良妻陳氏，劉學純妻柏氏，洪毓純妻朱氏，裴庸妻張氏，舒惠祥妻衡氏，劉長泰妻王氏，唐鑣妻夏氏，張學博妻陳氏，溫州鎮總兵孫廷揚阜寧人，寄居鹽城側室王氏，胥覲顏妻葛氏，胡湧妻成氏，胡文華妻成氏，張印芳妻夏氏，李

天明妻王氏，吳應芳妻徐氏，顧建山妻胥氏，陳九河妻金氏，凌鳳儀妻江氏，
姚登妻張氏，顧金臺妻蔡氏，吳正明妻陳氏，文生王象麟妻聶氏，蘇妍林妻潘
氏，劉皆吉妻金氏，薛惟康妻孔氏，吳恒昌妻王氏，江作哲妻朱氏，馬榮元妻
徐氏，陳邦達妻徐氏，李冠山妻王氏，陳重華妻周氏，夏昌髮妻石氏，王周儒
妻劉氏，趙萬桂妻喬氏，李彩青妻陳氏，監生俞俊高妻梁氏，梁樹馨妻孟氏，
劉寏高妻梁氏，徐佑妻黃氏，藍金溶妻陸氏，夏春林妻王氏，趙汝恭妻潘氏，
趙汝年妻李氏，李允章妻何氏，蕭玉瀛妻潘氏，蔣克剛妻陳氏，張德厚妻陸氏，
游鍾傑妻張氏，戴文魁妻陳氏，朱達為妻李氏，王廷柱妻楊氏，陸天衢妻姜氏，
邰鼎玉妻王氏，譚誦芬妻喬氏，生員夏儒彬妻周氏，徐步怡妻孫氏，孟烜妻嚴
氏，張錦鍾妻宋氏，戴進髮妻陳氏，趙永常妻胡氏，張卿一作欽印妻胥氏，張
永麟妻趙氏，成登狀妻劉氏，蕭廷造妻王氏，將士德妻胡氏，武廷棟妻徐氏，
李樹春妻錢氏，趙秉實妻劉氏，趙開周妻成氏，趙輝伯妻陳氏，趙宜臣妻王氏，
談孔寅妻沈氏，監生李明道妻陳氏，梁承盛妻樂氏，梁承實妻周氏，梁貫文妻
徐氏，羅豐林妻顧氏，仇永妻季氏，袁良高妻張氏，祁榮鼎妻孫氏，王家瑞妻
郭氏，朱舜南妻張氏，貢生朱春溶妻成氏，陳壽安妻董氏，嚴履祥妻陳氏，顏
公彩妻單氏，李贊化妻凌氏，周廷玩妻楊氏，高步芳繼妻李氏，朱明倫妻徐氏，
吳道篯妻楊氏，瞿祥富妻成氏，袁立貴妻封氏，許學書妻李氏，王寶田妻李氏，
張芹彩妻劉氏，任明匯妻秦氏，程銘之妻李氏，戴國棟妻李氏，寶昌鍾妻任氏，
潘殿需妻蕭氏，王道宏妻嚴氏，金體升妻顧氏，范波之妻夏氏，宋輅貽妻張氏，
宋琠妻羅氏，廩生金陵妻孟氏，生員金矗妻王氏，宋文淵妻蔡氏，生員宋瑾妻
姜氏，王廣妻陸氏，袁進朝妻黃氏，袁正已妻張氏，袁萬繼妻趙氏，周名之妻
王氏，許某妻潘氏，孔巨方妻王氏，袁九仁妻陸氏，卞曰燦妻宋氏，卞曰玩妻
唐氏，卞銘妻劉氏，楊天臣妻卞氏，徐鴻庚妻卞氏，卞永福妻胡氏，李梐卞氏，
監生趙正瀠姜氏，監生楊拱章妻王氏，楊桂芳妻董氏，王儀安妻蔣氏，尤名之
妻張氏，施桂初妻朱氏、妾王氏，蔣蔚初妻沈氏，周長年妻范氏，張浩妻嚴氏，
生員戴守浩繼妻李氏，王廣福妻李氏，程世泰妻卞氏，殷又舉妻薛氏，臧攀桂
妻宗氏，徐景純妻成氏，劉廷楨妻戴氏，曾建邦妻吳氏，黃肇禮妻金氏，姜齡
慶妻王氏，邱宗源妻徐氏，陳履康妻楊氏，孫步墀妻鄭氏，方玉麟妻曹氏，郝
敬五妻沈氏，監生詹庚妻李氏，監生張家駒繼妻劉氏，胥普同妻邢氏，李茂亭
妻張氏，徐鳳林妻孫氏，監生侯漢城妻夏氏，孫容妻張氏，陳連慶妻倪氏，張
茂彩妻夏氏，朱楨妻孫氏，蘇寶文妻胡氏，成秀章妻魏氏，顧春元妻張氏，徐

瑚妻許氏，俞福貴《採訪冊》作「馥桂」妻王氏，曾捐錢二百緡，創建宗祠。朱奉瓚妻顧氏，張如瓂妻吳氏，生員張錫祺嗣母。戚紀彩妻滕氏，王兆臺妻韋氏，郭秀山妻王氏，袁英妻樂氏，彭華年妻李氏，陳保興妻管氏，蕭滋妻陸氏，蕭文壇妻郝氏，吉保元妻鍾氏，徐嘉禮妻沈氏，夏壇妻蔡氏，劉蟾桂繼妻許氏，卞長年妻朱氏，戴景賢妻姜氏，還桂枝妻鍾氏，姚周翰妻郝氏，馮養正妻周氏，田崇義妻吳氏，施桂林妻夏氏，趙九富妻花氏，卜步雲妻鄭氏，陳雲軒妻徐氏，王濟遠妻沈氏，許鴻松妻徐氏，李滿芳妻胡氏，薛壽齡妻姜氏，顏東來妻陳氏，駱京元妻孫氏，張耀山妻周氏，顏師田妻吳氏，陳文成妻王氏，沈光裕妻韋氏，朱鴻軒妻宋氏，倪有敬妻鮑氏，沈儒桂妻俞氏，郭廷楨妻鄒氏，吳登甲妻喬氏，谷桐山妻劉氏，周源山妻劉氏，曹琮妻孫氏，張德清妻聶氏，徐啟祥妻卞氏，周宇齡妻張氏，張連惠妻胥氏，曹瓚妻劉氏，封偉人妻周氏，袁棣妻顧氏，謝明珠妻陸氏，朱春麗妻張氏，顧錦雲妻黃氏，王來元妻陳氏，譚鶴鳴妻俞氏，王節璽妻樂氏，顧詹雲妻王氏，王裔安妻朱氏，夏徹妻馬氏，顧玉堂妻黃氏，王元壽妻陶氏，儒童程會高妻俞氏，徐嵩華妻朱氏，汪懷榮妻韋氏，陳緯妻夏氏，武生王詔妻楊氏，秦維禮妻楊氏，李長春妻張氏，申廷鏞妻程氏，劉翼純妻王氏，顧景保妻王氏，邢恒越妻楊氏，王天成妻解氏，胥必貴妻夏氏，陳勤妻葛氏，監生王桂林妻姜氏，沈林妻徐氏，陳澍滋妻周氏，成嘉猷妻朱氏，監生黃培村妻孫氏，李從龍妻潘氏，胥福泰妻曹氏，許文華妻沈氏，吳桂林妻徐氏，孫喬泰妻王氏，楊士妻榮氏，朱寶華妻孫氏，鄭廷可妻欒氏，嚴瑛妻王氏，孫崇燦妻徐氏，袁才如妻徐氏，樂西堂妻袁氏，袁盛元妻劉氏，唐登元妻朱氏，徐龍盛妻高氏，張鳴慶妻彭氏，陶光前妻朱氏，徐德顏妻張氏，張玉田妻王氏，胡蕙芳妻邵氏，車元彩妻姚氏，滕樸林妻姚氏，朱立朝妻馬氏，生員梁重勳繼妻王氏，梁兆蘭妻金氏，梁升妻龐氏，梁雙洞妻曹氏，梁嗣聰妻史氏，梁仙芝妻黃氏，徐定基妻朱氏，史景章妻徐氏，王裕高妻朱氏，滕芝林妻徐氏，許鳳飛妻朱氏，祁玉鑒妻趙氏，江作仁妻夏氏，朱熙妻伏氏，李起榮妻黃氏，劉峻德妻崔氏，管元音妻孫氏，顧泮池妻王氏，金兆魁妻商氏，沈步青妻薛氏，胥鎮遠妻談氏，郭念依妻葛氏，徐庭芳妻虞氏，王秉貴妻李氏，胡開峰妻樹氏，郭衡遂妻丁氏，夏三和妻沈氏，黃暢心妻徐氏，徐朝儒妻吳氏，夏善延妻吳氏，劉茂昌妻唐氏，王新妻殷氏，蕭振高妻吳氏，孫萬鳴妻唐氏，曹殿武妻劉氏，王桐林妻田氏，蔣國梁妻朱氏，郝步貴妻陳氏，方玉彩妻郁氏，周稔曾妻倪氏，張維山妻許氏，夏錦龍妻陳氏，周開運妻沈氏，李逢泰妻錢氏，胡良臣妻唐氏，

梁之琛妻祁氏，徐鑒妻吳氏，生員張洛成側室王氏，葛文殿妻喬氏，許鶴樓妻凌氏，楊桂才妻周氏，廖開元妻黃氏，黃鳳池妻徐氏，劉攀桂妻趙氏，陸涇舟妻吳氏，史金瑞妻王氏，徐中孚妻朱氏，沈祥妻姜氏，沈槐妻徐氏，祁咸成妻夏氏，祁歲成妻徐氏，許昌林妻沈氏，劉粹五妻江氏，石佩瑜妻許氏，盧杏春妻姜氏，盧長春妻劉氏，趙以咸妻許氏，馮輯瑞妻王氏，吳占鼇妻侯氏，孫湘妻李氏，朱書元妻顧氏，王長齡妻夏氏，陳映奎妻王氏，馬駿妻夏氏，張香妻姜氏，劉褆妻顧氏，劉步蟾妻鄭氏，朱由義妻徐氏，苗懷新妻宋氏，吳萬春妻王氏，倪榮路妻劉氏，孔興妻成氏，監生陳煥繼妻裴氏，吳采妻邵氏，王遂祥妻白氏，監生梁宜庭妻王氏，王其然妻何氏，陳錦元妻徐氏，沈芬芳妻張氏，單其芳妻陳氏，王喬林妻單氏，宋得甘妻季氏，顏佩田妻張氏，宋體三妻姜氏，潘富科妻王氏，宋慶元妻袁氏，侍永春妻孫氏，孫官妻卞氏，張日全妻黃氏，朱芳林妻邵氏，王長林妻趙氏，劉桂貞妻胡氏，谷汝欽妻姚氏，監生潘輯瑞妻王氏，劉長元妻邵氏，宋福昌妻丁氏，趙錦山妻李氏，韓作霖妻王氏，監生胡玉振妻陳氏，議敘八品胡玉清妻曹氏，顏宜華妻韓氏，曾永慶妻李氏，申兆魁妻孫氏，孫苞珍妻王氏，宋以功妻丁氏，宋國金妻徐氏，畢榮之妻張氏，李蓬妻劉氏，武生劉謙慶繼妻李氏，衛步青妻王氏，黃步階妻萬氏，武舉徐潤妻孫氏，喬金榜妻倪氏，張芝妻王氏，吳正南妻王氏，監生盧家妻張氏，吳樹堂妻李氏，孫京兆妻潘氏，解時中妻柏氏，武舉蔡寶華妻唐氏，趙魁元妻仲氏，張福成妻趙氏，張德成妻孫氏，李贊妻陶氏，韋志禮妻沙氏，王元臣妻姜氏，陳兆鑾妻盧氏，劉長發妻吳氏，施文治妻沈氏監生田長庚妻卞氏，王舒亭妻譚氏，毛繼美妻潘氏，吳家驤妻潘氏，陳時雨妻王氏，陸儒科妻徐氏，吳喬松妻朱氏，姚鳳楷妻卞氏，姚良柱妻陳氏，夏煒妻潘氏，熊友謙妻宋氏，馮咸泰妻迮氏，袁桂年妻劉氏，楊文高妻范氏，徐景雲妻王氏，仇文明妻張氏，程德揚妻謝氏，梁蕙蘭妻夏氏，嚴金和妻朱氏，范佩林妻徐氏，馮昌盛妻周氏，嚴泰林妻陳氏，孫長鳴妻張氏，張高齡妻楊氏，張慶元妻唐氏，韋揚休妻許氏，葛名之妻仇氏，蔣桂輪妻顧氏，王登元妻夏氏，史逢年妻張氏，卞英才妻徐氏，王仁才妻葛氏，袁名妻某氏，金潞之妻劉氏，趙哲莊妻朱氏，周制妻衡氏，史大有妻王氏，宋明浩妻邱氏，李殿青妻邱氏，吳正祿妻沈氏，金詒妻陶氏，朱冠律妻虞氏，丁松林妻石氏，陸祥興妻朱氏，朱名妻某氏，監生胡侶瑤妻盧氏，潘鳴謙妻張氏，翟玉田妻袁氏，張沆妻莊氏，劉相成妻郭氏，劉佩成妻王氏，楊仁山妻莊氏，戴棟妻顏氏，趙源岷妻陳氏，趙源崙妻宋氏，趙嘉猷妻王氏，沈洪春妻趙氏，

劉玉山妻趙氏，趙開先妻許氏，趙子尚繼妻陳氏，趙爾建繼妻潘氏，趙春谷妻成氏，趙訓妻王氏，趙恬熙妻楊氏，趙如祥妻陶氏，夏偉妻李氏，夏成仁妻張氏，夏維實妻顧氏，夏士彥妻王氏，夏維顯妻呂氏，黃丹書妻夏氏，曹履祥妻王氏，謝瑚妻包氏，潘振國妻王氏，謝誼褒妻張氏，沈雅軒妻汪氏，文生陸金品妻沈氏，王德安妻張氏，以上五百五十五人，同治三年旌。監生沈渚妻吳氏，董堯章妻祁氏，金秉高妻胡氏，唐懷德妻曾氏，黎九皋妻陸氏，監生陳師麟妻張氏，王謨妻吳氏，胥容度妻顏氏，張建亮妻顏氏，韋某妻王氏，子名秉忠。成辰陳繼妻王氏，陳方來妻高氏，馬貫文妻丁氏，姜鳴喈妻徐氏，文生沈國麟妻薛氏，唐文錦妻周氏，馬步衢妻成氏，王甫田妻帖氏，顏兆鰲妻張氏，徐穎登妻陳氏，程載坤妻申氏，彭盛妻李氏，鮑重新妻朱氏，樊希賢妻季氏，汪應臺妻吳氏，袁熊妻卞氏，王名妻某氏，吳廷標妻曹氏，彭連星妻陳氏，武生馬殿鑣，游長樂妻陳氏，李華山妻王氏，李培勳妻陳氏，王慶霖妻吳氏，季桂昌妻江氏，吳開峰妻樹氏，袁某妻徐氏，王高妻朱氏，孫振邦妻滕氏，生員廖春田妻吳氏，谷鳳儀妻陳氏，別林妻夏氏，孫日昌妻李氏，孫運昌妻喬氏，周樂奎妻徐氏，陸續厓妻楊氏，陳芝妻成氏，陳旭妻彭氏，彭國士妻戴氏，徐國安妻潘氏，殷錦雯妻應氏，以上五十一人，同治八年旌。陳聖霖妻司氏，朱廣福妻吳氏，卞芳春妻曹氏，宋承功妻顏氏，嚴良田妻仇氏，卞惢妻楊氏，仇世茂妻王氏，職員孫馨香妻胡氏，朱愛人妻周氏，劉華山妻陳氏，徐藍田妻張氏，胡良田妻汪氏，邱光惠妻李氏，盧金魁妻張氏，費耀宗妻王氏，潘俊德妻顏氏，陳彭年妻朱氏，楊萬如妻王氏，劉廷柏妻卞氏，劉士瑞妻祁氏，薛鳴翔妻李氏，胡應和妻陳氏，前有胡榮和妻陳氏，疑是一人。胡桂林妻曹氏，徐芝盛妻嚴氏，劉自榮妻吳氏，王國安妻楊氏，王勳臣妻張氏，王大元妻李氏，卞尊茂妻劉氏，許亮彩妻李氏，卞鳳鳴妻潘氏，蕭榮春妻程氏，夏世情妻張氏，夏昌妻朱氏，周鶴高妻吳氏，楊泰尚妻陳氏，沈燃妻薛氏，郝普慶妻朱氏，陳樂華妻卞氏，沈煒妻陳氏，趙鑠金妻朱氏，王寶華妻宋氏，周夏昌繼妻喬氏，袁桂林妻劉氏，吳喬年妻朱氏，沈友芳妻陳氏，周長發妾王氏，程洪德妻姜氏，徐榮華妻丁氏，羅士榮妻某氏，徐瑞廷妻李氏，以上五十一人，同治十一年旌。丁啟元妻胡氏，左又序妻姜氏，瞿士麟妻梁氏，吳鑒妻許氏，生員藍璥妻朱氏，徐秉剛妻蕭氏，金瑛妻沈氏，州同銜徐嘉穎妻沈氏，生員孫德成繼妻張氏，吳士枚妻薛氏，生員徐軾妻乘氏，顧輝山妻姜氏，梁篁妻郝氏，監生金傳妻陶氏，余俊芳妻梁氏，潘璣妻楊氏，姜有棟妻夏氏，馮濬妻許氏，劉詮妻倪氏，劉縉妻洪氏，許忠妻高氏，金階妻

張氏，金源廣妻朱氏，申寶魁妻瞿氏，于麗生妻趙氏，王晉琳妻陳氏，監生陸恒昌妻左氏，生員孫景賢妻戴氏，樊學義妻孫氏，夏克柔妻王氏，夏賜如妻劉氏，前有夏賜和妻劉氏，「如」字疑係「和」字之誤，一人誤分為二。夏令德妻許氏，監生夏方中妻王氏，劉起高妻周氏，白振采繼妻薛氏，黃維潘妻王氏，陳玉斝妻沈氏，王搢瑄妻倉氏，王行健妻鍾氏，王啟曾妻蔡氏，王士綸妻朱氏，瞿鳴昌妻金氏，瞿荊南妻胥氏，沈松林妻張氏，蔣東曉妻陸氏，蔣以德妻葛氏，生員金初妻張氏，監生顏四印妻張氏，王名妻孫氏，生員王秋臨妻孫氏，孫某妻某氏，庠生孫懷慶伯母。以上五十一人，旌年待考。自洪榮春妻金氏至此，皆見金汝霖《刊本》。解玉培妻應氏，吳寶儒妻陳氏，俞秉學妻葛氏，袁必有妻呂氏，袁茂學妻馬氏，黃安仁妻楊氏，胡童妻王氏，凌淮妻陳氏，孫映川妻劉氏，戴和寶妻陳氏，凌洪書妻沈氏，徐效良妻吳氏，王聯芳妻馮氏，宋懿春妻李氏，李湘妻茆氏，李時慶妻徐氏，許文華妻沈氏，楊聯魁妻吳氏，梁士興妻徐氏，劉雨亭妻王氏，高芬妻孫氏，姜福如妻徐氏，王佐廷妻瞿氏，監生黃城妻吳氏，江已昇妻張氏，衛秀妻楊氏，蔡新髮妻高氏，監生王湘山妻周氏，劉榮先妻祁氏，謝流芳妻俞氏，李厚營妻王氏，江東甫妻張氏，葛彭延妻丁氏，監生張永慶妻萬氏，朱開國妻王氏，蕭遇春妻朱氏，嚴中盛妻劉氏，孫廷桂妻周氏，從九銜鄭配廷妻董氏，張遐珍妻陳氏，左鑼妻鄭氏，黃鶴鳴妻王氏，唐谷妻孫氏，鍾正妻李氏，張大年妻王氏，許長年妻袁氏，生員夏如椿妻許氏，本城人，家貧，事姑至孝。朱長松妻楊氏，孔繁馭妻高氏，李春華妻葛氏，楊國傳妻徐氏，管延康妻王氏，張繼昌妻王氏，陳正崇妻王氏，卞福如妻郭氏，朱允謨妻趙氏，朱金昌妻蔣氏，朱向升妻倪氏，朱雲錦妻胡氏，劉清華妻李氏，柏金玉妻祁氏，陳瑾懷繼妻仇氏，韓匯之妻仇氏，李璠妻金氏，李汝懷妻徐氏，陳佩章妻黃氏，張步登妻姚氏，張步林妻朱氏，梁長祺妻張氏，夏文言妻張氏，姚繼桂妻喬氏，原籍南昌，事姑至孝。沈錦堂妻韋氏，楊鹿鳴妻孫氏，邱宗沂妻馬氏，職員孫迎祥妻徐氏，成如佑妻王氏，徐介福妻王氏，楊士祿妻陳氏，谷蔭幹妻楊氏，徐炳妻張氏，孔盛太妻孫氏，朱禮妻王氏，洪恒書妻黃氏，張培德妻厲氏，韋作夔妻王氏，李啟賢妻薛氏，職員蔡輿貞繼妻劉氏，王學堯妻孫氏，夏盈科妻顧氏，潘桂松繼妻熊氏，張志儒繼妻卞氏，姚鳳林妻商氏，監生程天保妻張氏，陳鼐髮妻柏氏，夏文泉妻張氏，孫鳳儀妻丁氏，樂連珠妻袁氏，曹惠名妻吉氏，吳元茂妻唐氏，陳郁文郁一作煜妻蕭氏，劉學元妻陸氏，周振泰妻孫氏，沈殺妻劉氏，邱宗深妻宋氏，邵廣豐妻朱氏，生員邵春山妻潘氏，劉嘉年妻王氏，生員李殿

華妻王氏，董士榮妻王氏，王安吉妻沈氏，優廩生金從衡妻張氏，殷步青妻顧氏，劉長林妻崔氏，孫鳳武妻黃氏，鄭香齡妻趙氏，王如琛妻夏氏，姚德和妻陳氏，路春陽妻許氏，張檀妻陳氏，徐科瀛妻王氏，劉在儒妻趙氏，謝功成妻曹氏，趙九鼎妻花氏，龔桂榮妻花氏，顧映西妻藍氏，丁長春妻孫氏，周廷璧妻王氏，張蔭棠妻徐氏，倪永齊妻伏氏，孟克亮妻李氏，蔡明慶妻唐氏，施迎春妻陳氏，黃桂林妻韓氏，徐復成妻朱氏，蕭上清妻張氏，金慶庚妻陸氏，呂青桂妻陳氏，范懷剛妻吳氏，馬鵬程妻劉氏，陳錫齡妻李氏，姜鳳樓妻宋氏，凌玉樓妻崔氏，秦開運妻許氏，宋以南妻羅氏，商廷樞妻王氏，趙文髮妻何氏，陳彥山妻王氏，鄧長林妻邵氏，季同春妻趙氏，黃元德妻程氏，徐岳樓妻王氏，唐開基妻蕭氏，鄧家奎妻方氏，生員夏以松妻馬氏，吳學禮妻魏氏，李彭泰妻黃氏，陳植齋妻陶氏，周於村妻王氏，周壬源妻林氏，顏任培妻俞氏，陳曰銘妻魏氏，王汝為妻高氏，朱玉鶯妻顏氏，傅萬康妻董氏，俞日元妻季氏，生員潘耀爽妻張氏，王彭齡妻張氏，呂發林妻姚氏，楊學文妻許氏，于天福妻陳氏，沈壽豐妻陸氏，呂若班妻徐氏，江天培妻巫氏，李鶴林妻吳氏，梁士義妻楊氏，周如年妻潘氏，梁星鼇妻孫氏，龐桂枝妻李氏，丁鳳國妻李氏，紀喬華妻葛氏，王愛蘭妻江氏，杜中和妻顧氏，張履同妻趙氏，黃茂林妻韓氏，唐振清妻潘氏，徐法年妻蔡氏，劉從謙妻伍氏，房榮太妻王氏，朱朝舉妻薛氏，吳天錫妻潘氏，郝嘉連妻孫氏，楊步庭妻王氏，康太廣妻陳氏，黃瑞梓妻程氏，蔣桂書妻許氏，蘇濟川妻楊氏，楊丹桂妻宋氏，金道之妻鄒氏，龍鳳山妻喻氏，薛福同妻王氏，丁容妻沈氏，梁大年妻高氏，黃錦堂妻顧氏，張明龍妻劉氏，杜金容妻戴氏，金，一作「景」。李潤生妻胡氏，李樹生妻張氏，梁瑞蘭妻桑氏，文生唐大觀妻劉氏，陳兆鶯妻何氏，祁連茹妻徐氏，杭安林妻左氏，監生程會英繼妻李氏，監生程以興妻唐氏，生員唐文鴻女。凌楷妻彭氏，蕭傑秀妻王氏，蕭廷標妻陳氏，劉震妻孟氏，張冠群妻顧氏，張存仁妻李氏，陸光天妻李氏，田腴為妻楊氏，吳榮松妻陸氏，董利川妻程氏，殷輝林妻朱氏，王佐鑒妻李氏，曹貞妻嚴氏，施復賢妻鄭氏，王玉昌妻高氏，陳步宸妻谷氏，鄭開全妻葛氏，吳崇才妻劉氏，陳九河妻劉氏，楊寶華妻凌氏，監生郝寶華繼妻馬氏，王寶成妻陸氏，嚴慶先妻柏氏，張岑妻梁氏，管壽德妻季氏，生員管心逸母。武生徐長瀛妻成氏，韓繼賢妻錢氏，孟廣樽妻嵇氏，荀廷瑞妻徐氏，陳禮門妻王氏，喬世林妻李氏，徐南山妻吳氏，庠生朱清杭妻孫氏，戴迎春妻韓氏，王美金妻仇氏，李榮旺妻柏氏，王敦厚妻葛氏，蘇吉士妻楊氏，孫邦懷繼妻林氏，馬壽林妻田氏，徐永臨

妻王氏，王步田妻朱氏，俞景龍妻韓氏，生員顧龍鑾妻郭氏，增生薛銛妾柳氏，夏沆妻薛氏，程鑒妻李氏，李榮池妻卞氏，李興泰妻張氏，劉長茂妻洪氏，生員孟體宜阜寧人妻陳氏，鹽城人，俫生陳道平女。孫志善妻張氏，從九品銜王文漢妻阮氏，童寶華妻馮氏，張松林妻彭氏，邵琴堂妻倪氏，孫嘉言妻成氏，武從先妻徐氏，馬鴻樓妻郁氏，陳如高妻邱氏，劉振金妻黃氏，伏桂川妻陳氏，凌振國妻顏氏，生員王香妻金氏，卞衡文妻李氏，孫大椿妻卞氏，王翰書妻俞氏，郭傳然妻柏氏，王民和妻朱氏，郭傳經妻祁氏，周長泰妻王氏，陳智妻孫氏，潘景仁妻卞氏，潘燕妻李氏，張寶元妻王氏，高德妻王氏，張啟賢妻祁氏，胡錦春妻施氏，汪懷玉妻劉氏，利瓦伊廉妻孫氏，曹步祥妻王氏，張芹妻于氏，朱壽亭妻周氏，王清和妻汪氏，沈廷梁妻趙氏，陳繼潘妻姚氏，蕭椿妻游氏，顧瑜妻陳氏，嚴秉鏞妻王氏，劉春元妻吳氏，生員卞躍衢妻陸氏，唐有虞妻吳氏，舉人林中芬妻趙氏，六合人，僑寓鹽城。張翠林妻薛氏，監生孫體仁妾姜氏，生員潘象玉妻彭氏，吳啟昆妻馮氏，鄭西瑤妻王氏，監生饒名之妻徐氏，楊國平妻鄭氏，倪學禮妻王氏，楊天福妻孫氏，戴永福妻林氏，王達衢妻陳氏，蔣中選妻劉氏，劉長久妻單氏，于應懷妻劉氏，王又春妻顏氏，生員姜觀生妻朱氏，李春陽妻陸氏，周富齡妻葛氏，仇長福妻丁氏，白蔭亭妻張氏，戚聯捷妻王氏，徐鴻廷妻李氏，梁濤妻劉氏，陸寶玉妻樂氏，俞春年妻周氏，梁夢蘭妻管氏，梁承茂妻荀氏，戴廷邦妻徐氏，王清和妻陳氏，杜天培妻房氏，唐鶴富妻單氏，胡錦章妻黃氏，姜安桂妻劉氏，李雙珠妻應氏，汪懿廉妻王氏，儲祥和妻劉氏，王義成妻曹氏，陳昌齡妻黃氏，陳孝義妻姜氏，孫傑妻蘇氏，蔣溯源妻凌氏，凌覺先妻韋氏，周銘妻徐氏，嚴寶全妻夏氏，劉懷元妻蔡氏，凌元妻倪氏，杜有和妻商氏，王繼椿妻吳氏，王雲鵬妻呂氏，楊承恩妻張氏，花天香妻耿氏，薛文泰妻陳氏，朱學書妻潘氏，吳金元妻高氏，陶鳳來妻邱氏，黃步雲妻熊氏，黃步高繼妻王氏，孫喬桂妻李氏，鄭彩元妻夏氏，高福元妻劉氏，程福和妻許氏，劉華章妻薛氏，劉燧章妻王氏，喬金梁妻芭氏，王瀾高妻朱氏，李貞吉妻蕭氏，周正霖妻昌氏，汪親臣妻喬氏，張莒妻耿氏，徐兆寬妻朱氏，謝尚瑚妻陳氏，王同德妻朱氏，程兆方妻阮氏，王泰齡妻周氏，董保田妻徐氏，王貫經妻李氏，姜保泰妻胥氏，陸珍妻吳氏，孫樅妻潘氏，呂德明妻劉氏，邵德成妻張氏，童保慶妻陳氏，夏士賢妻范氏，夏蘭玉妻姚氏，宋奇勳妻劉氏，潘如琢妻顧氏，張衡望妻王氏，徐仁壽妻夏氏，張兆蕙妻周氏，劉士燧妻祁氏，金國宣妻沈氏，林正立妻章氏，陳慶梧妻曾氏，雷樹棠妻林氏，陳長清妻李氏，

徐彥坡妻王氏，劉其玉妻郝氏，花繼盛妻許氏，蔡松魁妻黃氏，裴希賢妻朱氏，胡長明妻夏氏，許保昌妻嚴氏，楊邦彥妻陳氏，楊繼元妻嚴氏，費長松妻王氏，王廷友妻趙氏，殷桂林妻方氏，吳錦標妻徐氏，李榮東妻何氏，滕佑東妻張氏，陳如髮妻蔣氏，凌鳳樓妻崔氏，李進賢妻胡氏，楊賡章妻徐氏，張右芝妻崔氏，王德誠妻周氏，朱文國妻趙氏，陳仁麟妻蔡氏，蔡延壽妻李氏，嚴百福妻李氏，徐仁元妻夏氏，秦正友妻周氏，祁天麟妻朱氏，丁守成妻陳氏，蔣成中妻萬氏，潘得富妻夏氏，張寶華妻戴氏，周錕妻朱氏，以上四百三十八人，光緒十年旌。王連雲妻曹氏，光緒十三年旌。孫玉成妻楊氏，光緒十三年旌。文生應鬥躔妻王氏，文生成良弼妻王氏，胡錦璋妻黃氏，以上三人，光緒十四年旌。淦本和妻韓氏，胡朝聘妻徐氏，以上二人，光緒十五年旌。儒童楊瑞年妻吳氏，監生梁希曾妻吳氏，張禹甸妻孫氏，楊貢金妻邵氏，朱蟾桂妻項氏，曹仁頤妻朱氏，滕儒林妻吳氏，陳麗生妻田氏，以上八人，光緒十六年旌。附貢生姜需妻邵氏，光緒十七年旌。許麟珍妻孫氏，劉閒森妻王氏，許瑞麟妻王氏，許廷玉妻陳氏，許名立妻劉氏，六品封職朱品彝妻陳氏，尤紱妻潘氏，輔騰芳妻張氏，凌暹妻楊氏，徐漢文妻谷氏，唐以庚妻喬氏，陳步宏妻吳氏，凌懋誠妻張氏，倪開選妻陳氏，張秉之妻徐氏，徐彥彬妻姚氏，監生朱明義妻沈氏，黃廣源妻梁氏，沈東揚妻李氏，李晴庚妻裴氏，趙如貴妻樂氏，彭立賢妻陳氏，侍士領妻楊氏，侍德奎妻陸氏，侍崇齡妻袁氏，侍華齡妻徐氏，湯富雲妻王氏，馬登衢妻張氏，孫玉林妻陸氏倪耆年妻戴氏，倪德昌妻趙氏，倪萬成妻秦氏，何文齡妻王氏，馮席珍妻王氏，程上達妻胡氏，祁森如妻郭氏，許鍵妻陳氏，監生潘嘉禾妻張氏，監生卞桂蘭妻顧氏，宋大儒妻朱氏，徐振綱妻張氏，張德隆妻施氏，職員胡仲舫妾陳氏、周氏，袁寶謙妻祁氏，馮毓輝妻王氏，王宗舫妻郝氏，陶珣妻許氏，王瑞春妻李氏，王錫豐妻李氏，劉學賢妻唐氏，楊長餘妻任氏，楊喬廣妻李氏，沈桂昌妻李氏，紀德明妻徐氏，金雲妻劉氏，樹履泰妻吳氏，楊慶辰妻孫氏，徐廷謨妻李氏，劉廣成妻馮氏，附貢生趙開甲妻許氏，張沚妻陸氏，監生許少泉妻張氏，張為棟妻王氏，監生許樂群妻顧氏，監生許耀林妾沈氏，唐如山妻顏氏，夏志國妻顧氏，董保清妻王氏，職員瞿學詩妻姚氏，劉成元妻成氏，徐敦典妻劉氏，俞貴吉妻沈氏，王長樂妻張氏，徐輔世妻吳氏，楊啟南妻徐氏，楊景田妻卞氏，蘇渭川妻王氏，徐仰樓妻祁氏，王寶廷妻朱氏，李興田妻孫氏，王廷連妻趙氏，孫戊午妻丁氏，韋覲章妻陶氏，董步墀妻吳氏，唐加升妻徐氏，劉兆甲妻楊氏，劉元甲妻顧氏，朱玉侖妻陶氏，李文輝妻劉氏，祁雲貴妻唐氏，

葛正學妻蕭氏，卞祝三妻沈氏，徐樂英妻朱氏，俞明輝妻姜氏，俞豫豐妻徐氏，
戴岑樓妻嚴氏，陳玉田妻李氏，陳如俊妻劉氏，邢國治妻馬氏，金長春妻凌氏，
邵長春妻曾氏，劉永龍妻張氏，卞錫謨妻張氏，祁如春妻朱氏，嚴燮堂妻鄭氏，
武鳳臺妻朱氏，王增春妻單氏，孫保加妻徐氏，胥穩珠妻陳氏，孫杭妻俞氏，
徐樂順妻王氏，唐春齡妻董氏，職員吳艘妻陳氏，宋錦章妻胡氏，王芝和妻陳
氏，殷廷揚妻吳氏，陳金田妻吳氏，宋起山妻李氏，張盈餘妻宋氏，宋錦華妻
徐氏，吳道涵妻張氏，汪霖采妻吳氏，職員曹珣妻張氏，盧恒妻宋氏，潘長源
妻宋氏，趙汝喬妻王氏，李和庚妻姚氏，周鈞妻劉氏，郭傳烈妻苟氏，許起淮
妻張氏，鄧兆萬妻吳氏，鄧兆富妻梁氏，張一清妻蔣氏，顏桂森妻潘氏，監生
唐大純妻顧氏，監生王國生妻徐氏，儒童陳雄文妻李氏，匡芳田妻孫氏，王露
恩妻李氏，施桐和妻還氏，胥錫齡妻陳氏，管銅銘妻徐氏，文生王成繼妻江氏，
李康田妻徐氏，監生吉晏咸豐六年，晏以籌振積勞成疾而歿妻倪氏，史鑒堂妻吉氏，
儒童徐肇祺妻倪氏，儒童劉鍍妻沈氏，胥愛先妻胡氏，嚴鶴群妻葛氏，陳步德
妻朱氏，朱世慶妻萬氏，潘長仁妻楊氏，劉長松妻陳氏，湯漢雲妻袁氏，湯長
源妻崔氏，陳如騏妻李氏，薛臻妻藍氏，熊占熙妻卜氏，黃學培妻管氏，薛恒
元妻王氏，儒童金雨亭妻凌氏，儒童馬學恒妻繆氏，薛遐齡妻孫氏，王學書妻
薛氏，增生徐朝乾妾李氏，陳溱妻朱氏，吉鶴瑞妻孫氏，李全讓妻徐氏，孫禮
門妻劉氏，沈元芝妻張氏，監生宋志謙妻陶氏，李福堂妻劉氏，姚文田妻何氏，
陳茂森妻鄭氏，薛文齡妻傅氏，郭西瑤妻王氏，程萬湘妻楊氏，何廷萃妻盧氏，
趙文珠妻許氏，許嘉穀妻姜氏，周萬如妻吳氏，監生趙坤厚妻楊氏，監生姜作
羹妻趙氏，陳運妻張氏，倪鳳鳴妻郝氏，蔡鳴芹妻唐氏，儒童吳錦奎妻成氏，
孫以雅妻張氏，王席儒妻陳氏，吳兆鳳妻張氏，王龍慶妻萬氏，陳春雨妻蔣氏，
唐儒珍妻朱氏，例貢陳江妻朱氏，陳齊岳妻王氏，陳步池妻王氏，馬君勖妻王
氏，陶萬源妻苗氏，魯喜妻傅氏，陶廣滿妻周氏，陶象賢妻吉氏，陶鳴鴻妻朱
氏，徐鳳桐妻陶氏，蔣鳳仁妻徐氏，金帶圍妻鮑氏，夏國昌妻尹氏，陳繼源妻
陸氏，沈雁書妻程氏，唐志道妻王氏，徐桂榮妻黃氏，王占元妻張氏，陸春元
妻厲氏，吳學成妻袁氏，陳金柅妻徐氏，尹問頻妻耿氏，耿懷忠妻李氏，武保
髮妻丁氏，陳開印妻李氏，董殿元妻楊氏，唐維新妻王氏，孫汝元妻趙氏，孫
義和妻夏氏，范起雲妻紀氏，董錫爵妻劉氏，李同妻張氏，武寶鸞妻賈氏，王
迎來妻汲氏，徐連杭妻方氏，徐瑞蘭繼妻張氏，監生陳竹樓妻仇氏，監生蔡維
賢妻陳氏，李瑞昭妻陳氏，茆春元妻劉氏，孫長發妻劉氏，楊開元妻嚴氏，儒

童洪濟川妻周氏，李連科妻季氏，沈連元妻管氏，郭晏妻蕭氏，楊爽之妻王氏，李蓮芳妻季氏，高丹蛟妻魏氏，以上二百四十六人，光緒十八年，由縣匯詳請旌。自解玉培妻應氏至此，見《縣冊》。梁芝妻朱氏，道光十五年旌。彭孝時妻李氏，生員彭燴奎祖母，道光二十二年旌。孫鳳鳴妻張氏，同治四年旌，坊在高作。曹純妻沈氏，有坊在新興場串場河東。彭有興妻王氏，道光中旌。左士滂妻裴氏，由淮局匯旌。蔣清妻周氏，施棺槨，置義冢數畝。姚丹竹妻謝氏，夏真和妻沈氏，性儉好施，施田九畝，入東夏莊文昌宮。潘振江妻錢氏，廩生徐文高妻胡氏，郝步渭妻王氏，紀鶴年妻張氏，監生李鳴岐妻劉氏，監生仇晏妻董氏，徐雨香妻成氏，樊谷棟妻李氏，沈松年妻陸氏，吳家盛妻王氏，羅克讓妻杭氏，李有年妻高氏，顏俊秀妻朱氏，封寶馳妻馮氏，陳效良妻楊氏，劉步周妻陳氏，朱學元妻薛氏，李蘭森妻胡氏，以上二十四人，旌年待考。裔世爵妻張氏，裔世祥妻蔣氏，裔祚遠繼妻孫氏，朱孝思妻張氏，孫新福妻王氏，樊學義妻孫氏，朱漢章妻陳氏，董四維妻祁氏，李德甫妻朱氏，曹居恭妻范氏，曹萬飛妻周氏，卞宗聖妻陳氏，夏又思妻呂氏，徐沛疆妻凌氏，呂必弁妻潘氏，姚成伍妻丁氏，王于襄妻卞氏，生員卞佩綬妻徐氏，監生戴承恩妻李氏，呂燦文妻唐氏，吳秉常妻袁氏，黃奕珍妻畢氏，王儼妻郭氏，孫新暉妻薛氏，商兼章妻高氏，殷芝妻周氏，郭開基妻袁氏，乘時巽繼妻陳氏，侍待彬妻孫氏，商鉞妻卞氏，生員孫雲書妻薛氏，陳占魁妻成氏，孫冠英妻袁氏，監生朱正鈺妻曹氏，戴中祺妻陳氏，胡振遠妻楊氏，吳慕坤妻郝氏，熊達五妻楊氏，滕玗妻李氏，李士能妻王氏，孫思孟妻吉氏，陳汝為妻王氏，孫竹友妻林氏，李鵬九妻陳氏，顧子選妻陳氏，韓灼明妻趙氏，沈希柯妻廖氏，許兼成妻夏氏，陸三貴妻滕氏，郭臨妻袁氏，劉永安妻倪氏，成令聞妻嚴氏，姚成方妻成氏，金聖修妻武氏，許士培妻周氏，李實安妻蕭氏，陳湘妻彭氏，張龍妻郭氏，吳履昌妻嵇氏，沈光遠妻周氏，楊憶妻李氏，沈同衡妻吳氏，朱崟妻倉氏，藍佩蘭妻董氏，卞以達妻許氏，朱漢英妻李氏，楊赴喜妻凌氏，羅安國妻薛氏，監生王位公妾葛氏，蕭壽民妻梁氏，阮琳妻符氏，孫玉麟妻石氏，陳有諒妻張氏，陳彤甫妻吳氏，生員彭濟時妻薛氏，瞿鴻昌妻金氏，楊培妻夏氏，周順陽妻吳氏，顧寅妻王氏，陳方伯妻曹氏，監生吳之漢妾鄭氏，庚堯年妻黃氏，李建安妻夏氏，蔡成信妻鄭氏，許爽妻徐氏，朱文奎妻孫氏，李柯妻凌氏，唐錫純妻朱氏，單希皋妻陸氏，張昱繼妻熊氏，陸為煥妻徐氏，陳惠南妻邵氏，張鍾順妻夏氏，姚豹文妻高氏，張芳陸妻朱氏，郭希泰妻俞氏，王敦禮妻袁氏，紀可事妻徐氏，監生孫邦柱妻馮氏，朱輝彩妻吳氏，孫德良妻

陳氏，潘殿安妻蘇氏，監生馮順昌妻李氏，鍾顯良妻范氏，姚熙妻蔣氏，郭典夔妻夏氏，郭燕緒妻郝氏，郭孝伯妻邵氏，郭振萬妻徐氏，郭壽愷妻卞氏，郭崇妻劉氏，徐檀妻許氏，生員祁玉相妻徐氏，生員李致和妻成氏，張銘妻吳氏，監生曹鑒妻周氏，沈晟妻曹氏，王正煥妻戴氏，劉某妻張氏，潮通港人。蕭占鳴妻谷氏，陸文科妻周氏，施文進妻倪氏，孫長發妻董氏，倪采霖妻金氏，吉承顯妻虞氏，劉濬妻張氏，吳天壽妻顧氏，朱桐妻孫氏，倪若愚妻沈氏，倪碩仁妻丁氏，吉保智妻王氏，吉鎮東妻王氏，倪高山妻董氏，袁永年妻沈氏，孫充妻潘氏，前有孫樅妻潘氏，「樅」與「充」音近易淆，疑是一人。武舉祁以桂妻崔氏，廖宜之妻邵氏，徐瑞圖妻許氏，徐學禮妻周氏，生員許覲光妻蕭氏，蔣清繼妻卞氏，蔡馥蘭妻顧氏，王青蓮妻朱氏，王成儒妻胥氏，邱有國妻洪氏，趙長貴妻王氏，張文秀妻朱氏，李松林妻沈氏，秦步魁妻周氏，監生張裕光妻姜氏，左沚香妻張氏，生員左萬姜母。陳書林妻徐氏，宋福榮妻姚氏，一本作王氏。劉掄元妻朱氏，苟芳妻周氏，馬丙生妻陳氏，胥如苞妻祁氏，胥康祥妻陳氏，徐昭然妻劉氏，孫韻洪妻周氏，李希成妻沈氏，陳莢生妻趙氏，吳爾郡妻金氏，朱培新妻傅氏，曾以得妻徐氏，曾攻玉妻陳氏，夏乾妻伏氏，夏露華妻崔氏，馬德俊妻李氏，夏心田妻李氏，舉人李建寅妹。郝長華妻馬氏，湯金華妻袁氏，湯某妻王氏，郝楚珩妻馬氏，監生李晴庭妻裴氏，州同銜王如岡妻祁氏，沈桂元妻劉氏，許煥章妻裔氏，姜隆妻謝氏，姜文淵妻張氏，季思齊妻孫氏，苟益芳妻王氏，張純余妻丁氏，張勤余妻徐氏，張學余妻劉氏，吳爾襄妻徐氏，顧喬松妻成氏，成軼群妻陳氏，陳倬妻曹氏，凌建隆妻王氏，王瑩年妻趙氏，馬振武妻周氏，蘇乃玉妻周氏王天和妻郭氏，孫家驥妻陳氏，生員應魁躔妻唐氏，夏守蓮妻張氏，任有成妻邢氏，姜榆妻蔡氏，監生唐樹勖妻朱氏，劉某妻陸氏，王國符妻張氏，仇九仁妻陸氏，朱孝思妻張氏，呂懷仁妻錢氏，孫汝為妻某氏，吳獻桃妻鄭氏，陳福祥妻黃氏，生員吳應元妻孫氏，監生呂乙妻朱氏，監生呂第妻吳氏，周鶴田妻左氏，呂瑤妻唐氏，呂金同妻高氏，周謙妻潘氏，劉某妻沈氏，監生韋敬麻繼妻胥氏，顧必閎繼妻孫氏，成如壽妻劉氏，姚佑天妻楊氏，王瓚妻曹氏，王善揚妻柏氏，郝景舒妻馬氏，周遐芬妻陳氏，施濟霖妻徐氏，姚履平妻蔣氏，孫才林妻金氏，周盛林妻謝氏，陳金珩妻尹氏，徐景春妻陳氏，徐宗勳妻王氏，貢生王曔孫女。監生王琛妻秦氏，支瑞林妻李氏，林鶴泰妻趙氏，藍芹妻談氏，唐立修妻韓氏，李瑞玉妻沈氏，王汝敏妻徐氏，商延祚妻紀氏，賈儒衡妻鄭氏，顧孫謨妻江氏，劉宣妻熊氏，高步衢妻夏氏，胡旭蘭妻陳氏，

徐嘉德妻趙氏，周步儒繼妻吳氏，宋真傳妻嚴氏，陳步程妻谷氏，袁文來妻朱氏，陳渭川妻孫氏，李泰來妻薛氏，李調如妻周氏，李北山妻王氏，吳文煒妻張氏，副貢張乙東妹，生員吳士彬母。季留田妻謝氏，王汝霖妻陳氏，王龍殿妻金氏，王名卿妻李氏，王轅妻李氏，王元相妻汪氏，監生金殿梁妻王氏，仇廷熙妻王氏，王宜運妻朱氏，陳寶蕃妻邱氏，崔永祥妻曾氏，朱明義妻沈氏，馮彩章妻王氏，楊光溶妻孫氏，孫韻原妻葛氏，夏仁元妻俞氏，孟廣寬妻司氏，孟昭舉妻徐氏，儒童曹定邦妻陳氏，陳有松妻周氏，李瑞年妻仲氏，孫桂春妻劉氏，楊宏業妻張氏，俞慶豐妻劉氏，周維翰妻談氏，仇煥彩妻凌氏，朱益寶妻姜氏，朱益三妻嚴氏，朱金和妻江氏，武生蔣永樓繼妻王氏，周茂昌妻徐氏，潘長貴妻孟氏，趙培初妻周氏，文童戴蘭芯妻陳氏姚青春妻王氏，文童王瑩妻趙氏，沈群芳妻趙氏，文童王繡夫妻吳氏，李長裕妻朱氏，孫玉芝妻李氏，徐延齡妻陳氏，徐薰妻王氏，孫椿妻沈氏，孫皋妻張氏，徐朗妻王氏，郡庠生李惟金妻陳氏，監生陳蔭森妻吉氏，陳炳春妻趙氏，虞寶存妻陶氏，夏都成妻陳氏，高蓉峰妻鄭氏，潘文煥妻龔氏，安東人，寄居上岡鎮。潘書峰妻蘇氏，郝鳴春妻畢氏，王肇淮妻姚氏，職員薛友蘭側室王氏，呂玉仙妻孫氏，胥錫齡妻陳氏，姜河瑞妻張氏，董三鳳妻吳氏，張一清妻蔣氏，趙赤金妻王氏，年二十七，夫歿，就食母家。父母欲奪其志，陰許字它姓，迎娶時始覺之，截髮自誓，號踊求死，舅姑聞之迎歸始免。縫紉糊口，克盡孝道，現年五十餘。蘇乃朗妻梁氏，年二十一，夫歿，翁姑強嫁之，梁矢死不從，傭於尼庵，備歷辛苦，年至三十九而卒。程兆芳妻王氏，程兆貴妻阮氏，張學元妻孔氏，嚴乃江妻符氏，監生王實全妻徐氏，宋某妻何氏，許嘉穀妻應氏，夏步衢妻韓氏，陳蘭谷妻呂氏，蕭輔堂妻丁氏，以上三百八十八人，存歿不盡可考，皆應旌而未旌者。又有趙彩林妻呂氏，祁以占妻呂氏，范開勳妻孫氏，徐鴻樓妻潘氏，蘭海清妻杜氏，蕭贊清妻王氏，蕭揚清妻蘇氏，趙芳林妻呂氏，徐彩元妻嚴氏，皆年逾三十而寡，守節清苦，雖例不請旌而其人有不可沒者，附錄於此。以上節婦。

補遺

邱宗津聘妻張氏，貞女。監生孫德良妻陳氏，陸步雲妻劉氏，蕭蘭芬妻王氏，孫如林妻同氏，吳從正妻武氏，宋渭妻何氏，張高妻郭氏，夏某妻徐氏，以上節婦。顏仁妻左氏。

鹽城縣志・卷十五・藝文志上

湖澥孕奇，睢渙同文。竺生孔璋，融粲為群。記室以來，儷儷彬彬。集英略蕪，匪舊時循。作藝文志第九。

文一

為袁紹檄豫州　陳琳

左將軍領豫州刺史郡國相守：蓋聞明主圖危以制變，忠臣慮難以立權。是以有非常之人，然後有非常之事；有非常之事，然後立非常之功。夫非常者，故非常人所擬也。曩者強秦弱主，趙高執柄，專制朝權，威福由己。時人迫脅，莫敢正言。終有望夷之敗，祖宗焚滅，污辱至今，永為世鑒。及臻呂后季年，產、祿專政，內兼二軍，外統梁、趙；擅斷萬機，決事省禁；下凌上替，海內寒心。於是絳侯、朱虛興兵奮怒，誅夷逆暴，尊立太宗，故能王道興隆，光明顯融，此則大臣立權之明表也。

司空曹操，祖父中常侍騰，與左悺、徐璜並作妖孽，饕餮放橫，傷化虐民；父嵩，乞丐攜養，因贓假位，輿金輦璧，輸貨權門，竊盜鼎司，傾覆重器。操贅閹遺醜，本無懿德，慓狡鋒協，《魏氏春秋》及《後漢書・袁紹傳》作「鋒俠」。按：鋒，銳也。俠，輕也。作「俠」於義為長。好亂樂禍。幕府董統鷹揚，《魏氏春秋》：「董」作「昔」。掃除凶逆。續遇董卓，侵官暴國。於是提劍揮鼓，發命東夏，收羅英雄，棄瑕取用；故遂與操同諮合謀，授以裨師，謂其鷹犬之才，爪牙可任。至乃愚佻短略，輕進易退，傷夷折衄，數喪師徒；幕府輒復分兵命銳，修完補輯，表行東郡，領兗州刺史〔註1〕，冀獲秦師一克之報。而操遂承資跋

〔註1〕「刺史」後脫「被以虎文，獎蹙威柄」。

扈,肆行凶忒,割剝元元,殘賢害善。故九江太守邊讓,英才俊偉,天下知名;直言正色,論不阿諂;身首被梟懸之誅,妻孥受灰滅之咎。自是士林憤痛,民怨彌重;一夫奮臂,舉州同聲。故躬破於徐方,地奪於呂布;彷徨東裔,踏據無所。幕府惟強幹弱枝之義,且不登叛人之黨。故復援旌擐甲,席卷起征,金鼓響振,布眾奔沮;拯其死亡之患,復其方伯之位,則幕府無德於兗土之民,而有大造於操也。後會鑾駕反旆,群虜寇攻。時冀州方有北鄙之警,匪遑離局;故使從事中郎徐勳,就發遣操,使繕修郊廟,翊衛幼主。操便放志:專行脅遷,當御省禁;卑侮王室,敗法亂紀;坐領三臺,專制朝政;爵賞由心,刑戮在口;所愛光五宗,所惡滅三族;群談者受顯誅,腹議者蒙隱戮;百僚鉗口,道路以目;尚書記朝會,公卿充員品而已。故太尉楊彪,典歷二司,享國極位。操因緣眥睚,被以非罪;榜楚參並,五毒備至;觸情任忒,不顧憲綱。又議郎趙彥,忠諫直言,義有可納,是以聖朝含聽,改容加飾。操欲迷奪時明,杜絕言路,擅收立殺,不俟報聞。又梁孝王,先帝母昆,墳陵尊顯;桑梓松柏,猶宜肅恭。而操帥將吏士,親臨發掘,破棺裸尸,掠取金寶。至今聖朝流涕,士民傷懷!

操又特置發邱中郎將、摸金校尉,所過隳突,無骸不露。身處三公之位,而行桀虜之態,污國虐民,毒施人鬼。加其細政苛慘,科防互設;罾繳充蹊,坑阱塞路;舉手掛網羅,動足觸機陷。是以兗、豫有無聊之民,帝都有吁嗟之怨。歷觀載籍,無道之臣,貪殘酷烈,於操為甚!

幕府方詰外奸,未及整訓;加緒含容,冀可彌縫。而操豺狼野心,潛包禍謀,乃欲摧撓棟樑,孤弱漢室,除滅忠正,專為梟雄。往者伐鼓北征公孫瓚,強寇桀逆,拒圍一年。操因其未破,陰交書命,外助王師,內相掩襲。故引兵造河,方舟北濟。會其行人發露,瓚亦梟夷,故使鋒芒挫縮,厥圖不果。爾乃大軍過蕩西山,屠各、左校皆束手奉質,爭為前登,犬羊殘醜,消淪山谷。於是操師震慴,晨夜逋遁,屯據敖倉,阻河為固,欲以螳螂之斧,《袁本》作「蟷」,《茶陵本》作「螗」,《魏氏春秋》、《後漢書》皆作「螳」是也。御隆車之隧。幕府奉漢威靈,折衝宇宙;長戟百萬,胡騎千群;奮中黃、育、獲之士,騁良弓勁弩之勢;并州越太行,青州涉濟、漯;大軍泛黃河而角其前〔註2〕,荊州下宛葉而掎其後:雷震虎步,並集虜庭,若舉炎火以焫飛蓬,覆滄海以沃熛炭,有何不滅者哉?又操軍吏士,其可戰者,皆出自幽、冀,或故營部曲,咸怨曠思歸,流涕

〔註2〕 「泛」,原為「汎」。

北顧。其餘兗、豫之民，及呂布、張楊之餘眾，覆亡迫脅，權時苟從；各被創夷，人為讎敵。若回旆方徂，登高岡而擊鼓吹，揚素揮以啟降路，必土崩瓦解，不俟血刃。方今漢室陵遲，綱維弛絕；聖朝無一介之輔，股肱無折衝之勢。方畿之內，簡練之臣，皆垂頭搨翼，莫所憑恃；雖有忠義之佐，脅於暴虐之臣，焉能展其節？

又操持部曲精兵七百，圍守宮闕，外託宿衛，內實拘執。懼其篡逆之萌，因斯而作。此乃忠臣肝腦塗地之秋，烈士立功之會，可不勗哉！操又矯命稱制，遣使發兵。恐邊遠州郡，過聽而給與〔註3〕，強寇弱主，違眾旅叛，舉以喪名，為天下笑，則明哲不取也。即日幽、并、青、冀四州並進。書到荊州，便勒見兵，與建忠將軍協同聲勢。州郡各整戎馬，羅落境界，舉師揚威，並匡社稷，則非常之功於是乎著。其得操首者，封五千戶侯，賞錢五千萬。部曲偏裨將校諸吏降者，勿有所問。廣宣恩信，班揚符賞，布告天下，咸使知聖朝有拘逼之難。如律令！文見《後漢書・袁紹傳》，又見《〈魏志・袁紹傳〉注》引《魏氏春秋》，均有刪節，今據《文選》本錄入。

檄吳將校部　陳琳

年月朔日子，尚書令或告江東諸將校部曲及孫權宗親中外：蓋聞禍福無門，惟人所召。夫見機而作，不處凶危，上聖之明也。臨事制變，困而能通，智者之慮也。漸漬荒沈，往而不反，下愚之蔽也。是以大雅君子於安思危，以遠咎悔；小人臨禍懷佚，以待死亡。二者之量，不亦殊乎！孫權小子，未辨菽麥，要領不足以膏齊斧，名字不足以汙簡墨。譬猶鷇卵，始生翰毛，而便陸梁放肆，顧行吠主。謂為舟楫足以距皇威，江湖可以逃靈誅，不知天網設張，以在網目；爨鑊之魚，期於消爛也。若使水而可恃，則洞庭無三苗之墟，子陽無荊門之敗，朝鮮之壘不刊，南越之旌不拔。昔夫差承闔閭之遠跡，用申胥之訓兵，棲越會稽，可謂強矣。及其抗衡上國，與晉爭長，都城屠於句踐，武卒散於黃池，終於覆滅，身罄越軍。及吳王濞驕恣屈強，猖猾始亂，自以兵強國富，勢陵京城。太尉帥師，甫下滎陽，則七國之軍，瓦解冰泮，濞之罵言未絕於口，而丹徒之刃已陷其胸。何則？天威不可當，而悖逆之罪重也。

且江湖之眾，不可恃也。自董卓作亂，以迄于今，將三十載。其間豪傑縱橫，熊據虎跱，強如二袁，勇如呂布，跨州連郡，有威有名，十有餘輩。其餘鋒捍特起，鷹視狼顧，爭為梟雄者，不可勝數。然皆伏鈇嬰鉞，首腰分離，雲

〔註3〕「過聽而給與」，或為「過聽給與」。

散原燎，罔有孑遺。近者關中諸將，復相合聚，續為叛亂，阻二華，據河渭，驅率羌胡，齊鋒東向，氣高志遠，似若無敵。丞相秉鉞鷹揚，順風烈火，元戎啟行，未鼓而破。伏屍千萬，流血漂櫓，此皆天下所共知也。是後大軍所以臨江而不濟者，以韓約、馬超逋逸逬脫，走還涼州，復欲鳴吠。逆賊宋建，僭號河首，同惡相救，並為脣齒。又鎮南將軍張魯，負固不恭。皆我王誅所當先加。故且觀兵旋旆，復整六師，長驅西征，致天下誅。偏將涉隴，則建約梟夷，旍首萬里〔註4〕；軍入散關，則群氐率服，王侯豪帥，奔走前驅。進臨漢中，則陽平不守，十萬之師，土崩魚爛，張魯逋竄，走入巴中，懷恩悔過，委質還降；巴夷王樸胡，賨邑侯杜濩，各帥種落，共舉巴郡，以奉王職。鉦鼓一動，二方俱定，利盡西海，兵不鈍鋒。若此之事，皆上天威明，社稷神武，非徒人力所能立也。

聖朝寬仁覆載，允信允文，大啟爵命，以示四方。魯及胡濩，皆享萬戶之封，魯之五子各受千室之邑，胡濩子弟部曲將校為列侯，將軍已下千有餘人。百姓安堵，四民反業。而建約之屬，皆為鯨鯢；超之妻孥，焚首金城，父母嬰孩，覆屍許市。非國家鍾禍於彼，降福於此也，逆順之分，不得不然。夫鷙鳥之擊先高，攫鷙之勢也；牧野之威，孟津之退也。今者枳棘翦扦，戎夏以清，萬里肅齊，六師無事。故大舉天師百萬之眾，與匈奴南單于呼完廚及六郡烏桓丁令屠各，湟中羌樊，霆奮席卷，自壽春而南。又使征西將軍夏侯淵等，率精甲五萬，及武都氐羌，巴漢銳卒，南臨汶江，隘據庸蜀。江夏襄陽諸軍，橫截湘沅，以臨豫章，樓船橫海之師，直指吳會。萬里克期，五道併入，權之期命，於是至矣。

丞相銜奉國威，為民除害，元惡大憝，必當梟夷。至於枝附葉從，皆非詔書所特禽疾。故每破滅強敵，未嘗不務在先降後誅，拔將取才，各盡其用。是以立功之士，莫不翹足引領，望風響應。昔袁術僭逆，王誅將加，則廬江太守劉勳，先舉其郡，還歸國家。呂布作亂，師臨下邳，張遼侯成，率眾出降，還討睢固，薛洪、繆尚，開城就化。官渡之役，則張郃、高奐舉事立功。後討袁尚，則都督將軍馬延、故豫州刺史陰夔、射聲校尉郭昭臨陣來降。圍守鄴城，則將軍蘇遊反為內應，審配兄子，開門入兵。既誅袁譚，則幽州大將焦觸攻逐袁熙，舉事來服。凡此之輩數百人，皆忠壯果烈，有智有仁，悉與丞相參圖畫策，折衝討難，芟敵搴旗，靜安海內，豈輕舉措也哉！誠乃天啟其心，計

〔註4〕「旍」為「旌」的訛字。

深慮遠，審邪正之津，明可否之分，勇不虛死，節不苟立，屈伸變化，唯道所存，故乃建丘山之功，享不訾之祿〔註5〕，朝為仇虜，夕為上將，所謂臨難知變，轉禍為福者也。若夫說誘甘言，懷寶小惠，泥滯苟且，沒而不覺，隨波漂流，與熛俱滅者，亦甚眾多。吉凶得失，豈不哀哉！昔歲軍在漢中，東西懸隔，合肥遺守，不滿五千，權親以數萬之眾，破敗奔走，今乃欲當御雷霆，難以冀矣。

夫天道助順，人道助信，事上之謂義，親親之謂仁。盛孝章，君也，而權誅之。孫輔，兄也，而權殺之。賊義殘仁，莫斯為甚。乃神靈之逋罪，下民所同讎。辜讎之人，謂之凶賊。是故伊摯去夏，不為傷德；飛廉死紂，不可謂賢。何者？去就之道，各有宜也。丞相深惟江東舊德名臣，多在載籍。近魏叔英秀出高峙，著名海內；虞文繡砥礪清節，耽學好古；周泰明當世俊彥，德行修明。皆宜膺受多福，保乂子孫。而周盛門戶，無辜被戮，遺類流離，湮沒林莽，言之可為愴然，聞魏周榮、虞仲翔各紹堂構，能負析薪。及吳諸顧、陸舊族長者，世有高位，當報漢德，顯祖揚名。及諸將校，孫權婚親，皆我國家良寶利器，而並見驅迮，雨絕於天，有斧無柯，何以自濟？相隨顛沒，不亦哀乎！蓋鳳鳴高岡以遠尉羅，賢聖之德也。鶹鳩之鳥，巢於葦苕，苕折子破，下愚之惑也。今江東之地，無異葦苕，諸賢處之，信亦危矣。聖朝開弘曠蕩，重惜民命，誅在一人，與眾無忌，故設非常之賞，以待非常之功。乃霸夫烈士奮命之良時也，可不勉乎！若能翻然大舉，建立元勳，以應顯祿，福之上也。如其未能，笮量大小，以存易亡，亦其次也。夫繫蹄在足，則猛虎絕其蹯；蝮蛇在手，則壯士斷其節。何則？以其所全者重，以其所棄者輕。若乃樂禍懷寧，迷而忘復，闇大雅之所保，背先賢之去就，忽朝陽之安，甘折苕之末，日忘一日，以至覆沒，大兵一放，玉石俱碎，雖欲救之，亦無及已。故令往購募爵賞，科條如左。檄到，詳思至言。如詔律令！

應譏楊《志》作《應譏論》，今從《淮安藝文志》。　　**陳琳**

客有譏餘者云：「聞君子動作周旋，無所苟而已矣。今主君鍾陰陽之美，總賢聖之風，固非世人所能及。遭豺狼肆虐，社稷隕傾，既不能抗節服義與主存亡，而背枉違難，耀茲武功，徒獨震撲出東，剗落元元，結疑本朝，假拒群奸，楊《志》作「假據權奸」。使已蒙噂沓之謗，而他人受討賊之勳，捐功棄力，

〔註5〕「訾」，或為「貲」。

楊《志》作「捐」,《藝文志》作「損」,非是。以德取怨。今賤文德而貴武勇,任權譎而背舊章,無乃非至德之純美,而有闕於後人哉?」主人曰:「是何言也?夫兵之設亦久矣,所以威不軌而懲淫慝也。夫申鳴違父,樂羊食子,季友鴆兄,周公戮弟,猶忍而行之,王事所不得已也。而況將避讒慝之嫌,棄社稷之難,愛暫勞之民,忘永康之樂。此庸夫猶所不為,何有冠世之士哉!昔洪水滔天,泛濫中國,伯禹躬之,過門而不入,率萬方之民,致力乎溝洫,及至《簫詔》九成,百獸率舞,垂拱無為,而天下晏如。夫豈前好勤而後媮樂乎?蓋以彼勞求斯逸也。夫世治責人以禮,世亂則考人以功,斯各一時之宜。故有論戰陣之權於清廟之上者,楊《志》作「上」,《藝文志》作「堂」。則狂矣;陳俎豆之器於城濮之墟者,則悖矣。是以達人君子必相時以立功,必揆宜以處事。孝靈既喪,妖官放禍,楊《志》作「妖」,《藝文志》作「妎」。棟臣殘酷,宮室焚火,主君乃芟凶族,夷惡醜,蕩滌朝奸,清澄守職也。既乃卓為封蛇,幽鴆帝后,強以暴國,非力所討,違而去之,宜也。是故天贊人和,無思不至,用能合師百萬,若運諸掌者,義也。今主君以寬弘為宇,仁義為廬,若地之載,如天之燾,故當其聞管籥之聲,則恐民之病也;見羽毛之美,則懼士之勞也;察稼穡之不時,則推民之匱也;臨臺觀之崇高,則恤役之病也。是以虛心恭已,取人之謨,闢四門,廣諫路,貴讜言,賤功偽,慮不專行,功不擅美,諮事若不及,求愆恐不聞,用能使賢智者盡其策,勇敢者竭其身,故舉無遺聞,楊《志》作「聞」,《藝文志》作「闕」。而風烈宿宣也。《藝文類聚·人部嘲戲》引此文。《文選·王元長〈三月三曲水詩序注〉》引陳琳《應譏》曰:「治刃銷鋒,偃武行德」,《類聚》無此二句。

答東阿王箋　陳琳

琳死罪死罪。昨加恩辱命,並示龜賦,沈《志》「賦」誤「箋」。披覽粲然。君侯體高世之才,秉青萍干將之器,指鐘無聲,應機立斷。此乃天然異稟,非鑽仰者所庶幾也。音義既遠,清辭妙句,焱絕煥炳,《匯古菁華》「焱」誤「燄」,「焱」音「標」。譬猶飛兔流星,超山越海,龍驥所不敢追。況於駑馬,可得齊足?夫聽白雪之音,觀綠水之節,然後東野巴人,蚩鄙益著,載歡載笑,欲罷不能。謹韞櫝玩耽,以為吟頌。琳死罪死罪。

景炎皇帝遺詔　陸秀夫

朕以沖幼之資,當艱危之會。方太皇命之南服,黽勉於行;及三宮胥而北遷,悲憂欲死。臥薪之憤,飯麥不忘;奈何乎人,猶託於我?涉甌而肇霸府,

次閩而擬行都，吾無樂乎為君，天未釋於有宋。強膺推戴，深抱懼慚！而敵志無厭，氛祲甚惡。海桴浮避，澳岸棲存。雖國步之如斯，意時機之有待。乃季冬之月，忽大霧以風，舟揖為之一摧，神明拔於既溺。事而至此，夫復何言！矧驚魂之未安，奄北哨其已及。賴師之武，荷天之靈。連瀕於危，以相所往。沙洲何所？垂閩十旬。氣候不齊，積成今疾。念眾心之鞏固，忍萬苦以違離。藥非不良，命不可逭。惟此一髮千鈞之重，幸哉連枝同氣之依！衛王某，聰明夙成，仁孝天賦，相從險阻，久繫本根。可於樞前即皇帝位，傳璽綬。喪制以日易月，內庭不用過哀，梓宮毋得輒置金玉，一切務從簡約。安便州郡，權暫奉陵寢。嗚呼！窮山極川，古所未嘗之患難；涼德薄祚，我乃有負於臣民。尚竭至忠，共扶新運。故茲詔示，想宜知悉。

祥興皇帝登寶位詔　陸秀夫

朕勉承丕緒，祗若令猷。皇天付中國民，既勤用德；聖人居大寶位，曰守以仁。藐茲眇沖，適際危急。惟我朝之聖神繼統，而家法以忠厚傳心。滲漉在人，億萬年其未泯；遭逢多事，百六數之相乘。先皇聰明出乎群倫，孝友根於天性；痛憤三宮之北，未嘗一日而忘。遺大投艱，丕應徯志；除凶刷惡，惟懷永圖。託於神明，辱在草莽。上霧下潦之所偪薄，洪濤巨浪之所震驚。謂多難以殷憂，宜祈天而永命。胡寧忍我〔註6〕，而不其延？日月為之無光，社稷凜乎如發。攀髯何及？繼志其誰？以趙孤猶幸僅存，盍使為宗祧之主？以漢賊不容兩位，庶將復君父之仇。大義攸關，輿情交迫。「閔予小子，遭家不造」，而況斯今，於前寧人；圖功攸終，其難莫甚！尚賴元勳宿將，義士忠臣，合志而並謀，協議而畢力，敵王所愾，捍我於難。茲用大布寬恩，率循彝典，於以導迎和氣，於以迓續洪休，可以大赦天下。於戲！人心有感則必通，世運無往而不復。成誦雖幼，有周不後於四徵；少康之興，祀夏實基於一旅。往求攸濟，咸與維新。

十七、十八、十九日，文武百官詣大行皇帝几筵殿，早晚臨。二十日，卒，哭，行香。二十一日，以登極。

授文天祥通議大夫右丞相樞密使都督諸路軍馬詔　陸秀夫

帝王之立中國，惟修政所以攘夷；輔國之重朝廷〔註7〕，惟用儒將以無

〔註6〕「忍我」又作「予忍」。
〔註7〕「國」又作「相」。

斁〔註8〕。朕作其即位，圖厥救功。介臣不二心，歷險夷而一致。諮汝宅百揆，賴文武之全才，亟歸右揆之班，並授元戎之柄，肆揚大號，專告群工。具官某骨鯁魁落之英，股肱忠力之佐。仁不憂，勇不懼，坎維心之亨；國忘家，公忘私，蹇匪躬之故〔註9〕。適北兵之奄及〔註10〕，率義旅以勤王，慷慨施給鎧之資，豪傑雷動，感激灑登舟之淚，忠赤天知。雖成敗利鈍，逆睹之未能，然險阻艱難，備嘗之已熟。獨簡慈元之愛，爰升次輔之聯〔註11〕。方單騎以行，驚破北敵之膽〔註12〕；及免胄而入，大慰國人之心。天地之所扶持，鬼神亦為感泣。今職方雖非周邦之舊，而關輔未忘漢室之思。伊欲闢輦轂而追三宮，復鍾簴而妥九廟。非內治飭，何以實元氣？非外威振〔註13〕，何以折遐沖？披荊棘於靈武之初，予未知濟；收桑榆於澠池之後，事尚可為。思昔元勳，有如臣濬。在思陵已登乎亞相，更孝廟乃復於舊班。式同今日之中興，罔俾前修之專美。況同列崇皋陶之遜，而初政俟公旦之來，庸再秉於國鈞，仍惠長於樞密，憂督府雕戈之賜，峻文階黃傘之除。申拓賦會，式隆寵數。於戲！春秋以歸季子為喜，朕方循於私情；晉人謂見夷吾何憂，爾共扶於衰運。尚堅忠孝，大布公忱。迄圖社稷之安，茂紀山河之績。其祇予命，永弼於彝。

獎諭文天祥詔　陸秀夫

敕天祥：才非盤錯，不足以別利器；時非板蕩，不足以識忠臣。昔聞斯言，乃見今日。卿早以魁彥，受知穆陵，歷事四朝，始終一節。虜氛正惡，鞠旅勤王；皇路已傾，捐軀殉國。脫危機於虎口，涉遠道於鯨波。去桀就湯，可觀伊尹之任；歸周避紂，咸喜伯夷之來。方先皇側席以需賢，乃累疏請身而督戰，精神鼓動，意氣慷慨。以匈奴未滅為心，棄家弗顧；當王事靡盬之日，將母承行。忠孝兩全，神明對越。雖成敗利鈍非能逆睹，而險阻艱難亦既備嘗。如精鋼之金之百鍊而彌勁，如朝宗之水萬折而必東。吳甡《安危注》卷四載，此論云：「雖成敗利鈍，逆睹之未能；而險阻艱難，備嘗之已熟。如金百鍊而益勁，如水萬折而必東」，與此文小異。尚遲赤鳥之歸，已抱烏號之痛。朕當繼紹，夫有之思。政茲圖任舊人，

〔註8〕「斁」又作「斁」。

〔註9〕《易·蹇》：「王臣蹇蹇，匪躬之故。」「蹇匪躬之故」出自該文，其他文獻有以「蹇」為「謇」。

〔註10〕「適北兵之奄及」又作「四郊之多壘」，或「裔虜之猾夏」。

〔註11〕「聯」或為「卿」。

〔註12〕「北」或為「強」，或為「夷虜」。

〔註13〕「外」又作「國」。

克戡雙難。倏來候吏，疊覽封章。歸然靈光之固存，此殆造物者陰相。胡然引咎，益見勞廉。至如諮問之勤，備悉惻忱之至。朕今吉日既屆，六月於徵，倚卿愛君憂國之忠，成我刷恥除凶之志。緬懷耆俊，深切歡嘉。

勸陳文龍書　陸秀夫

景炎二年，春，正月二十日，寓潮州罪人陸秀夫謹具啟大宣撫陳相公閣下：

秀夫誠不自揆，冒言遠寄前直院，不越月貶潮，迂戇無補，分所宜甘。第因潮以韓子過褒，非所與聞。韓處唐中葉盛時也，楊《志》「葉」作「業」。衰朽送殘，僅此憂耳。今車馬蒙塵，中原荊棘，淮東、江西、閩、廣諸路俱敗陷，北向長望，無寸土乾淨，乾隆《府志》無以上十字，今從《陸忠烈公全書》。秀夫豈敢遊逸此土哉？十數年來，賢者、朝者退，野者隱，如黃元仲、陳瞞、《陸忠烈公全書》、乾隆《府志》、《淮安藝文志》作「瞞」字，書所無。楊《志》作「瞞」，不誤。鄭獻翁、鄭鉞、吳子純、陳子修方，公權材器，宣撫每誦不輟口，竟亦落落隱去，楊《志》、乾隆《府志》作「隱去」，《陸忠烈公全書》作「遁去」。不出一謀，佐軍事於臺下。《詩》曰：「人之云亡，邦國殄瘁。」非必死而為亡也，隱去亦為亡也。忠臣義士痛哭流涕，亦何及曹澄孫、方應發輩儳行，今當不勝誅戮。宣撫被執不降，亦不死，比復何如想？身死不足惜，國事不可為，為可恨也。周粟雖佳，夷、齊恥食，毋令首陽獨孤潔。罪人數千里遠祝，臨風悵悵，涕泗交流而已。伏惟宣撫照察。秀夫再拜白。

編正孝經刊誤跋　陸秀夫

《孝經》一書，古文不可得而考見矣。所可考者，漢世《藝文志》顏氏、劉氏、司馬氏編次之文而已。要之，皆古文之舊也。秀夫幼而讀之，莫覺其非，長而疑焉，涉獵載籍罔非類是，莫敢有所與。以上十七字，乾隆《府志》誤脫。既入仕，濫次西藏勾當，得朱元晦《刊誤》一編，而玩味之，夫然後心目開朗，欣欣然若有所得。於是與在館諸同志，因元晦之議從而刪削次第之，然而敢以粟絲己意妄有所參涉於其間，以得罪於先正，以上二十二字，乾隆《府志》誤脫。庶幾是經燦然可復，而元晦刊正之功不泯。聖世以孝治天下之化，或不能無少助云。陸秀夫識。

丹陽館記　陸秀夫

丹陽館之所始，無可考。按《郡志》，紹興十四年，朝廷命守臣鄭滋建之。於時，和議計成，館是用作中門，南向，接送伴使在東館，客使在西館。厥後，

凡奉法銜命者，皆館焉。部使者亦如之。在郡國諸邑為特鉅。屋與歲陳廩廩將壓，於是百二十六年矣。咸淳五年冬，長沙趙公以外司農典刑顧謂：「是邦江淮閩浙之所交也，四海賓客之所舍也，輶車驛騎之所會也，而舍於隸人，不亦羞當世之士乎？」七年春，乃一大修，悉撤其舊而新是圖。木甓瓦石，厥材孔良，孔惠孔時，役不告勞。既訖，土功與創略等，而其鉅也加於昔。落成，馳書秀夫曰：「子之居是邦也，盍記諸？」竊嘗稽之《周官》，里有市，市有候館，館有積。嗟夫！此王者之政也！晉文公崇大諸侯之館，猶汲汲焉繕修是務。襄城驛甲天下，才幾何時，庭除蕪，堂廡殘，過者太息。今州縣皆驛。夫以古人則視館如寢，後世則視州縣如驛，蓋學之不講，而吏道之衰也久矣！公共工於茲〔註14〕，能以達之，廉以奉之，心休而力有餘，茲館固舉廢之一事。於乎！古之所以創，中之所以敝，今之所以修，其可以弗記？公名潛，字元晉，忠靖公之子，忠肅公之孫。忠肅師張宣公，淵源所漸，有自來矣。」奉議郎、宜特差充京湖制置大使主管機宜文字陸秀夫記。以上二十二字《淮安・藝文志》不載，今從《丹陽縣志》、《陸忠烈公全書》。考《宋史》，咸淳五年，李庭芝為兩淮制置大使。六年為京湖制置大使。九年三月免，十一月為淮東制置使。又考，龔開所撰《陸君實傳》京湖制使呂少傅薨，李制使改鎮江陵，君實仍以機宜佐行，是記作於咸淳七年，自稱充京湖制置大使主管機宜文字，與《宋史》、龔傳適合。

學《易》齋記　陶德純

進退存亡之正，《易》之道也。「知進退存亡，不失其正」，學《易》之道也。夫子謂「加我數年」，則於學《易》也如不及，謂「可以無大過」則於《易》也無甚差，皆不敢當之謙辭也。在昔，先王以《詩》、《書》、《禮》、《樂》造士，只是以此四者，亦不及於《易》。蓋居今日而欲學《易》，當自分為三等。伏羲自是伏羲之《易》，文周自是文周之《易》，孔子自是孔子之《易》。讀伏羲之《易》，如未讀文周之象、爻辭，只知伏羲之《易》為象數而已。讀文周之《易》，如未讀孔子之《十翼》，只知文周之《易》為筮占而已。必須識得孔子從象占上發出許多義理，教人易曉處，如居則觀其象而玩其辭，動則觀其變而玩其占。夫居而學《易》則既觀象矣。又玩辭以考其所處之當否，動而諏筮則既觀變矣。又玩占以考其所值之吉凶，善而吉者則行，否而凶者則止。是以君子，靜既盡乎天之理，動必合乎天之道。故曰：「自天佑之，吉无不利。」靜坐蕭齋，默

〔註14〕「共工」，或為「典土」。

會斯旨，庶乎近焉。是為記。

邑侯孫公《禁墾海灘德政碑記》　夏應星

我國家養民專責守令，乃養民綦難矣。人育人休，不若聽民自生自利，俾各食地德，處於不爭。吾鹽孤懸海上，其地僻鹵，無商賈蠶桑之利。邑以西，耒耜家時有餒者。惟運鹽河東地，曰海灘，宣廟時遠汐沙淤所致，非國初灶丁額蕩。自范堤距海三十餘里，南抵伍祐場，北抵上地面，延袤間曠，葭葵軋茵，為邑樵牧藪取無禁、用不竭也。閭左竇子多藉以易升合活婦子，即歲數大稔故無探赤白丸者，蓋百八十年有奇。萬曆乙亥鷔灶唐誦、王效者，詭計侵牟，一時鼎沸。鹺使者王公廉得其狀，械繫三月置之驛，其黨杖罰有差。核府、運二《志》〔註15〕，復有故界樹，堨永遵守。頃者，歲告登，田畝溢直二三，奸民視此為奇貨，糾亡賴肆佃墾。夫稅畝以釐計，積之百年，亦何裨軍國之萬一！矧租十墾百，租百墾千。於是牧者窘，境內牛羊日蹜場畝，而民讎怨矣。樵者撓至束手困敝，浸尋為奸，莫可誰何矣？嗟乎！千百載億民利茲一旦為數猾私，大可扼腕。邑義士祁棟遂白諸侯，侯艴然曰：「有是哉！有是哉！稂莠弗鋤，苗之害也。奸蠹弗除，民之害也。誰司民牧而聽民若此？」遂亟命各返其田，俾樵牧如故，且戒之曰：「永毋佃。」觸令者罪。於戲！昔鄴令西門豹禁為河伯娶婦，歲活一人耳，今誦之不衰。吾侯所禁，歲活幾千萬人。矧清戶口，賑饑民，築學舍，裁邑漕，補潤若干石，蠲流寓鞭若干兩，種種德政，未易殫述，詎鄴令比哉！宜勒諸石，壽侯之傳！且諗嗣侯牧吾鹽者，毋輕變更，狥豪右請也。侯諱鳳翔，號竹實，萬曆辛丑進士，濟南陽信人。明萬曆三十八年，歲次庚戌仲春望日。

跋庚午齒錄後　成茂士

庚午武科序齒錄，成座師、汪公既弁其首，我輩何庸復贅，獨念齒錄之序，豈徒哆家聲、誇世誼，災梨棗而勞剞劂乎？要使德業相勸，過失相規，肝膽照映，精神往來，務擊同舟之楫，非矜所售之技同也；務被同室之褸，非詫見售之時同也。時乎！受脤禡社，長者敬君事，少者戒卒乘，我與子同仇。時乎！塞井夷灶，長者運籌，少者摧鋒，我與子同績。時乎！策勳飲至，長者稱老不任，少者稱未更事，我與子同讓。或彈冠結綬，富貴可使同；或託妻寄子，危難可使同。故進而六千之同勞苦，進而三千之同祇懼，又進而五百之同俠烈，

〔註15〕「運」疑為「縣」。

十人之同心同德，然後仰不愧，俯不怍也。數年以來□□□，黔驢鳴，蜀犬吠。秦鹿張皇未見肩鉅，應猝分君父尺寸憂者，則關弧較駿，且毋詆其龕，彼吮墨濡毫，葳蕤滿楮，終同於刻三年之玉葉，雕七日之木鳶。公家奚賴焉？即科名毋乃亦不光乎？我輩五十九人，多產於太祖高皇帝湯沐重地，大都跅弛自負之意殷，而忠義媚茲之腸熱，虎豹未成文饒有食牛之氣，鴻鵠之鷇羽翮未備輒抱翱翔四海之心，今既儼然脫於鄉矣。要想何以申跅弛之本色？何以擴忠義之壯懷？何以不負生平一偉男子事？庶於今日齒錄之序為有庸焉。用是綴語簡末，願同人志之不貳。

《陸忠烈公全書》書後八首　王夢熊

宋亡實錄大略具於文、陸、張諸公《本傳》中，然諸《傳》皆屬元臣纂修，其當直書者中或不無隱諱，幸文丞相自著《指南前後錄》，天下後世欲尋文山生面者，求之此足矣。張公，武人，其生平勳業湮沒者何可勝道？獨恨君實丞相手編德佑以後史，為二帝信錄，而竟為鄧光薦所失，今弔古之士無從詳二帝海上事，亦無從詳丞相匡贊徽猷。人書俱亡，讀《本傳》者，能無遺憾耶？余窮鄉晚學，蒐輯無緣。幸吾淮有龔聖予先生者，有宋遺民也，嘗為死事諸公作傳，以竊比於南軒夫子重傳武侯之義，豈非不朽盛業哉？余爰特搜入卷首，以光《全集》。卷一《列傳跋》。

紫陽作《綱目》以正統予蜀漢，為萬古開群蒙也，使厓門帝子得割海中一漚地，承祖宗正朔，後世董狐之筆必以一日未絕之宋，存一日之正統，煌煌簡冊不止與梁蕭、漢劉比烈也。奈何天不相宋，海水群飛，龍升星隕，令具大筆舌緒者不能不追恨於引範攻其南、李恒攻其北之日耳〔註16〕。然而丞相之有造於宋不為少矣。當德佑北狩之後，凶賈、淫劉手璽以媚敵，宋之亡也。忽諸而《綱目》乃得繼此，而書景炎、書祥興，國命垂絕之後復得迆續於天，惟丞相挾日月而行九州哉！紫陽而在，願為執鞭，必所忻慕矣。卷二《綱目跋》。

吾於丞相篇翰之寥寥，而不能無憾於當日能文之士也。夫靖節之《詩》與信國之《集》，皆在鼎移之後。廬陵即文獻相承，而柴桑五男子俱不好紙筆，則搜葺遺章，並使入宋以後甲子罔失。豈非節義未衰於士君子之心，故相與樂志而傳之也乎？丞相海上之《紀》既逸於鄧光薦，而史以「才思清麗，一代文

〔註16〕據《宋史·本紀第四十七》：「癸未，有黑氣出山西。李恒乘早潮退攻其北，世傑以淮兵殊死戰。至午潮上，張弘範攻其南，南北受敵，兵士皆疲不能戰。」文中「引範」當為張弘範。

人罕及」推丞相，則其著作必有寄名山以不朽者，而卒不聞存其遺書於宋亡之後，豈非一時士君子不肯少置手眼於閒冷之地，令後世有所誦法哉！夫隱輯其文章與明奉為尸祝〔註17〕，其事之難易與利害之顯微，大相徑庭。吾故於葬丞相之衣冠而深歎當日鄉民之純樸義烈勝於當日士君子遠矣。卷三《著作跋》。

厓門以海島荒僻之地，得丞相正笏其間，宮寢立於此，綸綍宣於此，軍旅振於此，朝會行於此，天下忠臣義士翊戴於此，三百年禮樂衣冠萃集於此，而論者乃以星落龍隱之敗運歸咎於丞相短經營才〔註18〕，而幾忘拳石之非可以奠禹鼎也。吾以為厓門之開闢已至矣。厓山片地，主臣同死。元雖能吞宋之江山，而不能奪十餘萬沉海之心；雖能招宋之亂賊，而不能迓十餘萬懷沙之命。至今傷心之子過而弔丞相死處，歌之、拜之、哭之，則丞相之開闢乎厓門者，復何愧哉！復何愧哉！卷四《遺事跋》。

自宋祚之既絕也。一時品題丞相及文信國、張越國者，輒以殷之三仁比之。蓋有三公而後忠孝之情不沒於天壤，君臣之義復炳於人心，以視三仁，殊無愧色，而諸君子又爭為表章，其洗暢幽邅，同光星漢，厥功甚不可少。此余今日搜集論贊之意也。卷五《論贊跋》。

古未有取死國之臣而歌之、詠之者也，其始於商周之際乎？史以為《采薇之歌》夷、齊自登西山而作，吾以為不然。兩人謝周粟，入深山水石幽絕之處，亦誰為偕夷、齊者掖其踔而紀其言，使天下宗周之會知「以暴易暴」之語出於兩餓夫垂絕之日耶！吾謂有人之境，夷、齊必不餓。有可偕之人，夷、齊必不歌。為蹤跡之所到，聲音之所留，皆有意乎忠孝之可名後世者也，夷、齊豈為之哉！若然，則《采薇之歌》，誰為之乎？此必有心世道者，傷黃、農之不作，憂放殺之相尋，託夷、齊之口以自寄其性情焉耳。故文山之絕粒六日，敵舟之萬目相矚也，而其心與夷、齊之空山無人同。丞相之沉屍於十萬士女中，兩軍之萬目又相矚也，而其心與夷、齊之空山無人同。又何必定遺絕命一詞自為表見？直留炯炯一心，與天水俱上下耳矣。而人顧從而題詠之，何也？君臣之義，性也。所欲有甚於生，所惡有甚於死，情也，此吾人所固有者也。雖其身之遇合不同，世之遭逢各別，而固有者不可掩，爭於丞相之死金石其聲，不煩考擊，而滿天地雖辭之者不能辭也，吾故於題詠收錄尤多云。卷六《題詠跋》。

厓門祀三忠，是丞相死所也；京口有祠焉，是丞相所旅處也；淮陰之祠與

〔註17〕「輯」，原為「緝」。
〔註18〕「星」，或為「皇」。

徐節孝儷，是吾鹽為之屬邑也；吾鹽有專祠堂於城南，是丞相父母之鄉也。吾鹽之祠，其諸祠之星源蒲海哉！延及淮泗，達於粵南，廟食可謂盛矣。而吾猶有遺憾，何也？有宋享國三百廿九年，比於黃屋乘煙、六飛墮水之日，流血浮屍以身殉國者幾十萬人焉，而要皆視丞相之身亡，則與之俱亡者也，豈非講明誠正之學瀕死弗違？有丞相一人在，斯君臣大義，天水為昭，十萬人身即可沉而心卒不可變乎？若然，則丞相宜與伊洛諸賢共配孔廟俎豆，亦復何愧？而黌宮芹藻之薦，至今闕焉未舉，豈議禮之家猶有訟而未決者哉？丞相扶顛隮之運，正笏危言於天翻地覆時，萬死不忘聖學，使後世議禮之家援此為斷，復何容置輕重於其間乎？而乃於表章聖學之儒則競進之宣尼之側，如丞相之躬行實踐「顛沛必於是」者，第聽之各祀之於其鄉與其名節始終之地，恐非所以定典禮於萬禩也，吾不能無厚望於將來之君子矣。卷七《祠祀跋》。

國家易名之典，原以發潛德之幽光，至其事之表見當世，名之爭光日月者，雖無謚焉，亦復何損？而有國家者必不敢遺此，何也？所以昭夫聖人之公也。夷考武王伐紂，墨胎兩賢扣馬而諫，發明忠孝大義於三千振甲、八百揮戈之會，豈虞其名之或掩乎？而太公望乃急起而喚醒三千之士〔註19〕、八百之侯，曰：「此義人也。」是夷、齊未死，而已取其不朽之靈，以光炫易名之典矣。斯聖人之公也。獨惜有明襃忠，不棄元之餘闕，而乃使丞相至今未光斯典。是立國之初，未盡表章之義，而繼統以來，又乏闡幽之臣，欲忠臣義士不扼腕太息，不可得也。或者謂文山先生宗衰諸孫，麟麟炳炳遍於天下，故先得謚。左丞相之苗裔皆漁樵中人，是以迄今闕焉。嗚呼！此豈聖人之公也哉！陳天毓夫子以一縣令，起而爭之，二百餘年之後，真空谷足音也。雖未得，當以此為諸君子倡，庶有望乎！卷八《謚議跋》。

與族弟寄周書　王百度

自入崇川，朝夕歸戎，海寇繹騷，時時見告。七月二十九日，賊眾千餘，船三十六艘，泊施翹河口，登陸焚劫，將薄城垣。城中鼎沸，煙火四望，居民逃竄。號召兵士，一時未集，予單騎直前陷陣，手射一賊，應弦而倒，槍刺四賊，割其首級擲之於地。追殺十餘里，斷頭折背者，四十一人。登陸之賊，七百餘人，俱披靡逃走。生擒七人，皆傷重不能行，命小校縛之回營。彼時賊眾大敗，赴水爭舟。本營官兵尚未齊到，匹馬破賊，江南皆知。一時豪舉，恨不

〔註19〕「太」，原為「大」。

使吾弟親見之。每一臨江，北望煙波，極目天水相連，鴻雁絕飛，故人何處聽江聲浩蕩，望海若神傷已耳。豈若吾弟偃仰邱園，披襟散髮，嘉友論文，雁行就序，兒女嘻嘻然牽裾胞膝為足樂耶？每念及此，不禁尊鱸之想，惜國步方蹙，時事多艱難，欲歸田勢不能也。崇邑屢罹凶荒，且距金閶三百餘里，米珠薪桂無異京師，日費千錢猶甘淡薄，貧窶愈甚，初念愈堅，欲將先人遺稿刊刻行世，限於力尚未能，諸昆弟十數人寧能坐視也乎？予自幼讀曾祖王父詩云：「後人他日修遺傳，白髮青衫一逸民。」每一吟哦輒嗚咽，掩卷不能終篇。吾人立一嘉言，即欲人悅行一善事，即欲人稱作一好文字，即欲人傳播。先人有著作而不能傳，尚可以為人後耶？俟軍務稍間，願與諸昆弟勉之。

陳淮揚水患疏　徐瑞

　　竊維淮、揚兩郡，計二十一州縣，四面地形皆高，而興化、鹽城地居窪下，所謂澤國也。且四瀆之水，黃、淮最巨，交合於清河口，而東歸於海。瀕海一帶，鹽灶星列，有范公堤障之，始免於浸沒之患。自四年六月，黃、淮交漲，堤決，水不歸海，而從建義諸決口下灌興、鹽等縣，水高數仞，勢若建瓴。數日之內，水深二丈，千村萬落，漂沒一空。至五年四月，始議築塞，費金錢數萬，止完新溝一處。延至七月，伏秋水發，前功盡廢，黃、淮之水奔流下注，皆以興、鹽為壑。尤可異者，四月初三日海潮迅發范公堤，沖壞數處，狂濤巨浪，排空而來，近堤鹽場、室廬、牲畜及軍民商灶漂者、沒者、死者無算。失今不治久之，興、鹽兩縣於大海混合為一，而鹽課、漕運從此俱壞。此豈尋常水患？可不為之寒心也，至小民流離死徙之苦。前此兩年尚有稍裕之家、儲積之餘，竭資盡力從事南畝，不謂支祈著孽兩肆〔註20〕。稽天將垂熟稻田盡付陽侯，處處村舍悉為蛟窟，而人與財俱盡矣。今年水積不退，浩瀚仍前。自去歲七月以來，如江如海，並往日水澤之利，魚蝦荷藻之屬，一望茫茫，何處尋覓？今二麥未種，三春不耕，欲採樵而無路，欲煮海而無鹽，欲賣女而無受買之家，欲鬻田而無交易之主，衣裳無典質之具，富室絕稱貸之門，身衣鶉結之衣，人食犬彘之食。以故老弱僵臥，道殣相望，少壯轉徙，飛鴻滿路，乘桴流丐於江、儀、通、泰之境。而其力不能移，饑不能支者，或夫妻引頸雉經樹梢，或子母投河葬身魚腹。而最傷者，新任教官王明佐無俸可支，欲歸無計，忍餓經旬，自縊衙署。官尚如此，而況民乎？怨號之聲上震天地，水熱交蒸結為癘疫，而

〔註20〕脫「無」。無支祈，中國神話中的水怪。

死亡者又不可以數計也。嗟乎！使人止於死亡，則亦已耳。而無奈閭左惡少、城市不逞之徒，莫肯忍饑待斃，甘心為盜，東西嘯聚，千百成群，以綽楔為矜戟，以帆檣為戰馬，殺人如麻，膏血川原。近日沙家莊、湖北莊等處所過殘滅。其來也，千人為隊，勢同席卷。其去也，湖天為家，任其出沒。而海外巨寇以千萬計，飄忽無定，縱橫任意，新興、上岡一帶幾同戰場。臣等有不忍言者，逃亡之家反作盜寇之寨，蛟龍之窟盡為豺虎之場，致河道阻絕，糶販不通，市無米肆，廚絕炊煙，比之晉豫，慘毒萬倍。按戶口圖籍，民之死者十三，逃者、散者及聚而盜者十四，僵臥孤城、難保旦夕十存一二耳。有司雖賢，慈母不能撫斷哺之子，循吏豈能保垂死之民哉？惟我皇上惻然而為之計，臣等雖死為餓鬼，亦感天恩不朽矣。得旨：「淮、揚屬邑淪沒，朕甚憫之，河漕各官不繕治堤防，致滋流離。其議處以聞。」

《四書正義》自敘　孫榘

尹和靖曰：「經以誦讀而傳，亦以講解而陋。」又曰：「章句小儒，破碎大道。」然則經不可解乎，聖賢垂立教之心，恐不明於後世。「寤寐」一解者，乃人自為解。反藉「四子書」以自解，而其義亦間有與合一班之窺、一臠之味，未盡全體，遂以羽振成聲，欲廢天下之喉舌，大可異也。虛齋《蒙引》、次崖《存疑》、紫峰《淺說》直宗洛閩，而姚江一派獨建旗鼓，欲與考亭為敵〔註21〕，至毘陵拙講達說〔註22〕，折衷諸書，欲返蒙存，而訓詁窠臼又激而為理解蠹編之類，各成一家言，豈不謂聖賢意義無有易此者？扣盤揣籥，喻日俞工，去日俞遠矣。孔子誅亂賊，孟子闢異端，筆削一字，賞罰千古，已出於口，而非是不自信，一任天下為晦明。聖賢寤寐欲見者，若而人邪？予不敏，敢云「前賢之解未足盡義，而又為詞贅。」蓋「四書」，原本也。朱注，摹本也。後之說《書》，則又摹摹本者也。俞摹俞失，而聖賢真面目不復可見矣。然則聖賢終不可見乎？繪孟賁者勇不懼人，繪西子者美不動人，其神不存也。今存聖賢之神者，白文也。白文之實字是其耳目口鼻，白文之虛字是其聲音。笑貌誠於是焉，求之思過半矣。雖然烏獲與孟賁同勇而不同面，毛嬙與西子同美而不同貌，況孟賁豈無和悅之色？西子亦有捧心之時。聖賢之喜怒哀樂，關乎天地萬物，

〔註21〕朱熹晚年定居在建陽，並在此創立考亭書院，著書傳道。

〔註22〕毘陵，即毗陵。春秋時吳季札封地延陵邑。西漢置縣，治所在今江蘇省常州市，後世多稱今江蘇常州一帶為毗陵。因明代學者、藏書家唐順之為武進人，故又稱其為「毗陵」。

豈一端之足概，一言之可盡哉？王安石以《春秋》為「斷爛朝報」，司馬光、李覯、張載輩排斥子輿氏，楊簡謂「《大學》經文支離，非孔子作譏子思，孟子不聞道」，此數人者，非所稱知言者哉，而若此又何異乎晉江、姚江？如二童子爭日遠近也，喙喙爭鳴，皆眜目而道，黑白未有得者。予於此書，凡十易而心終未安，使遲以十年復出而閱之，知必有大謬不然者。曰：「吾老矣，不能待也。」姑付梓以請正於今日之高明君子斧削而繩正之，俾予言早覆醬瓿，無誤後學，則予之志信矣。敢謂千慮一得，持此以問世哉。此書成於崇禎十五年，刻於順治十七年，時年七十有一。

孫東海先生《被纓集》敘　宋蘇

古之人過故鄉必召故人父老，酒酣擊筑起舞歌風，非敘舊也，誼篤於所產之區也。士不幸而不得志，曰：「鄉鄰之救，我何與焉？」既得志矣，同室之鬥，猶不之救。是猶嫠不恤緯，而懷漆室之憂。故凡為梓里執義者，雖篤於本源，亦經理幹略託始於此耳。東海先生七十餘矣，鍵戶危坐，類八九齡童孺恂恂初就傅者，素不肯放浪潘花陶秫間，叫帝呼荃幾同江潭樵牧。時寄意於詩歌、古文、詞，笥中藏本殆十尺而贏，而續濂洛未燼之薪，尤在《正義》一書，梓成行見紙貴。茲出《被纓》一集，屬蘇為序言。蘇惡能文？即文寒螿之鳴，何與大呂？然稔習先生旦晚奉教者，又奚能己於言是集也？先生孝廉時建說也。他人數困公車，則工帖括，急營仕進。先生孝廉凡二十年，惟天下己任。夫任天下者，先為兆鄉邑間，故痛道殣，悼河伯不仁，田賦不均，學額少人才淹抑，議築、議濬、議賑、議減、議增，瀝血而陳，雖當事充耳，亦為先生呼動。國人歌黔晢，先生謂此曹可樂成。難與慮始山立不撓，卒調度多方，情勢備悉而築者謳息。此先生篤本之誼，亦經理幹略託始於此者也。昔人有舉孝廉，特蚤欲求污下地以泥水自翳。先生舉孝廉，年少舉動若此，蓋學先寧靜不耽放文詞故致遠，以之使其時早釋褐，則為繪圖之監門，黜浮之師旦，為塞館陶之延世，鑿離碓之李冰，為林勳之《政本》〔註23〕，為余靖之裁減江淮錢，不寧七州縣之膏霖矣。或謂先生政在浙東，浙東政誠最，其於先生經理幹略尚猶驥之一毛也。

烈婦胡氏傳　宋曹

烈婦胡氏女適劉國用為繼室。嫁未久，國用以疾死，胡年甫二十，痛哭躓

〔註23〕林勳，宋政和五年進士。建炎初獻《本政書》十三篇。

地，欲與夫俱。舅姑初防之，胡惟撫國用前妻所遺數月子大順，寂坐房中，至七日不出，且閉其戶牖，更以布幕遍冪之，不使家人窺。家人亦不得其故。再歷七日，如之。自是越七十日，皆如之。每祭畢，哭若不甚哀。舅姑愛疑其有他志，胡不辯。七十日後，盡去其戶牖幕布，親治饌，祭國用。祭畢，痛哭如初。已，伺舅姑寢，繼伺子大順亦寢，仍寂坐房中，家人以為常，亦不之窺。姑舅私相歎曰：「兒夭，孫非婦出，今夕婦大痛如兒死日，婦之報吾兒者盡此一哭矣，婦去志將決矣。」乃含痛就寢。至曉啟戶，胡已縊於國用之棺左。舅姑驚號仆跌，手足無措，因憶其喊坐房中，事盡傾其笥篋，得兩老人衣履如許，子大順周歲衣履如許，兩三歲至七八歲衣履如許，皆成於七十日中。又已斂物所改制也，針縫工巧，不挫毫髮，若人婦之安處家室而無他故者。嗟乎！胡已凜然於決死之義，則竟死可也。而乃於七十日之後死，此七十日中，晝夜悲辛，沈幾密智，周旋其舅姑與其非己出之子於十年以後事，其孝且慈之至性，又何其委曲淒絕，出乎人情意計之所不能料也。從容就義如胡者，可不謂之大丈夫哉！

王筠長先生同志錄　宋曹

人之所貴為知己者，要在生平之所接，道義之所親，人品學問之所裨益，與夫出處患難之際，彼此同心，貴賤不易，始終無愧之，為知己耳。如我王處士筠長先生與予同梓里，長予七歲，弟予，予兄事先生。先生自幼與予志氣相合，舉動相關，學術相勉，患難相顧，五十餘年如一日。先生負意氣，不忝所生，每擊節大呼，憂切時事，昂昂然以天下為己任。會甲申三月，闖賊陷北京，烈皇帝殉社稷，神號鬼哀，天地震動，督師史公臥薪嚐膽，先生從之，治事不可為，先生解印綬歸，予亦回籍。先生與予相謂曰：「是可以隱矣。」爰結伴桑陵，作耦耕圖以老。自是交益篤，志益堅，相與訂姻盟，修世好。執意予之次女適先生之次子燕伯不數年而死矣。先生與予拉手捫心，僵仆於地。吾兩人為過情之哀，哀吾女之賢也。回憶先生之生平，孝友敦篤，師帥人倫，淹博如海，著作如林，表先正引後學，善必稱，義必舉，雖未身任天下事而念切時艱，雖未手援天下人而志存排解，雖躋聖賢之域而學追關洛。予嘗有難，義難之也，非予之罪也。先生數入淮，視予必待事平乃返。嗣是先生亦有難，義難之也，非先生之罪也。法司將案獄，予赴淮八，越月，晝夜籌慮，鬚髯遽蒼，便血如注，當事感動，事乃平。先生與予之心跡既同，而患難又同。先生中年效龔聖予纂《陸丞相厓山志》，又為其先大人飛卿先生纂輯《倚樓集》，又為予

校閱《杜詩解》，予亦嘗為先生纂《邑乘》，先生又嘗佐胡侍郎纂《國史》，予亦有總裁《通志》之役。先生與予之學業又同。歲己未，詔試天下博學鴻儒授史官。先生之東道主邱廷尉、胡侍郎、楊太常交為先生勸駕當連表以奏，先生固辭。予亦屢奉山林隱逸之詔，亦屢辭。先生與予終隱之志又同。予之子恭貽、凱貽受業先生之門，予亦嘗授經於先生之冢君生可。先生與予之師道又無不同。先生知己我，我知己先生，我兩人可以無愧於生死矣。今先生客京師八年始歸，髮蒼蒼而步曳曳耳，塞聰而齒不完，神氣雖未衰而貌龍鍾。尚復有知己，如宋子耶！

《世耕堂詩集》序　宋曹

詩盛於周，騷盛於楚。楚、周之建國也，不敢與周分統，騷亦詩之別派。繼是，變而為賦頌銘讚歌行詞調之類，悉皆六義之餘。迄有唐而諸體具備，有識者審音聲而辨土風，觀體制而別隆替，必其大義舉而名物隨之，要不失作者之意，此詩之所以難也。故凡氣之動物，物之感人，搖盪性情，形諸歌詠，動乎天地，觸乎鬼神，莫切於詩。故諷喻之詩，婉以正；燕會之詩，親以規；離別之詩，怨以思；閒適之詩，韻以暢；豪俠之詩，直以壯；廟堂臺閣之詩，端以華；去國懷鄉之詩，悲以切；塞客孀閨之詩，淒以栗；老師宿儒之詩，坦以則；懷人思婦之詩，深以摯；狂夫野老之詩，樸以放。使味之者，神往聞之者，心動而後可與言詩。慨夫今人之詩，動輒成編，互相標榜，溷而難明，譬猶易口而相譽也，何取乎？予與孫學士籜庵，自齠齔納交，四五十年如一日。歲戊子，學士奉詔廷試，授李官其《增友詩》，有「古今一草昧，天地兩劬勞」之句。予賞之，歎其險絕高遠奇矯無前，七子不足擬，即李崆峒亦所罕覯。學士從弱冠以抵成人，所賦詠黜浮崇雅，要歸典穆，洋洋乎有老成之風。歲戊戌，奪大魁，累官學士。居位、居鄉守淡泊，厭紛囂，性斂骨疏，渟蓄淵雅，有晉人風味。不釣名譽，不逐波流，不踐過失之地，不作忌諱之語，恬退之義成於自然，安仁之樂幾於有道。吾鹽數百年來得學士一人焉。生平喜為詩，亦喜予所為詩，更喜與予論詩，每聚必至燈炧酒闌、楸枰雜杳時，復選韻唱和而別。歲壬辰，迄今七載，病臥床第間，檢向所為詩，散佚過半，令嗣若金搜行簏得若干首，屬予評次。讀諸體詩，如商周人物威儀舉舉，正可施之朝廟；又如天寶父老劇談遺事，言言實際，絕不衰落；又如蒼林大壑，氣色高渾矣。此道未墜必得英絕領袖之者，微學士其誰與歸！

俟園招飲記　王之楨

壬辰秋九月之六日，壬辰，順治九年。俟園主人初度，不速之客先後次於園，至則出己圖書付主人，向韻籌摘一枚去，或於閣、於亭、於山、於池側、於竹林蕉綠之下，各聽之；或律、或絕句、或長短古歌，亦聽之。時靜對石球，若以聲響，問靈壁一支骨者，孫我錫也。繞屋送目飛鳥影與樹影相亂者，久之乃劃字向古槐根，為葉君坦。按蕉葉竢其風定，草一兩語於上，字勢隨風葉展側，殆不可識者，為薛梅亭。寂寥當軒弄柸子，視諸人狂搜散吟略不涉，意倦則向北牖臥，是巨平大師。步入竹榆邃密處，捉枯桐，踞石磴，遣童子求之，乃露裾影者，宋斌臣也。先以詩筒來，繼破落曳筇，與主人兩仲上山下山，以古史送難者，為家伯子石臣。臨池亭小牕，窅如無人，披帷乃見者，為家戚文備。筠長子稍後至，至不得席，亦不復搜韻籌。自苦援楮墨，立風廊下，觀諸客經營，以拙語紀之，或得其意，或不得其意，在神跡蒼茫之間而已。是日也，不修庭實，不立觸政。主人穆穆然，無滌罍擊鮮之事繁其聲指，隨意禿衿小袖課茶生熟飼魚池，點定古今人一兩章。竢客詩成，則次第出所受圖書，以督其書於麗繭上。時園中木葉靜脫者半，秋英間發，僅鶴琴畫，俱澹樸有太古意。客詩成，而歡一日，如小年焉。不與會者不書，嗣以詩附者亦不書，紀實也。

《會秋堂詩稿》敘　王之楨

份臣專力治詩十有七年矣。治之十二年後，即以敘屬余，余諾之五年，而未有以報份臣十七年為詩之精神。余皆可取五年中之一刻與相皎皎以往來，夫是以份臣不促也。今《會秋堂集》成，光焰萬丈。余慮天下讀其詩者，未盡得其為詩之心與其寧澹有成之學，故於序焉詳之。或曰：「詩以道性情」，得其心而性情統是。「詩有別才非關學」，學何庸詳？余為此而慮，益深慮夫無份臣之心而讀其詩，坦懷者或一慚而即已，險抱者必含怒而難化；慮夫有其心而無其才，陽欲託其聲響，而陰實忌其穎異；更慮夫無其心兼無其才，既不能齮齕於其內，因而肆彈射於其外，會秋堂之音理不益子子鮮所合乎？余故以為不若於其學焉，詳之使偶失之於心者，可因是而反求，即或短於才者，亦籍是以自廣，從此一。天下於學之中將見怒者易而為喜，妒者化而相親，即份臣不辭其怒與妒，而伊人之怒與妒偏不可解於份臣，久之而得其無怒、無妒之本原。襟不知何以降，氣不知何以沖，故以其詩高於天下之為能不若以其學蒸於人倫之為，大夫學以多欲者為之則紛，以有志者成之則一。余得不為份臣詳之。

憶昔先皇帝甲申之變，《射州文存》刪「先皇帝」三字，今從家藏鈔本。份臣與余同矢枕戈狗國之義，余以赴史師相幕而北，份臣為南，中諸君子推轂薇省。越明年乙酉春，余辭師相入金陵，時蜩螗羹沸之勢成矣。份臣飲余雞鳴山，仰天大呼，涕泗雨下，謂：「我新進小臣，恨不能邀尚方寵靈，一斷諸貴陽老魅之首，惟願同君河北殺賊耳。」余曰：「君有雙白在堂，即有嚴仲子知君亦不宜以身許，盍去諸？」份臣遂先余歸里，比余欲追尋五丈原，杳忽恍惚不知何在，腆顏復見妻孥。君已先期趨舅氏闠館以待余，為同隱桑陵者《射州文存》脫「陵」字計矣。斯時也，份臣皇皇國恤，豈暇以詩見侍養《射州文存》「侍」誤「待」，脫「養」字鼎彝先生側？先生教之曰：「吾子心靈手敏，學猶泛而未專，以故泛於見才，泛於取友，究且以神思紛若而致疚。曷早約之於詩？使其功有受意、有所慰。」善乎！鄭菊山之訓其子也，遠追淳古之風，歸於性情之正，毋為時奪而已。份臣於是仰承先生教，遂專力於詩，初為而刻勵巉崿，鋒不可響邇；既乃坦衷平氣，與古今為大家、名家者相枕藉，飲食不忘。久之，而上述唐、虞三代之制，下序桀、紂、羿、澆之敗。蟬蛻濁穢之中，浮遊塵埃之表〔註24〕。雖不必如屈大夫之騷，而恫心故國纍構椒蘭何？莫非「行吟澤畔」「受詠鳩媒」者之為憂、為畏也。「琴不必弦，書無甚解。」「不友不臣，易紀元以甲子。」〔註25〕雖不必如陶靖節之為而「解組肆志，鴻冥鼎革之間」，又何愧為三徑之展禽、五柳之接輿也？「在開元則及見麗人及八仙〔註26〕，在乾元則扈從還京歸鞭左掖」，雖未獲如杜少陵之遇，而魂驚觸天之濤、骨摧九頓之阪，又安知非「石壕、新安之睹，記彭衙、桔柏之崎嶇」〔註27〕？造物者又留之，以待今日重賡也。仰讀聖經，俯抉諸子，李、杜追翔，籍、湜僵走〔註28〕，雖未獲如韓昌黎之望，而詭然龍變，蔚然鳳耀〔註29〕，鏘然韶鳴，又何愧於「日光玉潔，周情孔思」「洞視萬古，愍惻當世」者也？當軍國之多需，草根、木皮僅充民食，風波盜賊，所在滿眼，雖未獲承元道州之責，而曲寫單羸之悲，感激采風

〔註24〕 《史記・屈原賈生列傳》：「濯淖污泥之中，蟬蛻於濁穢，以浮遊塵埃之外。」
〔註25〕 明趙維寰《評陶淵明集序》。
〔註26〕 「及」，原為「友」，據高棅《唐詩品匯》。
〔註27〕 出自高棅《唐詩品匯》。
〔註28〕 蘇軾《潮州韓文公廟碑》：「追逐李、杜參翱翔，汗流籍、湜走且僵，滅沒倒影不能望。」
〔註29〕 「變」或為「翔」，「耀」或為「躍」。唐李漢《韓昌黎集序》：「汗瀾卓踔，奫泫澄深，詭然而蛟龍翔，蔚然而虎鳳躍，鏘然而韶鈞鳴；日光玉潔，周情孔思。千態萬貌，卒澤於道德仁義，炳如也。」

之使，微婉頓挫，即堪為「萬物吐氣」，又何愧於「兩章對秋月，一字偕華星」者也〔註30〕？夫以份臣之學卓踔澄深，無不並包苞如此，而且以篇有累句，句有累字，日質二三知己，造膝密攻之，未嘗稍有寬假，即怒者狂詈、妒者長孽，份臣第閉門靜承之，以俟其機鋒光影之自定。是以怒者得其心虛而怒窮於無可試，妒者成其茂實而妒窮於無可加。豈非份臣才浮氣憍之失甚？賴之以為驅除。而潛養正學之歸，又資之以為鞭策哉！今《會秋堂稿》出，無論怒與喜、妒與好，皆攝於其光焰萬丈中，而相淡以淳古，各正其性情，趨歸於鼎彝先生之為教矣。斯誠份臣報國承家之志也夫！

題楊括庵遇難紀傳　王之楨

前乙酉春，叩辭師相於維揚。至六月，從金陵渡江而北，血迸邗流，淚窮落照，恨不能魂追五丈原。予心喪，固至今耿耿也，獨恨睢陽生面，未重開於昌黎之書；柴市英風，難紀實以炎午之筆。知師相之心者，決其必出於死，而求師相以跡者，未必不憾其死之未著也。今得括庵先生從萬死一生中睹其殺身成仁之烈，梅嶺衣冠，允矣為魂魄所歸，而天下萬世之表揚忠節者，亦有所據，而圖師相之不朽矣。悲憤之餘，轉為慶忭。炳炳磷火，余當於殘蕪斷碣、碧草黃鸝間求之，西臺之慟，括庵先生其有以鑒我乎？

唐陶庵《家課》敘　王之楨

余年十三四始從先伯兄石臣學八股業，見其文會還必持同人前會佳篇，命余鈔集於中，陶庵義獨多。初讀驚其奧衍難解，久而習焉，覺心手漸有所增益。先伯兄度余可廣以觀摩，遂挈余與子愉、李子子昭、徐子暨、陶庵共五人訂交，登堂拜父母，永矢應唯敬對，隅坐隨行如一姓子弟。屆前壬午科，子愉獲雋，稱南闈，名孝廉，余四人彌鼓舞不倦。俄值流寇播逆成甲申三月之變，南大司馬道鄰史公督師北向，檄唐子與余治幕府機宜文字，尋以陶庵有幹濟才，擢歸德府別駕。時督師方整旅渡河，遽聞大仇已殄滅，中原底定，亟屯師揚州，不旋踵而孤臣殉國，真命有歸。嗟乎！我兩人墨磨，霜盾楫擊寒河，相期許何如？既而梅嶺招魂，西臺續哭，相激楚又何如？慨自乙酉以後，閱滄桑之條改，致蹤跡之偶暌，或出門而輕萬里，或閉戶而守一研。茫茫廿載，遄同逝波。然而時接晤言，傾心斗酒，樸被聯宵，放歌達旦，未嘗慮切榆景汲汲謀鳩杖，共扶衡宇對老事也。嗟乎！曾幾何時，稽天之浸交摧白首，陶庵齒逾杖國，余亦年

〔註30〕唐杜甫《同元使君春陵行》。

越六旬。言四壁無一可依，不謀而同，賦遠遊矣。竊歎勞勞冀北，雖日弄柔翰，亦日抗塵容，薄有著述，祗共應酬於己分，事纖毫無裨。陶庵經囊講席，幸留鄒魯以南，究心濂洛，借范王瞿授徒課孫，萃周秦之渾穆，煥史漢之菁華，渢渢洋洋，表海懸河，胥歸於結構融而淘洗淨，即寸機尺箭庸以擊蒙〔註31〕，悉屬精練水犀可掃蟲沙百萬。合大小題約千首，皆八旬內外從容揮灑，與浣花、調鶴錯雜而出者也。觀者謂準繩羅垓埏，勻密勝繭絲，絕不逗一龐皓聲咳，真異人哉。前此大家若荊石、若萊峰、若震川、若鹿門，能獨有千古否憶。昔隨陶庵攻舉業，見海內風尚屢易，而真氣卒不可回，始以經學袪子書之誕，繼以大全翦異說之蕪，在宗工提唱，非不極其深苦。然重經術即有剽襲毛、董之經術，重名理即有敷陳傳、注之名理。善乎！湯宣城之言曰：「制藝一途，綺口筍腹，俱窮於無所用，須微心靜氣，參對聖情，斯誠篤論哉。」信非有本者不足以語此矣。陶庵心度澄朗，瑩無渣滓，工夫嚴慎，渾無隙漏，是以形之八股，老而益茂，非世之才人、學人所能方其萬一也。丙寅秋，余客都門，感痰，厥獲蘇。念李子、徐子、先伯兄久成古人，計抵捨晤對，惟我陶庵，豈意與余同病？今相望百里而近鳩杖，共扶衡宇，對老當榆景而不克，遂奈之何哉？戊辰春，陶庵以《家課》來屬余序，且命手書，是欲以文字代晤對也。余臥扃廢硯二年，文思全耗，何能敘？粗述余五人以文字締世誼之顛末，力疾書之報命知己。追維曩事，不覺剌剌腕下，其於文體之散緩迂贅，亦復有所不暇圖矣。時年七十有六，書於戊辰三月廿日。王石臣，名之往；李子愉，名生；徐子昭，名明德；唐陶庵，名華鄂，皆見《人物志》。

辭薦鴻博書　王之楨

楨以文字詩書荷諸臺教誨者數年，如已落之羽附火雲以往來，絕未嘗作乘風圖南想也，亦深知諸臺能教我以善，故能致申嘉子產於一堂。然既稱相知在形骸之外，豈復相疑在形骸之內哉？即以楨自甘溝壑之心言之，原無所隱，即有所隱，亦豈能覆匿於明鑒之外？若然，是楨所欲自解說之語，諸臺已悉之矣。楨所必欲自遂之私，諸臺久聽之矣，楨亦何往而不戴天之高？今部檄鄭重選舉，重以綸音，特光幽德，誠興朝盛舉也。諸臺於檄到之日，即慨然首念及楨，豈以已破之尊為堪，復注黃流久燼之灰為能，再煥沉水耶？竊謂諸臺於楨猶未能深相知而相成也。古人相成在功名終屬勢分，相成在心志方屬性分。夫功名

〔註31〕「機」不清楚，待考。

與心志孰重孰輕，勢分與性分孰先孰後，槙願諸臺究成槙之所重，而允作槙先天師友也，齒髮未淪，敢忘銘刻！

蒼社說　凌嘉瑞

文人之心與山水最合，故晨飛密意，夜炳心燈，咸得於古寺鐘聲絕澗泉流之會。昔吳中先達如拂水、機山、鄧尉諸社，名尊金石，業著旂常，至今人猶願慕之。顧其名壇標旨亦各有說。邇來闈藝房刻非不鮮，嫵一時。三年輒一變易，置若敝帚。至文定文待，諸刻敦古樸率功。今取為天下楷式，豈非物之稚者易敗、蒼者可久哉？余觀前輩大家六經諸史，深其學，風雨日月考其材，故發為文章，氣則蒼茫，品則蒼古，色則蒼翠，曉風殘月之吟，當之自斂衼三舍〔註32〕。含邑之蒼山，陳希夷先生丹室也。余嘗循其崖，崖產朮，朮之氣肅，肅可以治淫。余又陟其巔，巔產茶，茶之味香，香可以藥穢。今天下文淫靡穢雜極矣，去其淫且穢者，治以香且肅者，氣曷不蒼茫？品曷不蒼古？色曷不蒼翠哉？分蕭、陶之席，步瞿、唐之武，其又何疑？彼夫褒禪之曠以幽，雲霧之清以峻，梅嶺之雄峭以壯，皆含邑山也，皆足潔清，意穎摩，蕩心光者也。而予弗社焉，社乎山之蒼，爰名曰蒼社。

刻《劉隨州集》敘　劉沁區

己卯秋，余客郡城，雨窗多暇，與邱子蓋書、戴子閣士論詩，偶及劉隨州，因謀鐫其集。或諗余曰：「詩以盛唐為法。今少陵而外專稿單行者無幾，獨鐫斯集，欲人取法乎中邪？」曰：「吾於隨州知其詩而已，未嘗執一格求合也。風氣漸積則必變，人心愈用而不窮，盛與中何論焉？然吾亦不謂隨州詩可與少陵數公先後爭鳴，但以其世為中而非盛則又不然。開元、天寶推為盛唐，自嚴儀卿《詩品》昉也〔註33〕。高廷禮選《品匯》所編盛唐則由開元以至大曆之初，又分大曆至元和末皆為中唐，而首列隨州，繼此，編唐詩者一循其矩畫，不敢稍立異同。於是耳食之流論詩及隨州輒曰：『中唐若江河之日下，而懼已之溺之矣。』隨州始末，史志寥寥，年譜無可稽，吾約略得之《集》中。其同時酬贈若邱為、薛據、孟雲卿、孔巢父之儔，表表盛唐者，指不勝屈。雖兩皇甫、嚴維輩亦多賡唱，猶錢起、皇甫冉於右丞之盛唐無礙也。《極元集》云：「文房，

〔註32〕明代蘇仲《吳大參登岳陽樓和陳柳二公近作韻予亦賡和》：「斂社幾回看不厭，避人三舍敢爭功。」
〔註33〕《詩品》作者為南朝梁鍾嶸。南宋嚴羽（字儀卿）則著有《滄浪詩話》，該書包括《詩辨》《詩體》《詩法》《詩評》《考證》等，論述宋以前詩。

開元二十二年進士。」姚武功相後未遠，必不訛傳是。隨州擢第後至大曆之初，身歷盛唐四十年矣。吾證以《落第，送楊侍御充安大夫判官赴范陽》詩〔註34〕，則姚說似誤。考《祿山本傳》，天寶三載為范陽軍節度使，六載進御史大夫，詩當作於其後，有「泣連三獻玉」之句〔註35〕，合《早春贈別，下第歸嵩陽詩》觀之〔註36〕，自傷「累忝賓薦，末路而名不成」〔註37〕，其不得志於有司尚在天寶初。載一第之遲早，得失何足輕重？詩文而顧屑屑校之，第覈其世數，雖非開元，亦三十年盛唐之世，顧屈之為中唐乎？《紀事》云「長卿馳聲上元、寶應間」，「五言長城」之稱當肅宗時聲價已定。計少陵《全詩》，參以《年譜》，作於上元、寶應之後者，居其大半，少陵益不得為盛唐矣。即曰：「初、盛、中、晚之分，不過言其大概，亦復因詩升降，不以世次拘之。」若是，則謂隨州「世盛其詩漸趨於中可也，世中其詩間合乎盛不可也」，士生而僅以詩鳴留於天地間者渺矣。所生之世，盛衰定於天；所留之詩，高下聽於人。後之選者，未必盡得作者之意，又並其世而俱失之，而俟知己於異代不重可慨也哉！鐫既畢，相舉答或之語識諸簡端。按：高廷禮即高棅，所選《唐詩品匯》九十卷、《拾遺》十卷，分體編次，共得詩五千七百六十九首，又《補遺》得詩九百五十四首。而諸體之中，各分正始、正宗、大家、名家、羽翼、接武、正變、餘響、旁流為九格。其凡例謂：大概以初唐為正始；盛唐為正宗、為大家、為名家、為羽翼；中唐為接武；晚唐為正變、為餘響；方外異人詩為旁流。劉長卿、錢起、韋應物、柳宗元諸人兼接武、名家二格，是廷禮雖列長卿中唐，而亦躋之盛唐，未嘗以時代限也。馮舒、馮班評《才調集》，于長卿之「亦盛亦中」，力攻廷禮之失。沁區此論可箝二馮之口。

《西渚詩存》自敘　劉沁區

余少罹多，故於世鮮他好，獨喜誦古人詩。自《三百篇》下迄近代詩，坐諷行吟，至廢食寢，然未敢竊倣之也。稍長疏率成性，對人不能款曲。僻居煙水之鄉，去城邑百里，無四方交遊應接，頗與性相宜，有時意興所至，若句萌之不容遏抑，坼甲破塊而出焉，有莫知其然者，始妄為詩，不過一月數作，或數月一作，聊以自遣而已。迨河決以來，欲耕無土，饑驅江、淮間，即事情生篇什。較前，此略多於優柔敦厚之旨，究無當也，以是懶於存稿，尋亦不復記

〔註34〕原題為「落第，贈楊侍御兼拜員外仍充安大夫判官赴范陽」。
〔註35〕「連」，原為「憐」。
〔註36〕原題為「早春贈別趙居士還江左，時長卿下第歸嵩陽舊」。
〔註37〕應是「累幸忝賓薦，末路逢沙汰。澹落名不成」。

憶，往往無端偶觸而向所亡詩，忽取諸懷而得之，譬則故人久別，當音問杳然後邂逅遇之，其快於心，為何如也。及獨處無聊，追思曩作，則又境往時遷，或僅憶其一二語，或並一二語忘之，聽吟風之葉，見踏雪之鴻飛，亦任其零散已矣。間存稿者，他日覆閱之意，多未愜於字句，不無改竄，甚則取全詩塗抹之，故所存之詩益寡。邱子邇求恐其日就散失，以至於蕩然無存也，付之剞劂，因名曰西渚詩存。西渚，紀所居。詩存者，非詩之足存，謂吾詩之存者有是也。詩豈易言哉？晁無咎集名《雞肋》，以為食之無所得，棄之則可惜。余詩又棄之無可惜者也。邇求清才篤學，而所嗜若此人，且笑其癖類劉邕也。

乞假終養疏　薛鼎臣

臣以菲材，仰叨殊遇，拔置諫垣，即捐糜頂踵，曷足報隆恩於萬一？且值皇上登極之初，勵精圖治，此正群臣百官公爾忘私、國爾忘家之日。況臣職居言路，更宜夙夜靖共，方為無負職掌，又何敢以烏鳥私衷冒昧上陳？乃今日有至迫至苦之情，不能不哀鳴於皇上之前者。臣父母只生臣及臣弟二人，臣弟藎臣，叨中丁酉科舉人。自臣於順治十一年筮仕在京，歷今八載，未獲侍養父母之側，全賴臣弟在家，朝夕奉養，稍為寬心。不意臣弟於去年二月忽染傷寒，繼而諸病交作，臥疾在床，至今一年有餘。臣父母為之延醫下藥，問卜求神，百無一效。而臣父臣母晝夜焦勞，不遑寧寢。臣在都中，日夜憂慮。不料三月初二日接得臣父手書，內云臣弟於十八年正月二十九日身故。臣母哀思過慟，寢食俱廢，舊時痰疾大作，左右侍藥無人等語。臣一見此信，慟極傷心，五內欲裂，痛思臣弟之不幸，既夭天年；復念臣親之多病，無人奉藥，不禁涕泗橫流，哀愁欲絕。泣思父母正在高年，而遭此大變之後，又加以疾病，獨子在外，何以堪此！臣若不思侍養，而仍有靦面目食祿如常，則倫理有虧。臣為大不孝之子，即大不孝之臣。子臣一理，忠孝兩虧，臣豈非天地之大罪人哉！且曩來所以歷官八載而未敢請假者，恃有臣弟依依膝下，今臣弟已長逝矣，臣父臣母復何所倚賴邪？謹查得《會典》「侍親」一款：「凡官員父母年七十以上，戶內別無以次人丁者，許奏請終養。」今臣父年已七十有一，臣母年已七十有二，既老又病，而臣僅孑然一身，並無兄弟可倚。獨子之苦，言隨淚下！臣見近例，如臣同官魚飛漢、詞臣沈世奕，皆以終養籲請，俱蒙准從，臣正與例相符。伏思我皇上以孝治天下，方廣錫類之仁，懇祈俯鑒苦情，俾臣照例終養，星夜旋里，侍奉湯藥，則皆我皇上推恩教孝之宏慈也，而臣父母更頂戴仁恩於無盡矣！

《偶存集》自敘　成永健

僕僕屈首為吏幾三十年，南北馳驅萬里，大半艱難險阻，履虎多凶而幸而不死。又不幸動多侮觸，意外召尤取毀，往往有所不得已，於中而欲言不能言又不得不言，忽然勃鬱而發之，而非真能為詩。夫詩者，性情之物。古與今同此，性情而不能不與時升降。自「卿雲」「復旦」逮《三百篇》暨漢魏以至三唐兩宋上下大小貴賤精粗作者、述者，紛綸百變，皆源深流長，言近旨遠，以余淺見寡聞管窺蠡測安從措手？顧念天地內萬物萬籟，莫不有聲，聲起於不自靳，而亦豈容以自遏？況以余墮落泥塗，身經百折，冉冉老至，萬感交橫，茫然煎逼於五漏枕醒之時，倉皇於歧途跋涉之際，竭誠畢慮展轉悲涼而不得不委曲呻吟，或且放聲以吐其氣，亦窮於無可如何者之所為矣。或曰：「詩以窮而益工。」余窮而已，工則何敢？憶余三十年前與劉西溪論詩，亦欲肆力以有所成就。既歷燕、趙、齊、魯、吳、越、甌、閩，與騷人名宿遊，亦頗竊聞緒論，卒以鈍頑少學，加以憂愁患難，遂終不能窺其藩籬、抉其堂奧，氣亦沮喪而止。乃桐城方子養虛過我海曲，與之尊酒論文，上下千古，不覺豪氣未減。方子索所為稿，余以荒殖每有作輒多散失，間有存者，自視半不合調，方子獨嗜痂而存數百首，且屬余刻而存之，曰：「子之詩，有關係者也。子之心血苦矣，而不存之，天下有知子之心者乎？」余曰：「余詩無可存也。」獨以余生平孤介愚戇，忍窮畏禍，所處多危而為境甚苦，藉此以道其心，則有不得不存者也，故曰偶存。存此耿耿不遂己之寸心與境會之所遭而已，詩非余之所敢知也！

似論　成永健

物之相害不於相反而於相似，蓋知相反易而知相似難，不惟愚者不知，即知者亦多涽於所似，而聰蔽明塞，卒於莫知，及其敗露而已。墮於其中，悔於莫及，離而畔乎，道迷而歧所之矣。且似者之中，有初掩而卒不掩者，亦有久假不歸僥倖巧竊而不敗者，而究不能無疚於其心，以免天下後世學士、大夫有識者之口，故不掩者之害淺而不敗者之禍深，是以世道家國為其所中而已不能救。余嘗論似者之似，又不但人之不知，並己亦以既久而不知。即使平旦清明之時，捫心自矢，而陷溺生其堅僻，堅僻生其瞻護，久則公然禹皋其事業，周孔其議論，口夷心跖無所不至矣。嗟乎！至此天下事尚忍言哉！今夫莠似苗，紫似朱，螳螂似蟬，人知之；佞似忠、似孝、似信，人不知之；不佞者之所似深於佞者之所似，人更不知之。惟其不知，是以似者害於其不知。又有患者不

知者之自以為知，而似者更害於其似知而不知。如此而求天下道之明而江河之返也，其何日之有？夫以天下古今之大且遠也。造物者之生才不少，而真能有志擔何之者亦何嘗盡沒？無如似者忌畏遏抑務減，沒其人之身而引黨援類，以似附似，交口同聲，轉相效慕，不至於大害不已。嗚呼！似者之始，非有什百人之才力，而至於潛滋陰習，前有鑒而不思，後有憂而不見者，何也？其故在於似者好為因循偃仰，狃為鄉愿外託靜鎮而於不似者，如方圓之不入，卒至於似與不似者，相忤相激而相害，故一日不燭其隱則害在一日。何以燭之？將與之角，則彼反以清流自待而濁流乎人，必不相勝，毋寧試之以不可委謝貌飾之事，而察其不為矯刻，則為依違軟蒽之態，足以敗其平日之偽，而沮抑其心，或者殛其渠以盡其餘乎？然而難言矣，故曰知之者難。

《射州版荒錄》序　成永健

天者，轉移於人者也。天下事之必不能為，而人舉曰：「天事，豈天也哉？即數之轉而剝之復，亦豈天實能為？毋亦惟是人之積誠為能為其所不能為也。」吾邑以三十年旱、潦，不耕之土，數萬轉徙，幾不可活之民，而又經數任來相視束手欲為不能為之司牧。而自武侯至，遂不憚艱難而為，為而遂成，成而不惟吾邑，而及鄰郡四州邑，此其故不在天，在人。人之誠通乎造化陰陽，而數亦受其轉移而已矣。是以邱宮洗、宋徵君兩先生於其疾苦難為之狀已詳，而某復不能不贅於簡末者，則以其事之成皆一於誠也。夫誠之道大矣，包乎天地之始終。而凡日月所以明，星辰所以麗，山嶽川瀆之所以峙、所以流，風雨雷霆飛潛、動植寒暑晝夜之所以時，莫非一誠所際，而況以誠任事，事豈有不能為者？故夫濂溪曰：「誠者，聖人之本。」又曰：「至易而行難，果而確，無難焉。」誠則確然而無不可為也。武侯講學博陵，洞見原原本本，居常以「一誠」顏其齋，而動思見諸實用實事。吾邑子遺何幸而得父母之？而遂轉赤子之死於呼吸之頃，其於積荒一案，不惜以官殉、以身家殉而懇懇上請之方伯連帥，方伯連帥遂懇懇上告之聖天子，以頓邀千載希有之洪恩乎？吾以知誠之源深而用大也。方今聖天子以天下至誠，日與諸岳牧求民間隱痛而安全之，而惟恐有不獲其所之一。夫公乃誠於學，誠於心，誠於求民，誠於請命，誠於格帝天，而得以公之誠動方伯連帥之誠，以公與方伯連帥之誠上合聖天子之誠，而天地氣數之剝皆復以誠而理勝於數，人定於天為不能為之事，活不能活之民，而吾邑與鄰郡四州邑均受其福，故曰：「元亨誠之通利，貞誠之復天下事，何一非根柢於此也者？」是錄也，名臣疏耶！大儒集耶！公真可謂「不負所學，不負

所言」者矣。或曰：「天數轉移於人而得其人，以轉移者即天也。」是又天之誠乎！然天非人不成，而誠則成，不誠則否。誠也者，所以通天人、合上下者也，使知積荒之事之成而不知出於誠，猶所謂「知食而不知夫味」也。

上當事辭薦舉博學鴻詞書　宋琰

某，海濱一介之士耳。老父臺蒞任五載於茲，不敢以一刺通名於左右者，所以守不往見之，分也。昨管父母傳臺命〔註38〕，以薦舉大典，齒及不肖，且索拙著。某託管公轉致力辭，未及謁謝。當此溽暑之時，乃勞枉顧衡門閽人，禮辭不獲，必欲辱臨寒舍，復承具簡謙稱，再四勸駕。此種高誼，近今罕覯，誠非草茅鯫生所當蒙也。鄙衷靦縷造次不能上達，故敢具書以聞，伏希觀覽而原諒焉。昔陳仲舉為守，未入廨先詣徐孺子，蘇端明稱歐陽公之好士甚於士之求公。今執事之禮，士不下陳、歐，第某非其人也。某幼而專愚，稟先徵君與先伯、先嚴，家訓恒慮不克負荷，性喜涉獵，自經史外，凡天官、律呂、陰陽、緯候、流略所載，釋老之典，輿夫、岣嶁、汲冢、媧婳、禹穴，罔不搜羅，幾不免《書肆說鈴》之誚矣。恐遂汩沒，不能廣己造大。思見當世之賢士大夫以擴充其識見，周覽宇內之名山大川以開拓其心胸。耆舊之中今侍讀徐公壇長為賢，父執之中湖南處士陳公東村為最，某幸得親二公之宇，承其指授性命之學，稍知本原，足跡所至：東至大海望洋興歎，北顧黃河之奔流惆悵而返，涉長江而西訪鹿洞遺址，獲睹匡廬、彭蠡之勝。雖不能盡天下之大觀，而無憾然，已略見一斑矣。至漢魏以來毛、鄭諸家注疏之學，宋、元、明儒先源流，亦頗粗知門路，諸史自班、馬以下皆睹《全書》，而且鉤元提要，時出管見。勝國三百年間，自正史外，如《弇州四部稿》、鄭氏《吾學編》、李氏《續藏書》，以及《酌中志》、《綏寇紀略》諸書，無不參考，而殘明節義、諸公遺事，尤所究心。雍正十年，督撫羽檄訪求敝邑鄉賢陸丞相、成侍郎均、夏衢萊升、孫學士事實，奉顏鑄庵年伯命代草，已入《省志》，進呈憲皇御覽。孫公任內欲聘修《縣志》，後緣陞遷不果，每以不獲闡幽發潛為憾。且夫所學不窺其大，雖多而何為彼「抽黃對白」「搞辭挄藻」以為工者？昔人所謂「作俗下文字」令人慚者，正指此也。揚子曰：「如孔氏之門用賦，則賈誼升堂，相如入室矣。」〔註39〕其如不用，何至詩之一道身風騷？漢唐宋元明以暨今代諸家，某雖嘗鼎一臠，然皆已陳之芻狗，無用之精粕，一墮坑塹，鮮不玩物喪志者。

─────────────

〔註38〕「臺」原為「台」。
〔註39〕據揚雄《法言・吾子》，「賦」後脫「也」。

某少壯時，屢入棘闈，輒嗟程遲，今已皤然一老翁矣。又從事於此，得無遺笑上林百世。下聞嚴先生之風者，可以廉頑立懦，此豈范升一輩人所能識哉！昔申公始不能用穆生言，胥靡楚市，晚年復出，垂翅而歸，二子之去就蘇長公，此之鳳皇翔於千仞，鳶鳥彈射不去，誠有味乎其言之也。某讀史至申公一流，每不勝歎息痛恨焉。今茲忍復蹈其轍，取憎於王公大人，以博其齒冷耶？方今恩詔下頒，士皆彈冠相慶，然某捫心自問，竊恐無其具耳。即如康熙己未之役，五十餘人皆一時之選也，當年尚有野翰林之譏，他固無論。試問今之理學有如貴省湯公其人者乎？詩古制義駢體有如汪堯峰、李石臺、陳其年諸公者乎？而先王父與魏叔子先生則嚴顥亭侍郎、慕撫軍所保舉者，皆堅辭不出，某何人斯？敢與茲選。某生平私淑魏叔子先生，先生嘗言士當恢宏其志氣、砥礪其實用，某雖不才，竊嘗服膺此語矣。某方以不克誦芬繩武為愧，奈何以先子之力卻者，某乃敢肆然而承當耶？昔陳太邱、子鴻臚紀、紀子司空群、群子泰，四世於漢、魏二朝並有重名，而其德漸減。時人為之語曰：「公慚卿，卿慚長。」然則某今日縱應闈，幸獲所樹，且不及先德之萬一，矧不獲乎？又先父母未歸淺土，遺集未及授梓，時時抱恨，年逾六十，夜行不休可乎？近宿豫徐公、太倉王公在都，與舍下皆有世誼，推轂不患無人。某第恐趑趄囁嚅，無辭以對三公耳，是則某今茲力辭此舉者，非徒懼處士，虛聲其實難副而已。蓋揆之事勢有萬萬不可者，至於資斧維艱轉不足道也。伏維執事哀其遇而原其心，勿加督責，則幸甚！幸甚！蒙索拙箸，食貧賣艾為活，一味杜日不自收拾，散失久矣。間有存者，皆塵羹上飯無當大方，以此不敢奉覽承命，纂文二首繕寫呈正，祈勿吝斧削是。何敝學邱老師素蒙刮目，亦欲牒文舉薦，某益愧不敢當，已堅辭矣。恃愛漫瀆，辭多謭陋，臨穎無任僷仄之至，某再拜。

蔡子遺文敘　金銘

十年前始交於階宋，一見許以知己，為平生歡，出肺肝、急患難者數矣。其為人也，抱直率愫，與人忘形骸，不拘繩檢。雖驟接大人先生，一座低眉蓄縮，獨談笑顧盼若無人。間有老生豪貴以年少倨見者，直視以屍家也而悲之。與同志論文寫心好深言，竟日不倦，以興盡為去來為主，可不列座為客，亦有時去不辭也。感憤時俗往往泣下，為詩歌以寄嘯傲，或狂呼引壺獨酌，咄咄如有所云。大率居平少歡而多哭，傲然不與俗伍，疾時下靡軟文辭如仇，芟夷不遺餘力。人見其如此，詬罵非笑者不媒而合，譁然增飾無狀，然狂吠沓至，而階宋終不少貶，除同志二三朋外，概為白眼謝之。以故，世之忌且罵者，蓋

十之八九矣。階宋愈益資是以自鍛鍊，舉齟齬不平之氣一於文泄之。每構一藝，銚腸劌腎，嘔心瀝血，鏤出要眇幽拗，凌紙發光，怪不極意盡致不止，自位頗不屑第二人。俗之忌且罵者，亦時陰竊其文而效焉。戊寅秋，受知滏陽張樸園先生拔升，上雍儕輩俯首稱服，而詬罵非笑之口寂然而廢。余私喜，為階宋賀，亦復自以振靡。竊意天之屈之者，或藉以材之也。無何，華陽初拭，遽爾龍去延津，旅次騎鯨，魂招不返。嗚乎！天之位置，我輩何若是深乎？盛才如階宋，必欲殺之賺以微名，旋即枯落。徒使秀才薄福資人口實，所謂才者何如，而天者亦竟何如也。余年時意氣銷沉略盡，不獨無心榮利，亦且懶事悲歌，求閒十畝間竟不可得，日惟學癡學懶，不復自振於人世矣。而難弟出階宋遺文，丐余為敘。余故不能敘，亦不忍敘，然又不忍不敘，而謝之以不能使階宋之梗概不略見於其書，俾後世有以考，而吾與階宋之交之篤亦遂以沒沒也。今其書，難弟受而讀之，以待其稚子成立能讀文書，以傳手澤於永久而階以有成，則階宋雖死不死也。嗚呼！江皋把酒白下，傾樽意氣激昂，何其盛也！今讀其書，其人斯在，明月落梁，羈魂逼夜，士人偃蹇，生死同悲。余自顧於人世何如也！

陸忠烈公世系考程《志》作「忠貞」，沈《志》作「忠烈」。　沈儼

公諱秀夫，字君實，江東派也。沈《志》此下有云「家世起於機、雲」，程《志》無此語。今考《晉書・本傳》，機、雲皆為成都王穎所殺。雲有二女，無男。機二子，蔚、夏同被害，故制言其覆宗絕祀，程《志》刪之，良是。高祖為淮安管勾，按：淮安，宋曰楚州，理宗紹定元年改淮安軍，端平元年改軍為州。紹定止六年，端平止三年，以後改元嘉熙。忠烈生於嘉熙二年，上距楚州改淮安軍止十年，改淮安州止四年，而公之高祖至公相距應有百年之遠。說不足據。且《宋史・職官志》府州軍監皆無管勾官。遂籍於淮安州鹽城縣長建里，曾祖榮祖大有，父芳春、母趙氏，按：寶佑四年《登科錄》云：「母氏玉牒趙。」生二子，按：公有弟名秀甫，見前明郭子章《陸丞相墓辨》引《陸氏家故》〔註40〕，然則云「生二子」者，誤也。長清夫，字君明。次即公也。按：寶佑四年《登科錄》云：「十月初八日寅時生。」公幼穎異年十八，按：據龔開所撰《傳》，時年十五。魁省元十九登文天祥榜進士，按：《登科錄》云「治賦」。二甲二十七名。按：《登科錄》唯一甲第稱名，余皆稱第幾人。時李庭芝鎮淮南，辟公管機宜文字。及李制置淮東擢公參議官，既除司農寺守丞，累擢至宗正少卿，兼權起居舍人。端宗立進公端明殿學士，簽

〔註40〕「辨」，原為「辯」。

書樞密院事，旋謫潮州。公乃奉太夫人就養於潮，兄清夫亦為潮州管勾，夫人趙氏，原注：《家譜》「太夫人與夫人皆趙氏」，但龔開作《公傳》云「公居京口，章殿撰子美琰，以兄之孫子妻之」，則夫人又係章氏，或先娶於章，繼室於趙耶？皆不可知，並載之以俟考。側室倪氏，長子縡，年十五；次子七郎，按：郭子章《陸丞相墓辨》「七郎係長子」，未知孰是。年十一；三子八郎，年七歲；四子九郎，按：至元十七年，潮州總管丁聚《碑記》云：「次子九郎俊秀能文，予愛之。不幸繼卒，祔於大母之側。」年五歲。家人端兒、正兒皆從於潮。《潮志》，海陽年友陳經國、許君輔、周裕、方寶印為公擇地沙岡港口，立學士館以講學，旁有荒田百畝，墾成收租贍口。周又以女妻縡。朝議召公還。端宗崩，公與諸臣復立衛王於碙州，是為帝昺。厓山破，公負帝赴海死。時祥興二年二月十五日也。原注：龔《傳》作「二月六日」，《譜》作「十五日」，未知孰是，並紀之以俟考。按：考《宋史·瀛國公本紀》及《元史·世祖本紀》皆作「二月癸未」，是月係戊寅，朔則癸未，是初六日。龔《傳》所紀月日符於正史，《譜》作「二月十五日」，誤甚。公年四十二，越七日屍浮海上，漁人訃，在門者負屍歸葬澳山北青徑口。原注：按《潮州志》，澳山青徑口在饒平縣，即學士館舊址。負屍歸葬者，端兒、正兒也。《志》又云：「浮屍負葬之說，亦無據，或衣冠墓耳。」此地墓乃太夫人墓，丁樞密所葬者是也。並存其說，以俟考。龔開聖子與公同在淮南幕中，知公事甚悉，為公作傳。先是公記海上事為一書，以授禮部侍郎鄧光薦，令傳之。後鄧還廬陵，卒，其書無可跡。故海上之事，世莫得其詳。元時金華學士黃溍在金陵，客有自粵番禺來者，能道厓山事，多龔《傳》所不載，後溍入史館纂宋事，多錄客語。史成後光薦家始以其《填海錄》等書上溍，溍摭其與所聞異者附入，以補闕略。按：溍撰有《陸公年譜》，載在丁元吉《陸丞相蹈海錄》中。後人得知海上事者，溍之力也。公全家俱赴海，惟長子縡以好漁獵，放跡海島，居潮奉太夫人，太夫人聞變亦驚愁以死。縡生三子，曰海，曰道，曰浩，散居潮之海陽城東、城南，並移居饒平縣揭陽、澄海諸處，皆縡裔也。元至元間樞密院副兼潮州路總管丁聚憫公後人流離失所，為葬其太夫人於青徑口，給官田五頃以贍其遺孤。明潮州郡守葉元玉特於韓山上創建公祠，與韓文公祠並峙。公之後裔，自元明迄今科名世宦不絕，族姓繁衍，忠烈之報，蓋「歷久不衰」云。

《潛邱札記》序　沈儼

余外舅太原閻先生博學稽古，網羅百代，搜釋貫串，語之詳而擇之精，近世之號為通儒者未能或之先也。先生生長世冑家，多藏書。幼即潛心鑽研，抉精別髓，思成一家言。所交盡海內名流，如李太虛、梁公狄、杜于皇、李叔則、

王於一、魏冰叔昆弟，時過淮，必主其家，輒留止，經年與先生討核今古，諸公皆歡服，謂後來者居上。年二十餘，遊長安時，合肥龔大宗伯以文章奔走天下，士獨深契先生，為之延譽，而先生遂名滿都下。及返太原故里，適顧寧人處士亦客太原，出所撰《日知錄》相示，先生為之補遺校正，處士無以易也。嗣東海徐大司寇邀至京師，公家盛賓客為一世龍門，獨首重先生。公凡著作必質之先生而後定稿，其傳是樓貯書塒天府，先生皆能尋覽記誦，與公日夕參稽上下其議論。最後家居益孜孜於學，所相與往復辯論者，則汪鈍翁、朱竹垞為多。晚年撰述益富，四方從遊者日益眾。商邱宋公開府、吳門賓禮授館，相與質疑訂難，無有虛日。蓋先生之學、之邃為當代鉅公所推服，類如此。余少侍先生，先生屬望甚殷，教誨懇至。顧余性譾劣，又方事帖括，不知古人何語，聞先生言茫乎若河漢之無極也。及長，稍知向學，而人萎山頹，風流歇絕，又不能力為表章，如李漢之傳昌黎，此余之所以撫心欷歔而長歎者也。乙未，余在都門與復申、中翰商輯先生遺書，復申方銳意收拾而倏以疾亡，忽忽至今，此事遂置高閣。先生冢孫信藪，佳士也，屈於下吏，位不稱才，有志紹述。己未春，予南行晤於真州，謂之曰：「眷西堂著述散在人間，及今不傳，則老人一生心血為他人作嫁衣裳矣。」信藪泫然垂涕。今《困學紀聞注》《四書釋地》二書，已鏤板行世，而《潛邱札記》茲又將告竣，皆同人佽助之力。余不覺以手加額，喜信藪之不墜先業，而諸君子倡此義舉，其有功於斯文者為不可沒也。時乾隆九年甲子孟秋。

《虞城縣志》序　沈儼

吾師介庵先生以修《虞志》命余，余不敢以固陋辭，竊惟邑之有志猶國之有史也。《虞志》肇於前明、我朝，兩經續修，皆仍舊本，略增近事，余無異也。其中文義晦澀、引證冗雜者頗多，況此《志》缺修事應增訂久矣。余學殖荒落，未有聞知，賴本邑諸君子互相商榷，廣為搜討。閱歲而書始竣。嗚乎！昔宋景文修《新唐書》進表有云「其事則增於前，其文則省於舊」，後人訾之。夫事以文顯。予曰：「辭達而已矣。」事之顯晦不在乎辭之增與省也。《新唐書》刪減語助以為古，竄易字義以為奇，其書之弊正坐不顯不達之。故今廟堂之上議重刊《舊唐書》，同「二十一史」頒行，誠為卓見。余之修《虞志》也，不敢自逞臆見，惟是煩者汰之，闕者補之，晦者釋之，俚者削之，務求文從字順，令閱者一見了然。豈曰是書也，可以信今而傳後。庶幾假諸君子助，或幸免庸妄之誚，以報吾師命焉爾。

《誦芬堂古文》自敘　沈儼

余非能為古文者也。為古文而言古人之所未言，幻造新奇之議論，欲藉以排突一切獨出心裁、似是而非、荒唐無稽之談，不可以傳世而行遠。是其為文也，幻而已矣。為古文而言古人之所已言，剽襲載籍之餘芬，生吞活剝，思竊步古人後塵，然所言不經，而不可與入聖賢之道，自為得意，識者鄙之。是其為文也，襲而已矣。幻也、襲也，均為文之蠹也，如是而欲以文鳴世乎則甚矣，文之難言也。然而古今之事蹟，天地之蘊蓄，日積而日多，其理皆鬱而不顯，必有待於廣搜博考之人，為之闡揚發明，而其理始表白於世，而不可掩，宇宙之精英，悉須文章之潤色。是其為文，乃發古人所未發，非幻也。且有古人之文，或多舛錯附會，考據失當，貽誤來者。後之人攻其疵繆，援引訂證，使古人別開生面，古人有知亦有起予之歎，則文更辨古人所未辨，非襲也。文而能發與辨，則文固有不可已者，檢而存之，是或一道也。余老矣，數年以來讀古人之書，間有所見，或有一得之愚，未敢自以為是，將來以之問世，庶幾就正有道，且留其稿，時為刪補，於以俟當代知文之君子，自有論定云爾。

天妃口建閘記　沈儼

天妃口去鹽邑北關二里許，距海甚近，每值海颶暴起，斥鹵倒灌，浸淹田廬，為害最鉅。此地惟有建閘以禦潮，固百餘年來鹽民切膚之痛，引領願望而不可得者也。顧議者謂高、寶、興、泰諸邑之水匯歸鹽，資其宣洩，若建閘則與上游有礙，且土性鬆浮，恐不能持久。不知西來之水分流入海以天妃口為行水要津，惟於此地建閘，廣開金門，澇固可泄，旱亦可蓄，設鹹潮內灌則閉閘以禦之。此閘之建，不但有利於鹽，即於高、寶諸邑亦有裨益。且鹽處下游，倘上游被災，則下游受害彌甚，鹽民豈肯自詒伊戚以壑鄰國乎〔註41〕？蓋鹽人堅持此議，幾經呈請，俱未及舉行。雍正十一年，邑侯衛公勤恤民隱，詳請甚力，且具保結申送，又格於浮議。公已調任長洲矣。會乾隆三年江蘇撫憲許公深念淮揚疊罹水災，乃具《九屬民生一勞永逸》一疏上請。天子可其奏，命督憲那公、河憲高公會勘覆奏。奉旨俞允。爰命廷尉汪公、銀臺德公前往江南總理淮揚水務，而鹽邑天妃閘亦在興建之內。先是許公以衛公原任鹽城，因問以建閘事，衛公條對詳明，許公即以其言入告，故疏內有「臣曾面詢知縣衛哲治」等語。工始於乾隆四年春，越六年夏工竣。是則茲閘之建，主其事者許公，而

〔註41〕「詒」原為「貽」。「自詒伊戚」出自《詩經‧小雅‧小明》。

克贊勸以有成者實為衛公也。嗚呼！從來興大工者不惜費，除大害者勿畏難。
茲閘也，鹽人禱祀而求久矣，當事者率以工程浩大不便具題。今值聖天子視民
如傷，准許公所奏，不惜百萬帑金興修淮揚水利，吾鹽民何幸！而天假之緣獲
成是閘，豈非千載一時適逢其會乎？故詳紀其實，以示來者。所以慶茲閘之遭
〔註42〕，而俾吾鹽民世世尸祝於無窮也。

鹽不得稱射陽辨　謝鴻宗

近《志》載《漢書・地理志》臨淮郡領射陽、鹽瀆、淮陰，劃然三縣〔註43〕，
鹽不得蒙射陽之稱。考《府志》，郡東南七十里有射陽湖，居山陽、鹽城、寶
應三縣之間，延袤三百里，是射陽湖為三邑匯水之巨澤。今以現在疆宇考之，
寶應東有崗平莊，自莊而北為射陽鎮，北接山陽界，約四五十里，是為寶應之
東界；自山陽而鹽界約二三十里是為山陽之東南界，鹽境自流均溝、都梁、黃
蕩、清溝、皮家橋、楊家集、閣子巷、鴨東溝、朦朧、喻口、沙灣，以至阜寧
海關通計一百六七十里，皆夾鹽境而湖。是射陽一湖，山、寶居其半，鹽邑居
其全。山、寶傍湖而處，鹽夾湖而立，何由知傍湖者之為真射陽而夾湖者之為
晉射陽耶？《〈唐書・地理志〉注》云：「隋末盜韋徹據其地，置射州及射陽、
安樂、新安三縣。」「武德四年來歸，因之。七年，州廢省三縣，置鹽城縣。」
其曰「置射州」者，徹之所自居也。「及射陽、安樂、新安三縣」者，徹之屬
邑也。「武德四年來歸，因之」者，從其一州三縣，各設官職以理之也。「七年，
州廢省三縣，置鹽城」者，乃射州、射陽、安樂、新安四屬改置鹽城之地，而
山陽、寶應不得與者也。若徹所置之四屬而於山、寶有與，則《唐志》當注明
州廢省三縣，置山陽、鹽城、寶應三縣，乃《唐志》止稱「置鹽城縣」，是鹽
城一縣而統此射州、射陽、安樂、新安四屬之地，一縣而統此射州、射陽、安
樂、新安四屬之名。何居乎唐？唐以射州、射陽、安樂、新安並鹽城，而鹽城
不得蒙射陽之名也，此固名義之大彰明較著者也。鹽《志》肇於楊公，考訂最
核。此續修，皆吾鹽宿學鉅儒遵舊編纂。若以異地之人論本地之事，豈免齟齬？
是惟仍照舊《志》參互酌訂，則可成一邑文獻之盛而永垂射瀆不朽之書矣。按：
鴻宗所以為此辨者，以漢臧旻、臧洪、陳容、陳琳皆射陽人，而程《志》刪之也。作者當引《方
輿紀要》及《明史稿・地理志》確指漢射陽故城在今鹽城境內，則臧、陳諸人之當入鹽《志》
自不待言。乃置漢之射陽不考，嘵嘵於韋徹所置之射陽，是當辨不辨而辨其所不必辨也。以沈

〔註42〕「遭」疑為「造」。
〔註43〕「理」，原為「里」。

－365－

《志》、《淮安藝文志》皆載是篇，故仍錄之。

重修陸氏家譜跋　顏敏

康熙五十有九年，敏承乏海陽，甫臨民事禮神廟，次謁宋丞相陸公祠。祠在郡城東，韓山之左，與昌黎伯祠同載祀典。禮畢。余巡堂廡，覽碑記。時丞相裔孫明經文璉、新安廣文文振攜宗族國學、鄉學諸生十餘輩，趨事左右。問余鄉里、時代沿革與其宗支序次、去郡邑近遠。余，鹽城人也，悉對以所聞，因溯自祥興二年春，丞相抱少帝沉海而宋亡。歷元明暨我昭代於今，凡四百四十餘年矣。鹽之去潮，計程五千六百餘里。雖東海、南海潮汐迴環，一衣帶水，而山川修阻，音問弗通，闊絕至今，良可歎也。夫以左相精忠大節，照耀霄壤，何東南海之有間哉？然疆域荒遠，傳聞異辭，其無足徵信者，咸闕而不傳。嗚呼！丞相闔門殉節，僅存長公一脈，濱危出險，旋分三派，流傳及今。凡數百餘家，其間名德世業，彬彬稱盛，如舊譜所紀：直學士一、兵部提領一、世襲指揮使一、大理評事一、鄉進士十。其孝節之表，表特出者，族譜弗遺。蓋是譜之作，丞相伯兄君明公啟其端，迨明嘉靖十世竹溪公繼之，參訂者八世德興尹衡庵公也，序文則以屬宅相盛憲副公。而譜乃成，其間罔遺漏，亦無濫入。昔人云「家乘之作與國史等，昭世守也」，即支分派別散處異境，而水木本源，祀事攸同。冠笏峨峨，遺像俱在。霜露憂懍，展墓雲遙。竹溪公請於刺史郭公青螺先生，葬衣冠於鼉溪之東皋，置園田三十畝，請豁糧以奉祭祀。迨今虔守勿斁。嗟嗟！青螺先生維持倫教曠代勝舉，洵與丁、張、周、葉諸公後先輝映者矣。丞相登第後，居淮幕久，時事孔亟，獨多所撰述，聲譽冠群賢，繼而從駕閩粵，登樞府，高文典冊咸出其手。文信國所稱「文采珊瑚鉤」，漸就湮沒，莫能存什一於千百，豈非後死者之責與？況舊譜載丞相以《海上紀事書》手授鄧侍郎光薦，鄧歸廬陵，卒。人或疑書無傳矣，不知《紀事書》之出在《宋史》成後。史傳所未及詳，而黃學士溍得以撰《陸公年譜》、丁元吉得以撰《蹈海錄》以傳，後世者猶賴是書之繼出也。且時同在淮幕，如龔聖予為丞相作傳，漕撫王公紀為丞相補諡有疏，而鹽城王飛卿輯丞相遺文軼事作前後八冊，所紀甚詳。其長公青巖夫子，敏受業師也。敏嘗亟此輯史家所未及收者，咸核而有徵，允堪傳信，亟宜羅致之以補家乘所未備，非特世世子孫展讀之。下想見當年軍府朝廊，孤忠大節，籲謨碩畫，炳爍宇宙，而所以翼扶人心，護培正氣，益令天下後世相感無窮，豈不重有賴哉！敏蒞海邑三載，緣病，予告行歸鹽，肅拜而跋。

鹽城縣志・卷十六・藝文志下

文二

報徐輝山先生書　沈光宸

先生雄才大略，屈仰風塵。先君存歿，荷蒙援助，義氣直薄雲霄，肝膽爭光日月，不肖拜賜多矣。日者華翰遙頒，審知接任參揭虛空，不肖捧讀，淚潛潛下也。念先君蒞寧一載，撫瘡痍，弭盜賊，掩埋震壓骸骨三四萬口，安集城工丁壯十餘萬人。當此之時，地猶不時震動，煙沙滿目，疫氣橫行。先君不顧父母妻子之養，出萬死一生之途，親臨郊野，軫恤疾苦。招集流亡，草間宿露，馬上餐風，日夜不遑，寢食俱廢，以至於死，此先生所目擊、合郡所共曉者也。不肖以為可以報朝廷特達之知，不留生前之憾，應無事後之虞矣。乃大災之後，□□□□府部督撫藩臬及各屬，奉調來寧者，不下百餘員。送迎絡繹，供給浩繁。待用之人數倍往日，取給之物價貴平時。先君養廉公費千餘金耳，是豈能填無窮之溪壑也哉？然先君惟知料理無誤，為朝廷分憂，豈知財力大耗為自家重患？人臣當壯年強壯之時，一旦為國為民，竭勞身死，業不敢望大人君子諒加矜恤。猶以地方賠累，坐以侵挪之罪，使其老父老母驚魂未定，追呼復來，藐爾諸孤，不能奉其孀母，苟全性命，而追償數千里外，生死長辭，此不肖所以仰天椎心而泣血也。且寧夏一府，四縣皆以侵挪報罷，豈甘省守令寧夏獨？皆不肖毋亦災重費繁之故乎！近聞檄知江南，查追家產，使有家產足以補償，豈不甚快？顧念先君十年作官，一貧如洗，邇來一門老幼，寄居寒族破屋數間，風雨不蔽，如必驅而去之，有死而已。嗚呼！先生，人孰無心，功不見錄，而罪已加。骨未及寒，而家已破。而全軀保妻子之人，坐享厚福。曾無有過而問

焉者，重泉有知，能無悼恨？不肖一介庸才，半錢無措行，當辭家去里，策馬邊城，與先生把酒悲歌，一澆胸中塊壘耳。敬因鴻便，先以書聞，惟先生少加憐察焉。

闢佛論　王家弼

闢佛之說，古人言之詳矣，然皆不足以箝學佛者之口。而服佛之心，責以福田利益之為偽教，彼且曰吾以誘下根之人也；責以廢三綱滅五常，彼且曰吾所學在父母未生之前也；責以誤認心性，彼且曰吾之本體固虛空也，彼皆可有辭以對。或且以其明心見性與吾儒之逐文字而忘本心者抗衡，而吾儒或反為其所窮而無以對也。夫佛未嘗無可取也。程子見佛像必避坐，又謂佛是半截聖人。朱子謂佛家盡能克己，又謂漢以後佛家略見得些影子。陸稼書先生謂佛為聰明絕頂人。由是說也，敬佛可也，存佛之書可也。然敬其人不過如巢、由，存其書不過如莊、列。而欲行其教於天下，則斷斷不可，何也？佛之教滅人生，禽獸之教也。何由見其滅人而生禽獸也？佛之教令天下男不婚、女不嫁，不婚、不嫁則不生，不生則不及百年，而天下之人類絕矣。佛之教又令天下戒殺、放生，放生則生愈眾，而復為禽獸繁殖之世矣。夫使人類絕而禽獸滿天下，佛之本心，或不如是，而其流弊必至於此。如此世界，當亦佛之所不樂居也。且佛氏必招異姓之子為子，以傳其道而廣其教。然而佛不自生也，既不自生，又禁天下以生，則天下且不復有人矣。又孰有為之徒而奉其教者乎？然則佛之教，又自滅之教也。夫天地之大德曰生，佛亦天地之所生耳，而佛先自絕其生，又欲絕天下之人之生，而徒以多生禽獸為功德，何其厚於禽獸而薄於人也？並自薄也？吾轉以問諸佛，佛將何辭以對？

鹽法私議上陶製軍。　王家弼

天下之物，有官則有私，無官則無私。天下之農之穀，莫不輸夏稅秋糧於官，而未嘗有專行官穀者。天下之商之貨，莫不納關稅於官，而未嘗有專行官貨者。無官穀則無私穀，無官貨則無私貨，理固然也。何至於鹽而獨不然？自管子創府海之制，立舟鮫之官，收渠展之利，其私在官，官私則民莫不私，雖歷朝皆收官鹽之利，而其法不能不敝。其所以敝者，何也？曰私也。今之管鹽法者，徒以民間盜賣為私，不知私固私也，官亦私也。不公於民而據為己有，則鹽商私；損上剝下以自肥其家，則鹽吏私；以天下之所產、天下之民之所其食而專收其利，則設鹽吏者亦私也。己既私也，何以禁天下之私哉？然則鹽法

其可廢乎？曰不可。自漢以來，莫不以鹽稅濟國用。國用不可廢，則鹽法不可廢也。但官鹽之法歷久必敝，當思所以救敝之道耳。救弊奈何？曰裁鹽吏，去鹽商，而以治穀之法治鹽，以治商賈之法治賣鹽者。其出鹽也，納稅於有司，如夏稅秋糧之例。其遇關也，納稅於關吏，如商賄報稅之例。其賣鹽也，別立市易之，官以稽其數而納其稅。物公於民，而利歸於君，此今日至便之計也。不然，官鹽行則販私以混官票鹽行，且奪官以為私，而私鹽愈不可禁，私梟之害愈不可問矣。理財者，其念之哉！

《紹先庸論》序　唐耀遠

五經四子之書，如日月經天江河行地，至矣盡矣。無一理之弗貫焉，亦無一理之不該焉。且其後有宋五子暨朱子百家之書又後先迭出，復何秋毫剩義，尚容後人置喙者？然而耀也，萬不敢萌者，不知妄作之心；刻不能釋者，先志未成之痛也。先君子純孝性成，志忠孝志行仁義行，嘗欲本忠孝仁義之至理，著為成書，以上報君親而成祖德，下詒後昆而示子孫，痛有志未逮，而竟遷焉。耀生也，晚蚤失怙恃，春露秋霜，恒以不獲侍從泉下為憾，不期荷蒙同學先生，以耀為孝，先後具牒，又蒙學師、邑侯詳請，各大府仰達九重，奉旨旌孝。嗟乎！痛哉，耀何孝矣！瞻天雖荷無疆之德，泥首益增罔極之悲。家大兄垂涕之際，爰舉先志以相勖，曰：「無悲。夫孝者，善繼人之志，善述人之事者也。吾父不有未成之志乎？汝能所成之，斯父母之心慰矣。」耀泣，應曰：「唯唯。耀，庸人也。烏能上成吾親志者？然而吾又烏敢不求體吾親志者？」爰反覆深思，與生徒及諸子侄輩讀書稽古、私相辯論之際，或有其理，若不甚謬其意，似或可存者，輒謹志之。長短凡五十則匯為一冊，不敢以名書也，亦不敢謂有當吾親志也。或少藉此以稍安父母之心，略塞吾無方之痛焉爾。

陸忠烈公宜從祀孔子廟廷議　陶性堅

《周禮・春官》：凡有道德者，死則祭於瞽宗。《戴記》亦稱祀先賢於西學。然則從祀學官，其典舊矣。自漢以來，代有其人，惟宋特多，而宋惟朱子集其大成。吾鹽忠烈陸公之生，上距朱子歿僅三十有七年，流風餘韻，未墜於地。公幼私淑諸人，即有志聖賢之學。自登第後，在淮南李庭芝幕府，沉靜不苟求人，知尊俎間矜莊，終日其居敬存，誠已略見一斑。迨端宗時，進端明殿學士。播越海濱，庶事疏略，公獨儼然正笏，立如治朝，非誠敬曷克致此？洎乎衛王嗣立，時則敵氛益迫，國步益危，以公為左丞相，內調工役，外籌軍旅。雖匆

遽流離中，猶日書《大學章句》以勸講，欲以格致誠正之學，建修齊治平之業。俾沖人為堯舜之君，特未竟其用耳。以視孔曾以來，道學正脈庸有愧乎？未幾，厓山兵潰，朝服負君，與其妻子及十萬眾同沉於海。所謂殺身成仁，捨生取義，託孤寄命，臨大節而不可奪者，捨公其誰？是知公之生平，明體達用，無一事不可建諸天地，無一念不可質諸聖賢。斯即進之宣尼之側，先賢先儒之班，奚不可者？或曰：「有宋從祀諸子，生聚生徒以講學，歿則垂著述以教人，公獨惡有似與諸子？」有問，余曰：「唯唯否否，公之時，果何時乎？軍馬倥傯，羽書旁午，祖宗尺土俱為強敵之所併吞，孤舟航海猶欲聚生徒、垂著述，毋乃與百官戎服聽講老子者，同乎？公豈肯出此，而亦何暇及此。」或又曰：「公之祀，肇於鹽，訖於粵，專祠所在咸有，何必於學？」余曰：「專祠，祀忠也。聖廟，祀學也。公之忠皆本於學，而公之學反掩於忠。今兩廡既無公栗主，忠義祠復無其位，春秋祭享典禮闕如，尚論者有餘憾焉。」邑先輩王飛卿先生輯公逸文軼事匯成一冊，其長君青嚴先生為先高祖周臣公受業師，藏其稿於家三世矣。茲與紫琅王子艮荇、山陽丁子柘唐、業師徐子蓮舫、舅氏張子藝甫公同參訂，並將王氏孫曾所補與後之君子弔古諸作薈萃成編，命子鑲悉心校錄，付諸棗犁，篇終謹將「從祀末議」附列於後。倘得大吏援文天祥從祀廟廷之例，特疏奏請，俾公共享兩廡特豚之饋，俾知有宋三百年儒修之盛，實以厓山為殿，而我朝崇儒褒忠之典，亦可無曠闕矣，謹議。

《周易明筮編》自序　陶鑲

《易》為卜筮書，朱子言之詳矣。其別於後世術數之學者，以其知來藏往，不獨可以卜筮。精而言之，則有如所謂「順性命之理，盡變化之道」者，此所以為聖人之作也。自伏羲畫於前，文周言於後，一而二，而八，而八八六十四，以至於三百八十四爻皆依卜筮以為教，由文週五百餘年。而孔子讀之韋編三絕、鐵撾三折、漆書三滅而為之傳，即《十翼》也。則又以義理為教，而不專主卜筮，豈其故相反哉？蓋羲文有羲文之《易》，孔子有孔子之《易》，故其所以為教不得不異，而道則未嘗不同。迨秦燔《書》、《易》，以卜筮獨存，漢世《易》興，傳受不絕，田子莊之《易》本於商瞿子木，班氏《書》載之矣。至焦延壽、京君明用納甲飛伏生剋之法，然焦、京之言卦氣實本孟長卿，長卿學田《易》者也。漢末鄭、荀並傳費氏《書》，康成以互體論《易》，慈明以「乾升坤降」論《易》。慈明之《易》嘗見稱於虞仲翔，仲翔《易》與慈明相

出入〔註1〕，蓋仲翔《易》亦淵源孟氏學，顧其說，則較焦、京為更密。由漢而魏，王弼《易》行倡為「得意忘象」之說，漢《易》猶未盡微也。至唐貞觀中，孔穎達奉詔撰《五經正義》，於《易》獨取王氏，而漢學遂掃地盡矣。然言者愈多而求適乎中正者愈少。夫《易》之書，象數、義理二者而已。象數者何？消長剝復，七日八月之類是也。義理者何？則象數所從出而消息盈虛吉凶悔吝之所以為道者也。言象數而不本於義理，必流為方術，而非聖人之經；言義理而不本於象數，亦涉於誕妄，而無憑依之實。漢氏以來千餘年間，惟有宋周子明太極之蘊，程子求義理之歸，邵子闡先天之學，皆有功於《易》者也。及朱子繼出，取諸濂溪得道體之精，取諸伊川得精義之大，取諸康節得圖像之真，以上溯孔、顏、曾、思、孟之薪傳，堯、舜、禹、湯、文、武、周公之嫡脈，深入閫奧，剖晰毫芒，而天地之大，鬼神之幽，萬物之繁變，無不搜羅融析，使無遁情，以作《易本義啟蒙》、《蓍卦考誤》之旨。鑲承庭訓，緝茅容膝，掃地焚香，靜坐讀《易》，並枕藉《紫陽全書》，然亦稍有一線活路，私以為得先生之精，方可學《易》。於是啟家篋所藏，由秦訖唐代，皆睹《全書》。宋元明以來，所及見者又數十家，其間或自抒心得，或纂述舊文，或究心訓詁，相沿甚眾。鑲質慚駑鈍，困學廿年。集有《周易古義》、《周易解義》、《增補漢魏二十一家〈易〉注》三書。今仍襲朱子明筮贊意，間引儒先語，謹遵聖祖仁皇帝《折衷》暨高宗純皇帝《述義》，並後儒篤信朱子《易義》而於奇扐變占之法不無異同，是真能闡所未發，亦必錄焉。竊歎明筮向無專書，摘要六卷，願讀者開卷而有所適從。雖於先聖著書立言之意非，曰有功於學者觀象以明吉凶之道，未必無小補焉耳。

重建先農壇記　陶躍龍

《禮》載八蠟首祭先嗇，鄭氏云「先嗇，神農也」，是為後世祀先農之權輿。我朝歲以仲春吉亥，皇帝祀先農於壇，行耕耤禮。直省祭儀，視直省鉅典，煌煌載在令甲，所以重民事也。吾邑先農壇創於縣尹於公，其易壇而屋則始於縣尹沈公。於公於西關外購地四畝九分為壇，以祀先農，餘地為耤田，後大水壇圮。沈公建正殿三楹，旁列東西序。道光二十八年大水復圮，歲值仲春，迎神於道野處茇舍以畢事，已閱四十寒暑矣。間有倡議修復者，輒因經費無出中止。今邑令撫寧王公敬修愀然引為己責，爰撥公款，屬紳士興修之。董其事

─────────────────
〔註1〕「仲」，原為「中」，據上文改。虞翻，字仲翔，精於《易經》。

者，為張君廷恩。王君利賓、曾君燾及兒子鴻緒、猶子鴻慶而鳩工庀材，經營壹是〔註2〕，則王君俊陞用心最勤。經始於季秋某日，落成於仲冬某日，共享錢貳千餘緡，計建正殿三間，兩角廡上下四間，兩廊房左右四間，殿前為站臺，又前為儀門，仍名曰壇，存其舊也。吾聞之天子之祀先農也，迎神則奏永豐、屢豐之章。蓋將以邀神佑而福吾民也。鹽邑僻處偏隅，東濱大海，西近運河，旱則慮倒灌之鹹潮，潦則虞下注之壩水，必雨暘時若始慶有秋。方今廟貌聿新，神安其宅，自茲以後其必有陰福吾鹽者乎！於公，名本宏，雍正五年任。沈公，名世道，乾隆八年任。之二公者，勤民之心與王公先後同也，例得並書，以垂不朽云。

《續刻芹香集》序　陶躍龍

《芹香集》之刻，始於堂伯琴仙先生，式型堂兄續刻之，止於道光丁未。式型捐館後，遂無任斯役者。余時秉鐸白門，既慮手澤之就湮也，復抱文獻無徵之懼，思續刊以繼其志。適金陵杜君叔達權吾邑學篆，囑其督飭吏胥鈔錄道咸以來學冊，杜君慨然應諾。蒞任未浹日，檢冊鈔寄白門。余校讎之，付諸梓人，由青案以至鮑案，皆續成之。光緒戊子，養痾歸里，覆命兒輩增刻近年新案。梨棗既竣，請序於余。余曰：「是集體例前，序言之詳矣。惟學校事，宜日新月異不得不略舉大端以示來者。」咸同間，軍事方殷，糧餉半資民力。部議：直省州縣捐輸二千兩者，准暫廣附額一名；一萬兩者，永廣附額一名。吾邑同治三年暫廣三名，六年永廣七名著為例。先是雍正九年割山、鹽兩邑地，分設阜寧，每值拔萃科，惟鹽與阜輪拔，間有鹽二阜一，其偶也。同治癸酉，阜升中學，此後始各拔一名。阜邑既升中學，阜自有應得之額。前此由鹽撥阜之廩、增、附、額各四，復久假不歸。光緒丁亥，邑人公以復額請大吏，聞於朝。經禮部議准，廩增復舊，惟二年一貢尚未循例更正，附額則由阜邑撥歸二名，視原額仍缺其二，然以今視昔學額較寬。讀書之士蒸蒸日上，每屆試期，與試者幾二千人，淵乎盛已。吾鹽自西漢建邑，瀛壖一簣，代有傳人。洎乎國朝，沐浴聖化，士風純醲，三百年來趨向少殊矣。願是《集》之出，家遺一編，父示子、師詔弟曰：「某先達，鄉之有位業者也。某先輩，鄉之蓄道德、能文章者也。」與夫惇誨，故老儒、師傅睹名，而生敬聞聲而慕思，前事不忘，勸懲斯在，則其裨助來學豈淺尠哉？是為序。

〔註2〕「壹」字不清楚，待考。

紀異　邵進

流均溝，東南距縣治一百三十里，昔為溝名，今為村名。光緒戊寅六月十日，村人見二龍自西北飛來，烈風瀑雨隨之，天地晦冥，咫尺不可辨。龍尾搖拂，滿村屋瓦亂飛，牆垣崩頹，林木摧折聲，波濤沸湧聲，禽畜呦號聲，男婦喧擾聲，與風聲、雨聲、雷聲相應，共壞民廬舍數十家、佛寺一座，寺中字紙庫巋然獨存。民婦紀梁氏、劉袁氏，皆嫠也，有清操，事姑以孝聞，所居陋室獨全。有劉某者，駢脅多力，豪於貲，與其子皆暴橫鄉里間。常以罪遷戍，由配所逃歸，至是為頹墻壓死。及風雨晴霽，村人見二龍蜿蜒天際，俄頃間杳不知其所往。

潮河禦寇記　蕭向榮

潮河西納涇、溪、澗、市之流，南匯高、寶、興、泰之水，東北趨廟灣，逶迤而達於海。其水深廣而流湍激，其下流即射陽湖，其上流即《行水金鑑》之蝦鬚溝。近人亦強被以射陽湖之名者也。當承平時，止備旱潦以資宣洩，浮舟楫以通商賈，未嘗倚恃為固。至咸豐十年，賊陷清江浦，山、阜之民望風遁竄，渡河而東如出陷阱。人方知是河之可資守禦，而亦未嘗有人焉議及防守之策也。迨同治壬戌正月，皖寇李成擁眾數萬出巢，狼奔豕突，由桃、泲而清、安，由清、安而山、阜，所至如入無人之境，大肆屠掠，縱火焚廬舍，火光燭百餘里。鹽民望之大懼，扶老挈幼出走，哭聲震路，村耶一空，炊煙幾絕。當是漕運總督吳棠所部驍將，如總兵陳國瑞、方屯兵石塘，遏賊衝而衛郡城，明知潮河以東勢甚岌岌，而不能分兵東援。賊乃長驅抵潮河，謀渡河南寇，其烽甚剽銳，視鹽之金帛子女已不啻在掌握中矣。而鹽邑忠義果敢之士，爭投袂而起，謂潮河為鹽邑之保障，鹽邑又為里下河之藩翰，無潮河則無鹽邑，無鹽邑則無里下河財賦之區。而江南、江北大營，且歲失軍米餉金數十萬，不能成軍，而戡亂無期，天下事將有未可知者，乃亟出錢穀購炮械、集丁壯、建斾，分道而西。阜民之未陷於賊者，亦相率從之，屯於河之東岸。自裴橋至於沙溝、喻口，互百餘里，旗幟相望，鉦鼓相聞，有無相資，守望相助。賊之策馬亂流及爇屋編筏者，為我輩施放火器斃而焚之，賊大沮喪。而孫臺等又敗賊於孫家莊，擊殺數十人。賊知鄉兵善戰守，有去志矣。當是時，守淮大吏聞阜邑失陷、知縣逃亡，疑鹽邑亦相繼淪沒，及得裴進士蔭森乞援書，知潮河以東尚無恙，急調總兵刁經明、候補道杜文瀾帶炮船星夜來援。比二人抵潮河，賊北遁已二日。前之逃者皆歸，見室廬貨畜無恙，子女安全如故，歡若更生。鹽邑以南諸州縣

皆解嚴，下河產米之地、里河產鹽之區得以不沒於賊，而使揚州、滬上諸大營餉源不絕，士馬飽騰，得以削平大難者，諸人潮河禦寇之勞不可沒也。時與其事者，主事後官至光祿寺卿裴蔭森〔註3〕、休寧縣丞孫臺皆阜寧人，監生周淑元、廩膳生薛宮恩、貢生吳兆文、游擊銜崔暄、六品頂戴周作孚、同知銜馬松年、武舉祁玉瑄、庠生葛錦文、廩貢生劉敬存、庠生劉仲昌、監生夏月潭、尹熙、遊春生、王素徵、周鑒、譚恒、嚴禹濬、張如珠皆鹽城人，其不知者闕焉。茲十數人者，非有守土殺賊之職與幸功畏罪之心也，而能於人情風鶴之時為保衛桑梓之計。相持七日，賊亦遂望而避焉。以視世之身為將領罷軟縮朒，縱寇盜以殃元元者，其相去為何如也？今寇平已二十餘年。昔之禦寇者大半淪喪，潮河舊壘犁為田疇久矣。予恐其事之久而湮沒也，因追敘而為之記。

《毛詩異文箋》自敘　陳玉澍

漢興，言《詩》者四家，自齊、魯、韓亡，諸儒言詩，一以《毛詩》為宗。孔穎達言《毛詩》字與「三家」異者，動以數百。今觀王伯厚《詩考》所載詳矣，而猶未備。顧「三家」字與《毛》異，「毛」亦與《毛》異。《關雎》曰「君子好逑」〔註4〕，《兔罝》曰「公侯好仇」，「仇」即「逑」也。《式微》曰「胡為乎泥中」，《泉水》曰「飲餞于禰」，「禰」即「泥」也。一卷之中，字不同矣。《谷風》曰「比予于毒」，曰「伊余來塈」，「余」即「予」也。《君子偕老》曰「玼兮玼兮」，曰「瑳兮瑳兮」，「瑳」即「玼」也。一篇之中，字不同矣。《伐檀》之首章曰「寘之河之干兮，河水清且漣猗」，「猗」即「兮」也。《行葦》之三章曰「四鍭既鈞，舍矢既均」，「均」即「鈞」也。一章之中，字不同矣。《凱風》曰「晩睆黃鳥」〔註5〕，「睍睆」即「睍睍」也。《碩人》曰「碩人其頎」，「其頎」即「頎頎」也。《公劉》曰「于時廬旅」，「廬旅」即「廬廬」也。一句之中，字不同矣。況全《詩》三百篇，其訓同文異者，何可勝道？其中有今文、古文之分，正字、叚字之別，或後人竄改，雜以訛俗，亦不免焉。

先君博覽群籍，尤深於《詩》〔註6〕，嘗病。嚴氏《經義叢鈔》所載王述

〔註3〕「裴」，原為「斐」，據上文改。

〔註4〕「雎」，原為「鴡」。

〔註5〕「晩」或為「睍」。

〔註6〕據《毛詩異文箋》，此處脫夾注文字：「祭酒王益吾師為先君撰墓誌銘，略云：君諱蔚林，字松岩，縣學生。性沉默，寡語笑，於書無不窺，尤深於《詩》。嘗謂毛、鄭舊說善矣，然《詩》義廣博，宜以吾思通之。墨守一師，不務明經旨，病與牆面等。故其為《詩》，沉潛本經，博稽眾論。其有不合，反覆求之

曾《毛詩異字考》，疏脫讝陋，所舉僅百之一二，思作《續考》以補其闕。昊天不弔，齎志以歿。玉澍束髮受書，即聞《詩》訓，命塗多舛，弱冠孤露，橐筆四方，犇走夜食，繼述未遑，夙夜疚心。會瑞安黃漱蘭侍郎督學江南，以經術提倡，多士望飆振訊。負笈暨陽，擎研詁訓，粗窺門徑。不揆檮昧思成先人未竟之志〔註7〕，博訪通人，旁稽載籍，考證異同，區別疋俗〔註8〕，不敢望文虛造而戾古義，亦不敢墨守成訓而趑會通，裒輯二載，成書十有五卷，放趙氏坦《春秋異文箋》、俞氏樾《禮記異文箋》之例，命之曰《毛詩異文箋》。丙戌冬、丁亥夏，兩次錄稿呈學政王益吾師。稱其引證該洽，唯以體裁雜糅為嫌。遵守榘矱，更定條例，芟剔繁蕪，僅存十卷。易稿數四，書乃告成。心思之所弗隸，缺漏當亦不免，嗣有雈獲，訂為《續編》，糾謬刊誤，是所望於當世之博疋君子。光緒丁亥季冬月朔。

貞女辨　陳玉澍

或謂予曰：「《春秋》襃烈婦則書『宋災，宋伯姬卒』，襃節婦則書『紀叔姬歸於酅』。貞女之說，古無聞焉。且未經廟見之女，無端而夫死守志，此非禮之大者。世乃與烈婦、節婦並稱，何也？」予曰：「甚矣，子之不稽諸經，不求諸史，不考諸律，而為此說也。」

《邶風》首《柏舟》為節婦之詩〔註9〕，《鄘風》首《柏舟》為貞女之詩〔註10〕，聖人且舉以冠變風之首矣。劉向《列女傳‧衛寡婦人傳》云：舊本作「衛宣夫人」，《御覽》四百四十一引作「衛寡夫人」。顧千里云：「《列女傳》『寡』字誤作『宣』。」王安人《補注》亦云：「此與魯寡陶嬰、梁寡高行、陳寡孝婦同。作『宣』者，形之誤耳。《說卦》『宣發』作『寡發』，亦其例。」夫人者，齊侯之女也。嫁於衛，至城門而衛君死。保母曰：『可以還矣。』女不聽，入，持三年之喪。畢，弟立，請同庖，不聽。衛君請於齊兄弟，兄弟皆與衛君，女終不聽，作詩曰：『我心匪石，不

古文、叚藉以定其指歸。所著《詩說》二卷，如釋『思須與漕』，以『須』為『湏』誤字，湏是沬古文，沬、漕皆衛地；『既種既戒』，據陸氏《釋文‧春秋左氏傳》『種種』徐本作『董董』，以證『種』『董』通用，『種戒』訓如《左傳》之『董戒』；其精思絕詣皆此類。《淮安府志》：陳蔚林，諸生。有至性，事本生父母暨嗣父母皆盡孝養。推所得貲財予從昆季，而以敝衣蔬食自處。拯邮窮乏不少吝。處友生閒，以敦行立節為規，而後文藝。」

〔註7〕「不揆」，原為「不樊」。
〔註8〕「疋」即雅。
〔註9〕「邶」原為「鄘」，據《詩經》改。
〔註10〕「鄘」原為「邶」，據《詩經》改。

可轉也。我心匪席，不可卷也。』君子美其貞一，故舉而列之詩。」向所傳者，《魯詩》，故與毛異。此貞女之見於經者也。

《後漢書·列女傳》云：「高士宏清醇之風，貞女亮明白之節。」《百官志》云：「鄉置有秩」「三老掌教化。凡有孝子順孫、貞女義婦，為民法式者，皆扁表其門，以興善行。」〔註11〕蓋女子，夫死守貞者為貞女，婦人夫死守義者為義婦，二者同旌，漢世已然。此貞女之見於史者也。

國律：已報婚書及有私約而輒悔者，笞五十。雖無婚書，但曾受聘財者，亦是〔註12〕。是一受聘幣，婚禮已成，夫婦之分已定。又女子未嫁夫死，守貞及殉節者，例得旌表。此又國朝定制，炳如日星照耀千古者也。

子謂之非禮，何也？或曰：「子所言者，詩也、史也、律也。吾所言者，禮也。子不言禮，故不知其非禮也。」予曰：「子之所謂禮者，非即歸震川、毛西河、汪容甫諸先生之說乎？歸氏之說，長洲周樹槐、山陽魯通甫已辨之；毛氏之言禮也略，汪氏之言禮也詳。請即汪氏之說〔註13〕，一一為子辨之。」

其言曰：「女子之嫁，其禮有三：親迎也，同牢也，見姑舅也。若夫納采、問名、納吉、納徵、請期，禮所由行，非禮所由成。」〔註14〕夫納吉則六禮有其三矣，故鄭康成云：「昏姻之事於是定。」納徵則六禮有其四矣，故鄭氏云：「徵，成也。納幣以成昏禮。」〔註15〕孔《疏》云：「納此則昏禮成。故云『徵，成也』。」汪氏乃云「非禮所由成」，此其說之悖於禮一也。

又曰：「不為子之妻者，是不為舅姑之婦。不為父之妻者，是不為子之母。故許嫁而婿死，適婿之家，事其父母，為之立後而不嫁者，非禮。」予按，《曾子問》云：「取女有吉日而女死，如之何？」孔子曰：「婿齊衰而弔，既葬而除之。夫死亦如之。」鄭《注》：「女服斬衰。」孔子不曰男死而曰夫死，明未嫁則亦謂之夫也。死者為夫，則弔者為妻，夫得而妻之，則父母得而婦之，子得而母之。不細繹聖人之言而斥守禮者，為非禮。此其說之悖於禮二也。

又曰：「禮，女未廟見而死，不遷於祖，不祔於皇姑。婿不杖，不菲不次，

〔註11〕《後漢書·百官志五》：「鄉置有秩、三老、游徼。……三老掌教化。凡有孝子順孫，貞女義婦，讓財救患，及學士為民法式者，皆扁表其門，以興善行。」
〔註12〕據《大清律例·戶律·婚姻》：「若許嫁女已報婚書及有私約而輒悔者，笞五十；雖無婚書，但受聘財亦是。」
〔註13〕汪氏，即清代「揚州學派」學者汪中，下文出自其著作《述學》。
〔註14〕「姑舅」，《述學》中為「舅姑」。「請期」後脫「固六禮與，然」。
〔註15〕鄭玄注：「徵，成也，使使者納幣以成昏禮。」

歸葬於女氏之黨，示未成婦也。今也生不同室，死則同穴〔註16〕，非禮孰甚焉？」予按禮所言，乃男之所以處女，而非女之所以處男也。已廟見之女且可出矣，無論其未廟見也。若婦人則無棄夫之義也。夫可再娶婦，無二斬，不得妄為援引以相比例。此其說之悖於禮三也。

又曰：「婦人不二斬，故為夫斬則為父母期。未有夫婦之恩，而重為之服以降其父母，於婿為無因，於父母為不孝。失禮之中，又失禮焉。」予按，《曲禮》云：「女子許嫁纓。」鄭《注》：「女子許嫁繫纓，有從人之端也。」《〈士昏禮〉注》云：「十五許嫁，笄而禮之，著纓，明有繫也。」〔註17〕是許嫁之時，即「我儀」「我特」所由定，亦即「靡他」「靡慝」之心所由始，不可謂之「無因」。又況夫死宜弔，有孔子之言可據；弔服斬衰，有康成之言可據。安得謂之失禮？以此為不孝於父母，其所見殆同於衛共姜之父母，陰瑜妻之父母也。此其說之悖於禮四也。

又曰：「女事夫，猶臣事君也。」「〔其〕君〔苟〕正命而終於寢，雖近臣猶不必死。」若使齊、楚之君死，魯、衛之臣號呼而自殺，則必狂易失心之人矣〔註18〕，何以異於是哉！」予按，君亡復有嗣君，夫亡不復有夫，此不當以君亡為比，當以國亡為比。婦人殉夫，猶人臣之殉國也；女子殉夫，猶諸生之殉國也。女子未嫁，夫死不復嫁，猶諸生未仕，國亡不復仕也。女子雖未廟見，而既受聘幣，夫婦之義定矣。諸生雖未立朝，而既有冠帶〔註19〕，君臣之義定矣。若魯、衛之臣，則未受齊、楚之君之幣聘，而以身許之，非若貞女有斬衰往弔之義也。如汪氏所言，則孔子之言非矣。此其說之悖於禮五也。

今夫婦德所重者，信也。《禮》曰：「幣必誠，辭無不腆。告之以直信。信，人事也。信，婦德也。一與之齊〔註20〕，終身不改。」夫生許之而死倍之，不可謂之信也。此倍之而他許之，愈不可謂之信也。夫吳季子之劍止心許徐君耳〔註21〕，徐君死尚掛劍其墓而去〔註22〕，況女子許嫁，媒妁定之，鬼神臨之，笄纓識之者哉！孔子云：「夫死亦如之。」夫之一字，使人顧名思義，而不可

〔註16〕據《述學》，「死則同穴」後脫「存為貞女，歿稱先妣」。
〔註17〕此為鄭玄注。「著」前脫「因」。
〔註18〕張文虎《書清芬集後》：「而容甫氏乃比之齊楚之君死，魯衛之臣號呼而自殺，則必狂易失心之人矣」。
〔註19〕據《陳玉澍文集》，「有」為「膺」。
〔註20〕「一」或為「壹」。
〔註21〕據《陳玉澍文集》，「徐君」後脫「朱文季之於張堪，其初止許以心耳」。
〔註22〕據《陳玉澍文集》，「去」後脫「張堪歿，尚贍振其妻子」。

改嫁之義已寓乎其中。先王不明著於《禮經》者，禮順人情，將以納一世之智愚賢不肖範圍其中，不以艱苦卓絕之事責幼弱女子，使怨曠無聊以干天地之和。其有能為此者，則亦先王之所樂與也。值婦道衰薄之時，遇有如衛共姜者，猶將旌之以維世教，而況有如衛寡夫人者，反謗之以為非禮，是豈聖人變風，首《柏舟》之意哉！

詩

遊覽詩二首　陳琳

高會時不娛，覊客難為心。殷懷從中發，悲感激清音。投觴罷歡坐，逍遙步長林。蕭蕭山谷風，黯黯天路陰。惆悵忘旋反，欷歔涕沾襟。

前題　陳琳

節運時氣舒，秋風涼且清。閒居心不娛，駕言從友生。翺翔戲長流，逍遙登高城。東望看疇野，回顧覽園庭。嘉木凋綠葉，芳草纖紅榮。騁哉日月逝，年命將西傾。建功不及時，鍾鼎何所銘。收念還房寢，慷慨詠墳經。庶幾及君在，立德垂功名。

宴會　陳琳

凱風飄陰雲，白日揚素暉。良友招我遊，高會宴中闈。玄鶴浮清泉，綺樹煥青葹。

飲馬長城窟行　陳琳

飲馬長城窟，水寒傷馬骨。往謂長城吏，慎莫稽留太原卒！官作自有程，舉築諧汝聲！男兒寧當格鬥死，何能怫鬱築長城。長城何連連，連連三千里。邊城多健少，內舍多寡婦。作書與內舍，便嫁莫留住。善待新姑嫜，時時念我故夫子！報書往邊地〔註23〕，君今出語一何鄙？身在禍難中，何為稽留他家子？生男慎莫舉，生女哺用脯。君獨不見長城下，死人骸骨相撐拄。結髮行事君，慊慊心意關。明知邊地苦，賤妾何能久自全？

題鶴林寺在丹徒丞相讀書處也。　　陸秀夫

歲月未可盡，朝昏屢不眠。窗前多古木，床上半殘編。放犢飲溪水，助僧耕稻田。《丹徒志》「稻」作「秔」，今從舊《志》。寺門久斷掃，舊《志》「久」多〔註24〕，

〔註23〕「報」，原為「抱」。
〔註24〕「久」後疑脫字。

今從《丹徒志・陸忠烈公全書》作「久」。分食愧農賢。

江之水寄楊鐵崖　秦約

江之水，流彌彌。蕩漾雙鳧舟，涉江採蘭芷。蘭芷青青露如洗，下有一雙魴與鯉。美人胡不來〔註25〕，相思日暮江風起。

雜興　秦約

元冬十月交，蟋蟀近我床，傷彼苕之華，含英委清霜。丈夫四方志，千金戒垂堂。壯日不奮迅，老矣徒慨慷。

紀夢見陳檢討　秦約

宮車轆轆過神皋，五色雲中望赭袍。野膳不嫌涼餅滑，小奴花下剪青蒿。

挽徐子烈秀才　王信

海陵回首十年過，記得同燈斫地歌。氣過元龍年尚未，才如司馬病還多。心牽貧老能灰否，目斷孤孀奈暝何。百折雄心原不減，也應為爾一蹉跎。

鬻兒行　失名

風淒淒，雨瀟瀟，爨煙寂寞兩三朝。去年水澇今年旱，官租私負何曾饒。身無完衣肌膚露，日不再食形容焦。索食稚子牽衣哭，左支右調情無聊。門外青衣接踵來，稅糧徭役並相催。男子但云怕箠楚，婦人密說且逃開。又戀家鄉不忍離，商量割愛鬻嬰兒。嬰兒生長才十歲，豪家買去與緡錢。育養何難棄何易，貧兒不異犬與豺。兒聞相別淚不乾，母見兒行號蒼天。捫胸頓足僵復起，悲風流水聲潺潺。夫反勸妻休痛哭，輸租供役分當然。及到使官門，遷延不引見，府胥索秤頭，隸卒需酒饌，浮費十二三，追呼猶未已，俯仰有誰憐？愁生不如死，死者無覺亦無憂，生者飢寒竟流徙。君不見田間溝餓殍，枯骨無人收。草根樹皮都食盡，誰思拯救出奇謀。

寄族弟憲周秀才　王百度　謚節愍。

一別射陂煙水茫，虛名十載滿江鄉。等閒知己相拋擲，猶恐歸時兩鬢蒼。

自潁州寄百戶周西平　王百度

萬里飄蓬一羽毛，乾坤何處鬒英豪。無緣會獵清蛾穴，按：「蛾」，古「蟻」字也。「蟻」字，唐音讀若「蛾」，見顧炎武《唐韻正》〔註26〕。每恨單騎入虎巢。拂樹

〔註25〕「美人」後脫「美人」。
〔註26〕「唐」，原為「古」。

旌旗陰晝日，填空鼓角裂春濤。試看今日分符者，誰是功成血戰袍。

自壽州歸里留別諸將士　王百度

匹馬蕭蕭驛路寒，河橋攜袂別應難。丈夫未必青山老，明主何妨白髮乾。霜改林容孤劍泣，雲迷雁陣一身單。而今先設王侯餌，且向江頭理釣竿。

王將軍鐵錘歌　孫榘

鐵錘歌，歌入雲。崇明血戰，王將軍。將軍上馬飲數斗，將軍報國心不朽。一騎平端入重圍，報國心雄擒賊首。轅門點鼓騎馬來，堂上歡呼賜卮酒。黃金不入賊計窮，賊窮死戰將軍忠，矢絕猶呼弓在把。中賊暗算馳歸馬，有弟吞聲向兄前。不報兄仇骨肉假，三年利劍磨之心。一磨一涕滄海深，仇人就撫太倉道。手無寸鐵心思小，買得鐵錘不及看。決胭陷胸吳可沼，仇人有冠左手持。仇人有頭右手撩，彼仇顱裂臥道旁。恨錘不盡猶彷徨，斯時觀者瞻欲落，束身請死錘有傷。豈不知軍門白晝殺人難，兄仇未報心何安？豈不知彼仇有黨三百人，報仇何妨血濺身？殺人者死，此常法。烈士怨深誰不察，兄報國恩，弟報仇。鐵錘貯之太倉州，後人手足不相顧，卻來壁上看吳鉤。

月夜　孫榘

一月橫天滿，秋聲斂夜林。有懷千世遠，獨立五更心。耳目寒於水，山河重欲沉。載賡歌復旦，望古一沾襟。

前異災行　宋曹

黃河十月潮頭動，東觸淮揚，西泗鳳。滿城官長夜不眠，馬上辛勤急彌縫。城邊居民盡當夫，霜色倉皇面皲凍。倏忽風雲颯萬里，楚瓦飄揚浪花重。晚出西門門已堵，時子在淮，自擊水勢。皇華亭前七尺土。我見皇華亭最高，亭邊水立猛如虎。可憐濱海射陽城，不遭河決遭海怒。去年前年海水來，遍地鹽花成斥鹵。申西間連遭海漲。凡海水經一次，不苗者三年。午未後，迭遭海漲不止。蒼生已動極天哀，又逢河漲沖庭戶。河海泛漲本無期，堤防不固誰為主。平時錢穀飽官囊，一朝徒急夫差苦。夫差苦更號天，正月二月雨綿綿。人日已過清明前，總無白日懸青天。眼看麥苗水中死，田家消息真淒然。野草荒庭歲鷗鷺，城中白浪纏飛涎。黑蛇猝怒鬥不歇，留霆日夜聲相連。我尚有家住不得，況復無家屢播遷。衾裯入市不足顧，珠玉作糞飛紫煙。邑里橫流已如此，哭聲慘淡淚如水。陰風逐雨逼孤城，來往相逢半是鬼。可歎窮民兩月中，東風吹過又西風。茅屋土牆總不固，妻子相視饑如弓。提兒挾女市中走，小兒換米只一斗。大兒拉手不肯

去，號啕痛哭死同守。時民有以周歲兒投水者，有棄三四歲兒博一餐者，有以五六歲兒換米麥斗許者，甚至十餘歲兒止換米二三斗許。或為老姑或老舅，勉強支持遂門叩。低頭乞食羞不言，努力難前惟恐後。或為老母或老翁，幾日晨昏食不通。皮無菜色語無力，千載監門圖難工。多少相看立餓死，死後飲水腹如皷。一日流屍五十七，二月十九日，城外報餓人五十七死泊堤下。兩月屍流不可數。哀哀蒼天天不知，天晴雨散哭孤兒。滿城生別及死別，紛紛骨肉無聚時。往年洪水與大旱，尚可從容說逃竄。千載無如今日荒，誰知救荒勝弭亂。從《會秋堂本》，與沈《志》所載小異。

自題小像　宋曹

端坐北牖，誰之面目，係出微子。遞遷海曲，上祖累德，簪裾似續。慨念雙親，年將半百，顧茲箕裘。得男不育，吾生何遲。侵凌何酷，母不顧妊，孝感何篤。混沌未傷，寤生無息，半夜復蘇，家祀幾覆。原注：吾母四十一始妊予，是年庚申五月，祖母以哭女得癲疾，家人莫敢近，母獨日夕相伴，奔跌僵躓，無寧日晷。家人戒曰：「曷保爾妊？」母曰：「吾寧墮胎，不忍姑抱惡疾。」以死為理。櫛沐調飲食，頃刻不離者四閱月。會醫者陳君用吾投藥一七，祖母愈，母妊無恙。十一月二十四亥時，予寤生，半夜無息。母曰：「吾逾四十無嗣，屢遭家難，今得男為胎殤，吾何生為？」欲不食死。祖母曰：「婦胎之傷，吾病所致，我應死。」蓐嫗曰：「俱勿驚，我能致嬰兒生。」乃以絮被冪戶牖，及卯始作呱聲。鄉人咸謂吾母孝感以致吾生也。按：陳用吾，名時行，明諸生，以醫著名。自幼學書，刺掌安忽。原注：吾父教子學書。一日課輟，引案上錐刺子左掌。蚤人承明，敢云通籍。軒冕朝市，變生莫測。爰返初服，蔬柈自力。一病廿載，臞然誰匹。歲月荏苒，儵然自適。弓旌在門，終不言祿。猿鶴相若，虛聲何益？復還造化，吾心匪石。念切生民，老至更劇。凜凜名教，容不自核。若問養生，坎離有術。只今八十，吾道一默。

弔司石盤 邑諸生，明末殉節。　宋曹

擊鼓天門劍氣收，淮陰一死自炎劉。明沙帶雪驚寒夜，白骨披星逼素秋。懷抱燭龍歸帝宅，指揮精衛復神邱。應憐中土成荒塞，萬里長風吹古愁。

弔孫德求 邑諸生，明末殉節。　宋曹

悲馬回嘶碧水溙，提戈豈為作王賓？箕囚不欲全枯魄，周粟何能強餓人？滄海壯添秋戰骨，魚龍歡擁舊朝身。驚濤怒觸城陰晚，草色年年綠不勻。

苦雨歎　宋曹

城頭看水絕無天，城下看水飛寒煙。怒濤一聲淚如雨，人命填路誰復憐。

路上行人莫敢渡，一片水光沒堤樹。陰鬼嘯雨雨不休，隱隱雷霆亦不怒。連綿三月傾人魂，狂飆拔木波打門。蒼蠅跳樑入人室，俯仰歎息無朝昏。更念吾鹽海水瀉，崩廬壞屋如摧瓦。蒼涼夜宿水聲中，城郭真如道旁舍。人家痛哭愁無依，高望城頭煙火稀。難將百恨酬千慮，不見城頭一鳥歸。

故家子乞為奴歎　宋曹

洶洶河決民何辜，魚鱉吾民只斯須。皇恩累累幸不輸，下吏克賑如割膚。流民縱歸無所圖，不如異鄉臥街衢。逢人只道乞為奴，為奴不慣學賤軀。雙手下垂隨人趨，空餘老耄沿江呼。哀哀寡妻呼故夫，老夫煢煢如悲鳥。呼妻不見復呼孥，相勸寧死莫作奴。雖然飽暖鞭撻俱，異鄉誰惜故家子。終年作奴如遣徒。

道旁白骨歎　宋曹

淮南之水天下無。城裏城外空鵜鶘。十載全無救荒策，江海煢民困不蘇。少者遠竄老者死，他鄉亦復形如刳。年年苦遭北風厲，沿江一望淚欲枯。白是人骨黑老烏，老烏毒喙如天吳。日日啄人肆吞屠，可憐枯骨誰號呼。我欲圖骨上京都，直聳天聽訴寡孤。區區鄭俠何足圖？白骨之慘，慘比菜色，何如乎？

道傍小兒歎　宋曹

家家門巷空土牆，朝望不返暮復望，多少流殍活不得，牽手相視兩彷徨，況復歲晚衣服薄，老妻少婦徒淒涼。他鄉日長不得暮，悠悠寒夜夜更長。起來依舊不得食，襁褓小兒置路傍。幾年枯血實難乳，滿地呱呱號大荒。嗚呼！百萬流民散何處，道傍小兒安能識故鄉？

淮南大水兼傷地震　宋曹

天心何可測，無處說登憑。路過彭城斷，山連楚甸崩。歲荒難料賊，民賤止如蠅，挈女提兒去，悽惶淚不勝。

登射州城樓望水　宋曹

古廟臨河浸綠苔，數行蘆葦傍孤臺。城邊漂屋隨風散，堤外流棺到處來。村落只餘林影泊，鸕鷀空繞浪聲哀。水田圖就誰能進，鄭俠當年不足災。

贈別胡子　宋曹

萬里明天漢，吾徒寄此遊。荒雞難作別，孤雁更生秋。雲自東陵出，星從

北道流。折花相贈意，莫向棘林投。

春夜答梁公狄　宋曹

說到春陵事，含情共寂然。三春臨月夜，同調見心年。白骨還封道，黃冠且問天。一言無可發，相伴有溪田。

早春會朝四首之一弘光時為中書舍人作。　宋曹

雙闕晴分鐘欲罷，東城日上雪才消。萬里雲氣通三殿，滿地花陰照百僚。黼帳成文相映出，朝珂帶響望中遙。大廷何日無封事，每見爐煙入絳霄。

長安秋興十首之二　王之楨

碧雲如綺漾高空，千里懷人玉露中。蛩雜遠砧鳴近舍，月移疏影下修桐，早霜驛路驚衣薄，久雨蕭蕭對蓼紅，家在蘋花深隱處，布帆何日問秋風。

鄒衍談天事已灰，如今碣石等塵埃。昌平自重賢良策，易水空遺壯士悲。樹色丹連宮闕曉，菊叢黃對夕陽開。何須賣賦矜詞客，一句詩成酒一杯。

丙辰，遊燕都胡鎮瀛賦七律見懷依韻答之兼憶。

史師相　王之楨

布衲蕭騷入薊門，舊遊房魏謬相尊。多君世協商霖卜，愧我心銜國士恩。五丈原高龍久逝，千章樹暗鳥能喧。放懷天外頻呼酒，潦倒無心問故園。

秋日代友人寫鄉思　王之楨

久客金臺景物遷，燕山南去白雲連。夢鄉月照淮東路，秋士悲深冀北天。遙憶離鴻啼海月，更愁墨浪壓湖田。射州紅蓼灘頭鷺，怪我經年遠釣船。

旅中聽李善建話其尊人總戎公舊事，許為作傳　王之楨

當年闖獻鼓妖氛，戡亂雄才迥出群。潁上揮戈殲劇賊，臨淮血戰奏殊勳。迎降恥附哥舒翰，斷指忠同南霽雲。若使至尊先授鉞，龍城又見李將軍。

壽宋眉長有序。　沈漢

眉長先生與余謂同學，試輒冠軍。甲申后，以諸生閉戶著書，足不入城市者，四十餘年。其清風介節，不愧古人。今八十矣，詩以贈之。

蹈海曾聞說魯連，先生抗節邁前賢。何妨抱道貧原憲，竟以傳經老服虔。誰起眉山驚絕業，獨留心史照他年。知君素矢惟貞白，雪煮松根上酒筵。

王孝子歌　沈漢

古人行事得於史，今人行事得於裏。史官傳聞或異辭，里人月旦無溢美。

王子純孝本天生，與我同學同桑梓。若翁春秋九十高，早謝功名如脫屣。歸來拂石臥林邱，青氈之外鳥皮幾。黃金不遺遺一經，太邱家學從此起。有子今亦稱古稀，日試萊衣共甘旨。承顏內外無間言，養志終身自砥矢。堂上膝下具龐眉，龍芝一莖生連理。我非耳食謏聞者，欲礪頹波賴有此。君不見王家孝子字偉元，《蓼莪》讀罷聲已吞。又不見王家孝子字休徵，脫衣未畢忽剖冰。嗚呼！古來言孝多奇節，讀史令人心哽咽。何如天倫樂事相追隨，孝子愛日須切切。

壬子水災　孫一致

沉沒桑田盡，奇荒計五年。淮揚都是水，湖海不分天。舟宿浮生黿，巢居野哭懸。直將憂國淚，灑到聖明前。

聞淮郡大水望鄉信不至　孫一致

音書寂歷路漫漫，客館秋風晚更寒。聞說淮南頻苦雨，卻愁海上又狂瀾。當年物力誅求盡，此日瘡痍補救誰？田家力盡苦乘春，入夏無多水患頻。河上六年悲瓠子，淮南七邑付波臣。繪圖時抗監門疏，發粟應思矯詔人。此後不惟農業棄，樵漁何地更容身。

讀《沈烈女傳》　孫一致

沈家孀母沈君桐峰妻王氏抱完節，膝下有女性尤烈。婉娈時嫻《內則篇》，列女之《傳》都曉徹。父存曾為女相攸，笄年許字書生薛。書生不祿忽云亡，女聞訃至心摧裂。避人飲淚只吞聲，處子誰向慈幃說。從容就死殉綱常，怡然引繩自裁決。夜臺有日照肝腸，凜凜正氣飛霜雪。山或騫崩泉或竭，烈女精誠永不滅。

都門寄懷宋處士射陵　孫一致

吾友號射陵，窮居薄梁肉。矯然不得意，忠孝寄歌哭。蕭蕭庭北林，於中結茅屋。劃地縱橫陳，春秋足野蔌。自言仕進疏，此供老母祿。母年踰八十，短髮驚心目。雖云四方志，忍違水與菽。以茲守故廬，白眼照幽獨。崎嶇方寸生，不平見初服。搔首看蒼天，日月虛轉轂。獨憐有心人，爛熳食庸福。我今燕市遊，三載空鹿鹿。感言頻寄書，慷慨露腸腹。行墨真有神，見君在尺幅。何時或顧予，譏君荒徑菊。風雨別後多，變色論疇夙。

寄王處士筠長<small>時詔舉隱逸。</small>　孫一致

空谷幽林物外遊，青溪白石自無求。悲歌獨下蒼生淚，匡濟誰分聖主憂。

太華十年曾詣闕，南陽三顧亦終侯。治安有策常虛席，莫漫逃禪老射州。

喜唐陶庵先生自漣水歸　孫一致

風清大海早潮回，木落高城秋色催。燕子空巢愁別去，故人華髮喜歸來。傳經無復干時想，對弈徒悲濟世才。頻過小齋堪永日，好將懷抱向君開。

贈唐陶庵先生　孫一致

早投簪綬遂幽襟，飽臥煙霞足浩吟。《國朝詩別裁集》作「偃臥蓬蒿足醉吟」。衣履獨存耆舊色，鬚眉真見老成心。塵中兵甲滄洲遠，枕上羲皇白日深。八十行年猶自健，荒唐丹訣不須尋。《別裁集》作「天涯故國憂方切，夢裏華胥感自深。聞道欲歸仍遠適，雲山何路許追尋。」下四句與本《集》全異。

獨坐　劉蔚其

忽忽竟五月，不知年華去。但見東園花，照眼開盈樹。有酒酌數杯，半醉含真趣。興至輒成詩，何必意有寓。

夜　劉蔚其

細雨空庭落，微風獨夜涼。燈殘還待月，夜薄且添裳。岸柳無心動，池荷隨意香。此中有真樂，肯遂世人忙。

次龍興庵在北宋莊。　劉蔚其

四顧惟荒野，禪林燈影張。月浮湖水白，風過酒船香。樹倒湖中影，人飛花下觴。此間堪偃仰，乘興一徜徉。

大水　釋原志

不仁安敢怨黃河，十載傷心《瓠子歌》。上帝於民真父母，下民何處避風波。樹顛出沒魚龍老，浪裏纏綿骨肉多。死者不生生者在，誅求滿地泣如何？《江蘇詩徵》有原志詩三首。

白燕詩為孝子王忱作。　潘與泓

霜露淒淒竟不歸，冰姿縹緲欲何依？可隨夜月梨花落，只傍孤幃孝子飛。掠水怕添波底淚，臨風思染雪中衣。到今呢語空成恨，影斷雕梁夢亦稀。

題楊啟園雪窩小閣　樂繹

小閣孤桐直，疏簾碧檻重。窗虛容月入，徑曲倩雲封。遲日書聲細，輕風花氣濃。主人澹無事，相對自從容。

弔唐藎侯先生　劉沁區

逸才推曠代，我見止先生。動筆波瀾湧，如珠咳唾成。文難爭命運，品不藉科名。遽奪斯人逝，蒼天意未明。

哭亡友趙箕陳六首　劉沁區

猶記離筵感慨多，計程不日渡黃河。醉中一別無消息，才唱《驪歌》忽《薤歌》。

傷心時運復何尤，血碧磷青土一抔〔註27〕。百八十人齊下淚，知君不獨為身謀。

遙傳五月返征車，白髮衰親日倚閭。中道已埋游子骨，還逢人讀寄來書。趙箕葬，中途數月，弟引干千里扶櫬歸。

碧落黃泉總莫論，漫澆濁酒遠招魂，煙波可識歸來路，家在寒溪老樹村。才多非福話誠真，生死如環亦有因。今世才多身早死，再生君莫作才人。病中霜發早驚秋，布被繩床集百憂，自覺世緣都未斷，因君諸事一時休。

孫東海先生索和老梅詩　劉沁區

古幹槎枒似石堅，孤芳早已占春先。下辭歲晚冰霜劇，為歷年多雨露偏。剩許竹松成伴侶，任教桃李競暄妍。黃蜂紫蝶非相識，香在寒岩凍壑邊。

秋夕，高子上招宿侯園，喜唐藎侯先生自莊適至。

得留字韻　劉沁區

竹籬花榭舊同遊，入郭追隨幾隔秋。何意張燈初下榻，恰逢維艇共登樓。論心未解三年別，握手先期十日留。最是主人能好事，詩籤疊送雜魷籌。

潘若谷招飲翼園，同葉君坦、高子美、子佩論文竟。

夜　劉沁區

燈明亂棲鳥，招客夜開軒。暝色破松徑，寒香浮菊樽。真文奇自出，古調淡能存。愧我離群久，微酣得細論。

王筠長先生久客京師，過邸舍話舊賦贈　劉沁區

高蹤久已伴樵漁，豈慕浮榮輦下居。在市隱非同賣卜，出關留止為傳書。聲華少日心原淡，契闊多年鬢未疏〔註28〕。愧我風塵徒慘悴，攜將冰雪浣征裾。

〔註27〕「抔」，原為「壞」。
〔註28〕「鬢」不清楚，待考。

舟過射陽村懷古　梁華南

漢室荒陂濁浪屯，懶從篷底說王孫。千墩那辨三侯冢，一水難招二烈魂。代謝提封空注想，劫餘村落幸長存。還嗟草檄陳書記，曾擅才名耀里門。

海村秋望　梁華南

黯黯雲垂野，嘹嘹雁叫空。沙堤秋歷落，煙海晝溟濛。蜃幻能噓氣，蛟寒欲徙宮。神山知近遠，翹首問西風。

海漲行甲辰八月，海水大漲。近海居民漂沒者無數，流越范堤，幾灌城邑。　宋恭貽

射城峙海畔，東望何茫茫。蛟龍常出沒，波浪時飛揚。爰自范文正，沿海築堤防。漂泊數百載，障水如垣牆。居民獲安堵，萬古懷循良。恃此以無恐，怡然樂處堂。忽然海水溢，長堤不足當。遠聽若天崩，橫來如斧戕。一朝遍溪壑，城外總汪洋。屋舍盈斥鹵，黍稷槁疆場。鴻雁哀中澤，無食復無糧。可憐胥溺者，屍流塞城隍。念茲幸生輩，多少愁死亡。小民既無策，官長總彷徨。往來望水勢，出入去儀章。辛苦經晝夜，遠近自皇皇。慨然念往昔，悠悠我思長。狂瀾誰砥柱，殷勤為救荒。

辛卯五日，侍老母午餐，示兒孫率成三百字　宋恭貽

在昔鄧文潔，致書王太倉。每年八十七，志欲辭廟廊。奉養少甘脆，修辭殊彷徨。昨偶閱其集，驚歎刺中腸。此老尚云爾，矧子不才行。今辰覯令節，早起籌壺漿。先奠几筵前，無怙已十霜。餖飣複數器，以享我糟糠。胸懷紛耿耿，布席於北堂。茅茨來薰風，童稚列兩旁。老母面南坐，貌疲神氣康。蝦菜亦略具，歡然進蒲觴。慈顏喜加餐，說比昨日強。終食視匕箸，吾意真洋洋。顧謂子及孫，茲幸豈尋常。母壽正九十，六十九兒郎。淮海多巨室，誰氏有斯祥。自惟祿養運，明發徒皇皇。豐嗇命有定，清濁福相當。況乎今年春，阿瓈病已僵。天佑出意外，冥漠惠寧忘。撫身時瞿瞿，思報祖德長。一事或違心，神鑒恐彰彰。即今天倫聚，可遺譜牒芳。汝輩都有子，愛之如珪璋。願言各循分，毋玷清白光。外辨蓬與麻，自審苗與稂。揣我桑榆隱，省我菽水將。大母獲難老，四世樂無央。俯仰質先民，勉為同里望。

經龍崗　樂寧侗

水經霜月冷長渠，歸路今猶隔里閭。兩岸柝聲孤棹響，龍崗橋畔二更初。

謁丞相陸公祠有序。　顏敏

康熙庚子歲，敏承乏海陽，恭謁宋丞相陸公祠堂，獲晤丞相十七世孫明經

文璉、新安廣文文振攜宗族諸生等。遡自丞相至今十七世，本文相傳派衍蕃盛，咸聚族於此。東南海澨，天各一方。人代變遷，始通鄉信。爰賦長句誌感。

五千里外仰靈光，四百年餘信渺茫。身殉龍潛天墮水，裔安蠖屈客拋鄉。封潮墓自丁樞院，蹈海書傳鄧侍郎。丞相雲孫風格在，嗟憑梓里話滄桑。

和宋滋庵視膳詩同韻　凌蘭孫

大母年九十，所須非千倉。惟願後人賢，奮志登巖廊。冡君成孝廉，晨夕猶彷徨。仁粟久未及，激烈摧肝腸。轉盼聽臚傳，趨蹌鵷鷺行。祿養甘旨豐，南國贍酒漿。珍錯索異域，寧敢辭風霜。斯時饒鼎烹，迥殊舊糟糠。自今祗竭力，承歡事高堂。每食輒視膳，兒孫列其旁。殷勤望顏色，龐眉壽而康。茲值天中節，欣欣具壺觴。丹砂點臺背，百歲仍少強。母顧而樂之，意氣甚洋洋。笑指舞衣人，家慶非泛常。浩歡思先民，卓哉漢中郎。芝兔雖足慕，安得此禎祥。今春奉明詔，仁孝動聖皇。升聞甌旟表，惟公誠相當。馳示不肖子，夢夢走且僵。倘誦《蓼莪篇》，明發胡可忘。似君叔世少，自應福報長。行年漸七十，令德潛愈彰。彼蒼眷壽母，期頤更流芳。子姓俱謝駒，如圭復如璋。豹變蔚人文，永為交遊光。愧我忝通家，賦質比苞稂。怙恃早仙遊，雞豚何所將。八戰尚株守，泉臺憾未央。師範曾不遠，項背安敢望？

和宋滋庵視膳詩同韻　王師績

自古重孝廉，祿米頒太倉。將養佐不給，恩施出巖廊。爰思孝廉義，顧名每彷徨。誰獨非人子，能不激中腸。是以捧檄喜，板輿奉親行。鼎烹及雞豚，菽水雜酒漿。皇皇逮生存，惟恐隕露霜。後世此義廢，古制圬粃糠。方今聖天子，孝治坐明堂。思齋表太任，夔慄寢門旁。推恩及天下，憂老而錫康。帛肉米有賜，天顏喜侑觴。國老與庶老，飽德視履強。太平藉潤色，蒸乂福滂洋。典禮邁自昔，史冊豔非常。吾里孝廉公，需次紫薇郎。母子歲百六，罕有斯禎祥。婦壽不及典，未敢奏吾皇。孝廉供奉才，辟易莫敢當。家食養廉缺，有時雪臥僵。夙夜能無忝，愛日戀不忘。令節值天中，薄奉滋味長。雍濟排四世，一門慈孝彰。匪獨家之慶，垂為國乘芳。公益砥廉隅，秉身如奉璋。顯揚會有時，清白增輝光。慨彼下泉詩，如何浸苞稂。孝子必昌後，食祿今方將。次第麟鳳姿，獻賦入未央。寄語諸後昆，努力副所望。

贈王青巖先生　宋凱詒

使相揚州幕府開，軍謀十策濟時才。龍髯海底千秋淚，馬口江南半壁灰。

一自文山歌正氣，空令皋羽哭西臺。心喪歲歲嗟何處，春雨雷塘嶺上梅。

老婦行 甲申年，過東昌作。 成永健

道旁老婦向人泣，榆皮剝盡杏葉澀。兒女盡鬻夫死饑，風雨乞錢短衣濕。我聞聖主正宵旰，悉除逋賦恩浩瀚。更聞減糶遣官僚，千艘漕稉來河岸。如何泰山蒼蒼側，白骨如麻慘天色。嶊苻三五趁饑人，日月何曾照鬼蜮。鬼蜮伺人吏方喜，闇倉漁貨從中起。我自東來塵鹿鹿，簫管檀槽何處屋。清調紅妝一串珠，皇華夜宴燒銀燭。銀燭燒殘樂未央，起來寶馬獵康莊。髑髏蟻穴君不見，猙獰犬噬鷹飛揚。

米珠行 成永健

米如珠，珠不如珠不可食，世可無饑。食菜菜亦稀，十旬不雨草離披。戍卒西山來，稱貸聲喧豗。伏莽東山起，村落如驚雷。榆樹柳枝葉葉盡，惻惻吞聲顏色困。青蓑不著腰鐮閒，牛羊大疫空溪山。來日官租吏又促，冷煙黯澹誅茅屋。

王臺行 成永健

王臺村邊婦夜哭，夫死路隅女已鬻。女聞走哭枕父屍，哀鵑啼猿聽不得。行人淒惻各淚垂，霾霧冷風暗山谷。對此酸心復蜷局，何人袖手空縮朒。使君羸馬泥鹿鹿，倒篋典衣女為贖。溝壑難回既死魂，尸素空糜大府祿。吁嗟豪華厭梁肉，管絃夜飲猶不足。

沽河行 成永健

膠州東二十五里沽河，當萊、平諸水會合入海之衝，河榮諸社苦災，為之惻然有作。

沽河岸上春樹枯，河榮社裏春草無。樹皮作食草根盡，青春慘淡昏鴉呼。去年河漲蛟鱷吼，家家廬舍十去九。積骸拋棄莽成邱，孤獨流離寒露肘。何人宴飲還酕醄，城狐肆毒猶紛囂。赫然震電明秋毫，蕪穢迅掃天風高。天高剗極數不返，倉皇補救事已晚。蚊背忽復當邱山，弩力不惜下長阪。長阪直下沽河隈，沙飛濤起聲喧豗。河榮河榮亦何奈，吞聲相向心徒哀。以上兩篇皆載《膠州志》。

先慈生日 劉霈

菽水猶能具，雞豚亦間烹。如何思色笑，未免隔幽明。又值稱觴日，空餘薦食情。慈烏真解事，爰止作哀鳴。

送別　沈兆麟

薄暮送遠至河梁，浮雲流水何茫茫。殷勤顧予不遽別，落日垂首相感傷。回首歧路柳成絮，欲歸不歸心猶豫。愁思滿懷如春色，縱有東風吹不去。

北上口占_{自滇南觀時作。}　　徐鐸

清時敢畏老風塵，人羨歸朝侍從臣。揮手未能忘部屋，馳心先已達楓宸。芙蓉花發萬山紅，供張遙臨古寺東。行道漫勞紛雨泣，此行未與二疏同。

嶺南拜陸丞相墓_{與太子樓相望。}　　夏州梁

三百餘年正氣收，霜天萬里起人愁。花明黑海孤臣墓，蔓草青春太子樓。烏鬼猺童吹野火，樵歌牧笛飯荒邱。主臣魂魄今何定，國事當年付水漚。《江蘇詩徵》錄州梁五律一首。

弔陸丞相　姜有慶

鼓鼙聲絕陣雲昏，神笏巍然一代尊。南渡河山歸海國，東來宮府膳厓門。西風長灑孤臣淚，抔土仍依少主魂。尚有祥興書歲月，宋家統系仗公存。

弔陸丞相　徐樞

颶風吹湧濤頭紫，厓門半壁天連水。山橫奇石走南溟，宋室君臣同殉此。君是祥興臣陸公，一十萬人沉海底。偉哉丞相能成君，仗劍驅孥實倡始。負帝終懸捧日心，忍令帝作降天子。想見當年進講時，正心學業超常軌。一代真儒紹紫陽，千秋亮節光青史。我生實近丞相鄉，高山景行恒仰止。嗚呼宋亡有三仁，維文維謝同芳趾。先生之節奇復奇，海底君臣同不死。

司石盤先生殉節詩　張芳齡

默庵老人文中雄，當年特筆褒三忠。三忠產自明之季，堂堂大節將毋同。就中司公益挺特，鬚髯如戟音如鐘。逆闖犯闕明鼎革，江表王氣黯然終。豈無謀臣暨驍將，誰其報國圖寸功。嗟哉司公韋布士，忠肝赤膽摩蒼穹。新昌王子浮海至，銷聲匿跡射湖東。明之百官已星散，故臣僅剩總兵鄤。《明史》、《史外》諸書皆稱「鄤都司」，唯《三忠傳》作「總兵」。父老見者頻墮淚，高帝子孫皆真龍。公獨捐金募死士，甲兵數萬羅心胸。其奈彈丸蕞爾邑，退則難守進難攻。區區螳臂縱無益，厓山忠烈傳遺風。孫公蹈海司公遁，裂裟瓶缽何匆匆。不圖中道旋被縶，裂眥出血髮上衝。故明累臣郭司李，鳴鞭吹角聲隆隆。謂公倡亂宜伏法，留之後患無終窮。公謂爾為前進士，乃棄故主邀新封。我輩同事甘同死，

對爾差覺無愧容。章皇御極十八載，車書混一寰海中。桀犬吠堯曷足怪，褒忠在昔廑宸衷。於今懷古讀公傳，紙上吐氣如長虹。荒磷古墓杳難覓，碧血千年慘不紅。

海潮紀異　張芳齡

射州瀕大海，東望渺無際。煙灶數萬家，煮海以為利。每遇夏秋交，狂瀾必湧沸。富者挾金貲，貧者儲糧糒。徹屋作巨桴，挈家群遠避。己未秋之初，嘉慶四年。濱海潮特異。長鯨鼓其鬐，大鵬展其翅。罡風東北來，其聲大而厲。驚濤疑崩山，駭浪欲憾地。婦泣與兒號，奔走失其次。不願同室居，但願同穴瘞。蒼皇取長繩，齊向腰間繫。仰天歎無辜，立即隨波逝。遺骨飽蛟螭，殘魂化精衛。大士泛慈航，一一難普濟。其餘幸逃者，十僅存三四。枵腹恒苦饑，垂頭總喪氣。相對慘心魂，無聲自揮淚。差喜性命全，敢怨室家棄。邑侯遣吏胥，出郭收遺骸。水濱攏獐兔，日中走魑魅。海若胡不仁，咄咄真怪事。今皇御乾坤，百神咸致祭。豈爾獨無靈，遂乃橫無忌。周餘曾幾何，幾至靡遺類。我欲盡人謀，藉以回天意。沿海築千墩，一墩十仞計。海水不揚波，海若不為崇。有時潮或來，庶幾足倚此。

詠史　徐燧

一著羊裘志便超，桐江煙水自迢迢。雲臺豈屑儕諸將，星象曾經動九霄。天子故人終遠引，富春遺跡未全消。能令東漢崇風節，如此功名永不祧。

報韓原不為興劉，假手高皇志始酬。一卷書從黃石授，千秋人羨赤松遊。直教伊呂勳同建，未許蕭曹筯並籌。蹤跡猶龍殊莫測，功成何意更封留。

夏日雜詩　沈駕書

今年風雨調，四野快沾足。才刈滿疇黃，又種盈畦綠。天公速長養，近暑熱已毒。連日氣蓊翳，頗不耐煩黷。海壖低濕地，居士蝸牛屋。沾濡滯几席，浹背汗衣服。安得坐欠伸，群碎悉遣逐。昨日偶出門，觀稼入村谷。長幼事犁鋤，寢興傍牛犢。不道勞胼胝，但願收豐熟。歸來心惄然，自返而不縮。有田不勤耕，有書不勤讀。問我何人斯，坐享饔飧福。君子所無逸，流連日三復。

旅思　沈駕書

綢繆竟何許，獨客念雙親。累月定省疏，百慮縈晨昏。常時門內依，出入恒牽衣。誰迫作游子，遠赴天一涯。音問頻頻至，針線遙相寄。短書三四寸，封裹纏綿意。書中語還鄉，囑我自忖量。是雖未令歸，已知長相望。江天風浩

浩，海水波洋洋。浮雲翳天末，飛鳥倦翶翔。曷不返故巢，謀豈在稻粱。勞我兩人懷，日夜起彷徨。

踏車曲咸豐丙辰作。　　王豫之

火鳥銜火燒百穀，怪魃跳舞老農哭。老農踏車傍溝瀆，饑腸轉輪足轉轂。終日田水才盈掬，汗珠淚珠流百斛。流入禾根禾不綠，歸來晚飯視兩足。繭厚一寸不見肉，飯罷又聞車獨漉。仰瞻角張紛五六，流光照見車頭禿。

苦旱行咸豐丙辰作。　　王豫之

東郊長魃白晝跳，西郊短魃黑夜號。魃鬼跋扈誰敢禦，雨師奔竄河伯逃。半年未見雨一滴，平地黃塵厚一尺。農抱枯禾哭不得，淚滴禾根禾盡赤。去年蝗蟲飛蔽天，十室九家無炊煙。白骨往往溝壑填，吏胥猶索逋租錢。今年旱災乃若此，烽煙況復迷江涘。盜賊匪盡遊惰民，良懦誰甘窮餓死。昨聞大吏方祈雨，杞人終覺憂心苦。欲往天門叩天鼓，蒼蒼不笑亦不語，但見金烏擲梭兔搗杵。

蔣之蜀中留別故鄉諸子　　王豫之

蜀道難於升天行，談者齒擊聞者驚。無端饑凍忽偪迫，遂視履險如履平。十年來往黃天蕩，白浪如山不得上。風濤險處亦思歸，咫尺鄉園差可望。蓬梗隨風日愈遙，瞿唐灩澦何迢迢。那堪久病剩雞骨，況復新霜生鬢毛。男兒讀書如汗牛，安能局蹐營槽邸。青蓮畢竟非豪士，錦城尚切還家憂。故人苦死留不住，酌酒為我歌行路。溪頭朝浣杜陵花，阪前暮叱王尊馭。歌罷簷前殘月漾，北斗闌干雞欲唱。一燈如豆剔不明，滿座無言各相向。憶昔歲歲歸去來，此行萬里何時回。春風杜宇聲鳴悲，秋宵巫峽猿哀啼。衡陽有雁皆南飛，此後思君知不知。

鹵水來慨海水傷禾苗也〔註29〕。　　薛鐄

鹵水來，田父哀，秧畦秧老不得栽。長夏無雨旱風起，補種晚禾禾亦死。掘井九仞西村西，汲來一石五斗泥。東海健兒好肩背，西村擔水東村賣。道逢老叟眉髮黃，遙呼健兒價勿昂。我聞縣官催閉閘，海若退舍海童怯。健兒大笑翁迂哉，鹵水來，閘板摧；鹵水去，閘門開。鹵水來去不成災，昨日有文申上臺。

〔註29〕「慨海水傷禾苗也」是注解，原書為正文。下同。

江北老痛渡江餓莩也。

江北老，形容槁，男子肩擔婦懷抱。千人萬人成一龍，渡江三日無一飽。蝗飛川竭慘饑驅，出門千里趁膏腴。何意江南旱更甚，野無青草室懸磬。吳市空吹簫，越山望迢遙。忍饑朝朝復暮暮，不知豐年在何處。道逢歸人勸勿前，狂寇飛炮徹江天。遇寇亦死饑亦死，歸死猶得枕邱眠。君不見，前平望累累老幼無人葬，枉拋骸骨秋江上。按：饑民結眾謀食遠方，俗謂之拉龍。故云「千人萬人成一龍」也。

賣兒女傷饑民南渡，變賣子女也。

賣兒女，哭聲苦，女未梳頭兒離乳。今日爺娘斷肝腸，明日奴婢遭箠楚。不願多得錢，但願主人憐。更念主人好，使我夫妻飽。南來十口饑腸鳴，割肉與君鬻所生。主人主人須宥過，我兒我女皆驕惰，昨日華堂錦茵臥。

塗面賊傷劫賊橫行，捕兵苛索也。

塗面賊畏人識，如塗塗附滿面黑。長戈在手刀在腰，風寒月黯天無色。披我篋中衣，寒我一家肌，傾我囊中米，餓我一家體。床頭金盡餘帶鉤，登床攫取炯雙眸。長繩累累縛手足，婦女幸逃否則辱。嗟嗟賊去官兵來，捕役喜躍為生涯。東鄰被劫匿不報，先雖嗥咷後則笑。君不見，捕不塗面凶於盜。

出藏穀諷奢侈致饑也。

出藏穀，饑人哭，一串青銅買一斛。饑人請損語乞哀，富人待價心未足。饑人昔豪家，用度何奢華。奢華復何似，田父著紈綺。娶婦營社待鴛鴦，鮮車肥馬美衣裳。嫁女少亦中人產，珠襦袖長羅衫短。豈伊皆取諸宮中，稱貸而益恃年豐。一朝荒歉甕無粒，典衣不值十之一。今日買穀苦無資，昨日羊羔醉金巵。出藏穀，饑人哭，非哀穀貴非傷貧，悔恃金多有餘粟。

東海道中　陳蔚林

滾滾煙塵裏，風驅旱魃過。薄田民不種，小吏賦猶苛。野曠牛羊少，原荒鬼魅多。僕痛予亦渴，溝水盡鹹醝。

書目

漢《陳琳集》十卷。《隋書・經籍志》：《陳琳集》十卷、《別錄》一卷。宋王堯臣《崇文總目》：《陳琳集》九卷，無《別錄》。《新唐書・藝文志》、鄭樵《通志》、馬端臨《文獻通考》、焦竑《國史經籍志》、陳第《世善堂書目》並作十卷，而明張溥《百三家集》匯錄琳詩賦、書檄

共一卷。近人蔣清翊有《〈陳孔璋集〉輯存》一卷。宋陸秀夫《編正孝經刊誤跋》、丁晏《孝經徵文》引作《〈孝經刊誤〉序》，而乾隆《府志》、光緒《府志》、《淮安藝文志》並作《編正孝經刊誤跋》。《莊子注》。光緒《府志》所載書目有此名。考歸有光《莊子注》引秀夫評《莊子》語，不云秀夫有《莊子注》也，待考。

元金原舉《雲谷集》，見舊《志》。明秦約《文樵海集》，見《萬姓統譜》。李文《易辨疑》、《讀書記》、《四書直解》，以上三部總名曰《非齋集》。程《志》所載甚明，光緒《府志》於三部之外別增「非齋集」之名，非是。舊《志·藝文》有本學教諭陳中《〈非齋先生文集〉序》。葉照《條環樂府》、《灌園詩集》，見舊《志》。陶德純《周易精蘊》，陶堯年《易學闡微》，以上二部見丁晏《〈周易明筮編〉序》。王信《西溪詩稿》，嘉靖三十八年，武進唐順之為之敘，未及付梓。國朝道光二十四年，其裔孫念言、廷標同校刊，常熟翁心存為撰序。孫榘《初茅軒文集》、《四書正義》、《亦園雜刻》、《被縷集》、均見舊《志》。《四書正義》前有《自敘》及同邑李逢春《敘》。《被縷集》前有李逢春、李生、顧士英、宋蘇《敘》。《藏堂詩集》，《江南通志》曰《藏堂詩集》，《家傳》曰《藏堂詩稿》。潘仲蘭《碧筠園集》，見舊《志》及光緒《府志》。王夢熊輯《陸忠烈公全書》八卷、卷首有武進惲日初《序》，卷末有嘉魚熊開元、興化理洪儲兩《序》。《倚樓集》，宋曹《王筠長先生同志錄》云：「先生中年效襲聖予纂丞相《厓山志》，又為其先大人飛卿先生纂輯《倚樓集》。」《倚樓集》之名見此。王之楨《陸丞相厓山志》見上、《青巖文集》、其裔孫□謙家藏鈔本〔註30〕，共八冊。考程《志·王之楨傳》云：「所撰有《太極圖論》、《史局通論》、《朱陸異同辨》」。今按：皆《集》中篇名，光緒《府志·藝文》誤為書目。《楚辭纂注》〔註31〕，見舊《志》及光緒《府志》。宋曹《杜詩解》、見《同志錄》，舊《志》及《府志》失載。《會秋堂詩文集》、程《志》云「著有《會秋堂文集》、《詩集》」，乾隆《府志》、光緒《府志》所載書目止有《會秋堂文集》，誤也。《全集》今未見，其裔孫惟新所藏係殘本，僅《紀災詩》五十九首，卷首有尤侗、宋實穎《題辭》。其詩文散見於各書者，尚可搜輯成帙。《書法約言》。見光緒《府志》及《十研齋集》。

國朝薛鼎臣《海峰疏草》一卷，共十四篇，前有魏裔介、衛哲治兩《序》。孫一致《世耕堂詩集》二卷，首有宋曹、劉沁區兩《序》，今板存陶縉紳家。劉沁區《西渚詩存》二卷，前有馮景、邱迥及沁區自撰三《序》。成世傑《燕遊草》一卷、《百花詞譜》一卷，成毓麒家藏本。世傑，歲貢生成茂士之孫。李思伯《皖遊草夢花集》，見陳一舜《廟灣鎮志》。李谷玉《四書集解》、《素心堂集》，同上。陶立中《周易範圍集》，

〔註30〕字不清楚，待考。
〔註31〕原為《楚詞纂注》，卷十《人物志》中有《楚辭纂注》。

陶泳《周易考原》，以上二部見丁晏《〈周易明筮編〉序》。宋恭貽《鶴陰書屋集》見《射州文存》、《會秋堂遺稿》，道光中，邑人殷步丹、陶鑲等所刊僅《呂子權傳》。誄、挽詩合以尤侗、釋元志、余懷三人《題辭》及陶性堅、張芳齡兩《跋》，共十三葉。沈漢《聽秋閣詩集》、《臥園文集》、程《志·沈漢傳》、乾隆《府志》、光緒《府志》所載書目並同。沈《志》云「所著有《聽秋閣文集》、《杜律校評》」，無《臥園文集》之名，又不云有《詩集》。考李福祚《昭陽述舊編》引沈天河《挽李廷尉七律二首》，亦云「著有《聽秋閣詩集》、《臥園文集》」，與程《志》合。沈《志·藝文》亦錄漢詩，是漢有《詩集》之確證，沈《志》誤也。《杜律校評》，見沈《志》及光緒《府志》。凌嘉瑞《太和含山文獻志》、《訓含內外篇》，同上。陳欲達《四會縣志》二十卷，見《肇慶府志》。夏州梁《閩粵遊草》，見陶性堅《陸忠烈公全書續編》。顏敏《蕉籬詩文集》，見舊《志》。成永健《偶存詩集》八卷、成毓麒家藏鈔本。前有永健《自序》，又有德州孫勷莪山、桐城方正批養處、沭陽王諿子揚三《序》，共詩七百二十五首。程《志》誤云「六卷」，沈《志》作《偶存詩稿》，皆云「刊行」，今未見刻本。又三卷、雍正乙巳、丙午、丁未三年，詩各一卷，亦成毓麒家藏鈔本。《鄗城文集》、《偶存詩集》卷五《〈恒陽誌感詩〉注》云：「有論載《鄗城文集》。」《偶存文集》，見《射州文存》。瞿志濬《晬盤錄》、《綱目補義》、《春秋條辨》見光緒《府志》、《精嚴錄》，見《射水芹香集》，今存。樂繹《湛村詩集》見沈《志》、《香雪亭集》見程《志》，樂寧侗《湛村續集》，見《芹香集》。沈儼《鹽城縣志》十六卷、乾隆十二年修，知府衛哲治鑒定，知縣黃垣校訂。《虞城縣志》、《文集》中有《〈虞城縣志〉序》。《誦芬堂古文》、沈漕元家藏鈔本，不分卷數。《歐陽文忠公世系考》，見《光緒志》。《陸忠烈公世系考》，程《志》、沈《志》、《淮安藝文志》皆載之。劉霈《東濱詩文鈔》，見《兩淮鹽法志》。沈期《雨村詩鈔》，同上。沈必進《可園詩鈔》，同上。沈玠《左傳氏族源流考》，同上。《芹香集》作《左傳氏族考》，「玠」作「價」。劉蔚其《深柳堂詩鈔》，未見觀所選《國朝詩正》。徐鐸《易經提要錄》六卷、《書經提要錄》十卷、《詩經提要錄》三十卷均見《四庫全書提要》、《滇南詩鈔》、平郡王秦蕙田、雷鋐為之敘，詩凡百篇。《學政條教》，凡六條：一立志，二實行，三經學，四性理，五經濟，六文體。王鉅《默庵文集》、《舊青堂詩鈔》，見《王氏譜》。成人龍《粵遊日記》，成毓麒家藏鈔本。卷首有山陽曹鑣《序》，載《甘白齋文集》。李苞《乙巳志荒詩》，見曹鑣《信今錄》。徐樞《仙源堂文稿》，為太平教諭時作。太平縣，古名仙源，故以仙源堂為名。姚允恭《養性堂文集》，見《射州文存》。徐燧《青琅書屋詩鈔》，見《芹香集》。沈步衢《曉霞閣詩鈔》，見《芹香集》。張芳齡《自鳴詩集》六卷，芳齡《自敘》曰：「半弓書屋主人著。」光緒《府志》因目為《半弓書屋集》，非也。黃岳《紀程》二卷、光緒《府志》誤作《黃山記》。《水利說略》、《鹽

瀆耆舊詩》，皆見光緒《府志》。王家弼《周易條辨》、《三禮存疑》、《春秋集解》、《四書識小錄》、《求志錄》、《知性錄》、《天學闡微》、《地理續經》、《句股啟蒙》、《方田正誤增訂》、光緒《府志》皆已著錄。《天文恒星訣》、《算法一隅》、《雲巖文鈔》、《雲巖詩存》，皆其孫步丹家藏鈔本。陶性堅《續陸忠烈公全書》二卷、前有通州王紹祖、後有山陽丁晏《序》。《二觀山房詩文集》，見《芹香集》。鄭桂昌《古今姓氏匯考》十二卷，前有李保堂《序》。沈駕書《簾波館詩鈔》，共三本，不分卷數。前有盛大士《題辭》。徐壇《醉經軒經解綜要》、《樂園遺稿》，徐懷《毛詩釋故》，王承露《筠屋詩鈔》，陶鑲《周易明筮編》六卷、前後有丁晏《序》，今板存鑲子縉紳家。《周易字詁通證》、《十硯齋文集》、《選刻射州文存》二卷，唐耀遠《紹先庸論》二卷，薛宮《瀕湖書屋日記》，王豫之《笠塘詩稿》，薛鐄《筱菱詩鈔》，王步蟾《評史管窺》四卷，薛敬之《周易淺解》、《周易折衷鈔》，高岑《小樓詩集》，光緒丁亥，學政王先謙為之序。金谷元《求知齋經解》，乙酉，刻於江陰南菁書院。定海黃以周為之序。沈恩鴻《鹽城縣太陽高弧晷景表》，陳玉澍〔註32〕《毛詩異文箋》十卷、光緒戊子，學政王先謙刻入《南菁書院叢書》。《爾雅釋例》五卷。定海黃以周為之序。

〔註32〕原為「樹」。

鹽城縣志・卷十七・雜類志

《班志》六藝，續以十流。《臣壽》、《虞初》，小說亦搜。綴以流裔，書迺求酉。災祥匪瑣，瑣亦勿投。作雜類志第十。

祥異

宋太祖乾德三年七月，泰州潮溢，損鹽城縣民田。《文獻通考》卷二百九十六《宋史・五行志》作「潮水」。按：各史《五行志》所載淮郡災異甚多，其有明言鹽城者概錄之，以補舊《志》之闕；其有渾言楚州及淮安或數郡並舉者則擇而存之，不能盡載。

真宗大中祥符四年十一月，楚泰州潮水害田，民多溺死。同上。

高宗建炎元年八月，鹽城大雪三四日。《朱子語錄》。

紹興十四年五月辛未，楚州鹽城縣海水清。舊《志》據《宋史・高宗紀》。按：王應麟《玉海》作「五月二十五日乙亥」。又《宋史・姦臣秦檜傳》亦載此事，云「檜請賀，帝不許」。

孝宗淳熙七年，海颶大作，興鹽鼎沸。孫宗彝《愛日堂・康澤侯耿公傳》。

元世祖至元十五年，鹽城及丁溪場有二虎為害，境內旱蝗，冬無雪，民多疾。《元史・良吏許維楨傳》。

成宗元貞二年，淮安朐山、鹽城水。《元史・五行志》。

英宗至治元年八月壬戌，淮安路鹽城、山陽縣水，免其租。《元史・英宗紀》。

文宗天曆二年，以淮安路鹽城、山陽諸縣去年水免今年田租。《元史・文宗紀》。

明成祖永樂九年，海溢堤圮，自海門至鹽城百三十里，命平江伯陳瑄以四十萬卒築治之，為捍潮堤萬八十餘丈。《明史・陳瑄傳》。

憲宗成化七年，鹽城縣旱，蝗食稼。乾隆《府志》。十三年，鹽城縣大水，沒禾。乾隆《府志》。按：程《志》作「十二年」，考《明史‧五行志》載成化十三年淮安大水，與《府志》合，程《志》誤也。沈《志》不載，亦非是。

十五年，旱，蝗食稼。程《志》。

孝宗弘治十五年，大旱，蝗食苗盡，地震有聲，壞城垣。沈《志》。

武宗正德六年，大水沒禾，漂弱居民。程《志》、乾隆《府志》同。

八年，旱，蝗傷禾。程《志》。

九年，海溢，海濱居民漂溺十之七。沈《志》。

十年，大旱，民多殍徙。程《志》。

十二年，大水，漂溺居民無數。程《志》。《明史‧五行志》亦載是年淮安大水。

世宗嘉靖元年，郎中楊最治水淮揚，上言：寶應泛光湖西南高東北下，雨霑風厲輒沖決，鹽城、興化、通泰良田悉受其害。《明史‧楊最傳》。《五行志》載是年七月盧、鳳、淮、揚四府同日大風雨雹，河水泛漲，溺死人畜無算。《廟灣鎮志》載是年七月十二五日颶風海嘯，民多溺死。

二年，大饑。米石錢二千，人相食。程《志》。按：「石」字疑當作「斗」。康熙《府志》載嘉靖癸未夏大旱，秋大水，冬大疫，民相食。「癸未」即二年也。《通鑑輯覽》載是年夏兩畿旱，秋南畿大水，與《府志》「夏旱秋水」之說合。《明史‧五行志》亦載是年兩畿赤地，千里殍殣載道。

七年五月，不雨。七月，蝗大起，食禾苗並及衣服、書籍，民皆饑散。知縣姜潤身、張好古相繼設法捕治之。程《志》、沈《志》同。

十五年四月、十六年正月皆大雨雹。程《志》。

十八年七月三日，東北風大起，昏曀三日，海大溢，民畜溺死、盧舍漂沒無算。程《志》、沈《志》同。康熙《府志》作「七月十三日，晝晦一二日」。

二十七年，董家橋民田麥穗雙歧，歲大稔。程《志》、沈《志》同。

三十年八月，淮水大溢，禾稼、牛畜、盧舍盡沒。程《志》、沈《志》同。

三十一年，淮河大溢。《行水金鑒》引《淮安府志》。

三十八年，旱，民饑，程《志》、沈《志》同。大疫，鴻臚寺序班夏語具棺收瘞暴屍甚眾。程《志‧選舉志》。

四十年，水。程《志》。

四十五年，大水。程《志》。

穆宗隆慶三年六月，海溢。七月，淮水溢。數百里浩森如大洋，民多饑死。

知縣師道立請發帑數千兩振濟。程《志》、沈《志》同。《明史‧五行志》云：「閏六月，淮安大水。九月，淮水溢，決二壩入海。」

六年七月二十七日，黃河驟漲。自徐碭至淮揚，一夕丈餘，下流悉成巨浸。鹽城被災尤甚。康熙《府志》。

神宗萬曆元年五月十一日，夜，淮水暴發，千里汪洋，沒室淹田，人多溺死。《行水金鑒》引《淮安府志》。《明史‧神宗紀》：「是年夏六月壬申，振淮安水災。」

二年七月二十四日戌刻，大風雨如注。次日，風益狂，拔木撤屋。海大嘯，河淮並溢，康熙《府志》。《行水金鑒》引《揚州府志》亦載七月二十四日大風，淮河溢。漂溺廬舍男婦，崩城垣百餘丈。程《志》、沈《志》同。八月庚午，詔振淮揚水災。《明史‧神宗紀》。

三年，淮決高家堰、決高郵湖、清水潭、丁志等口，高、寶、興為巨浸。《明史‧河渠志》。《五行志》載是年五月淮水決。《神宗紀》載是年五月庚子淮、揚大水，詔察二府有司貪酷老疾者罷之。秋八月，免淮、揚被水田租。《行水金鑒》引《南河全考》是年淮水從高家堰東決，淮南北漂沒千里。又引《淮安府志》載是年六月霖雨不止，風霾大作，河淮大漲，千里共成一湖，結筏浮箔，採蘆心草根以食。知縣李廷春請發帑振濟。程《志》、沈《志》同。是年工科給事中侯於趙題稱：淮揚頻年水災，宜濬新洋、石礴諸口以濟興、鹽墊溺。《行水金鑒》引《明神宗實錄》。

四年正月，高郵清水潭決。十一月，淮黃交溢，《明史‧五行志》。海嘯。乾隆《府志》。《明史‧河渠志》載是年二月督漕侍郎吳桂芳奏言：淮揚洪潦奔沖，蓋緣海瀕汊港久湮，入海止雲梯一徑，致海擁沙橫河流泛濫，而鹽、安、高、寶不可收拾。

五年閏八月，淮河南徙，決高郵、寶應諸湖堤，《明史‧五行志》。鹽城水災特甚，康熙《府志》。百姓逃亡者三之二。程《志》、沈《志》同。總河潘季馴請蠲免十一州縣錢糧。《行水金鑒》。

七年，歲大祲。知縣楊瑞雲請帑並自理贖金八百而振饑。次年秋，又請帑及贖金六百兩振饑民九千餘。冬又發帑金一千九百餘兩而振饑民二萬餘口。程《志》。考《河防一覽》載是年三月總河潘季馴奏稱「兩壩告成，橫流堵截，山、寶、興、鹽一帶悉得平土而居，耕獲而食。官民船艘往來，無處復業，流氓歡聲載道」，與《縣志》所載不合，蓋復業在春，大祲在秋，非季馴飾辭入告也。

九年三月，雷雨。十九日，大風雨雹。康熙《府志》。六月，大雨，沒禾。知縣楊瑞雲請帑三千餘兩、稻四百餘石賑濟。又奉旨發帑一千五百餘而再振。程《志》。

十年七月十三四日，大風雨，海州、山陽、鹽城各場海嘯淹田禾、淌人畜、壞居舍無算。康熙《府志》。《明史·五行志》載是年正月淮揚海漲，浸鹽場三十，淹死二千餘人。「正月」係「七月」之訛。

十一年七月，大風雨，漂沒牛畜房屋，海、清、鹽、安略同。康熙《府志》。

十四年五月十九日，大河決郡城東范家口，直沖鹽城縣，田戶沉沒。康熙《府志》、程《志》、沈《志》。五月為六月，范家口為蔣家口。乾隆《府志》、光緒《府志》皆不誤。

十七年大旱，自春至夏不雨，二麥枯槁，伍祐、新興各場疫癘盛行。程《志》、沈《志》同。

二十年，鹽城麥三歧。《江南通志》。

二十二年二月，六暘。四月，風雨不絕，蟲蟹齧禾至盡。程《志》及康熙《府志》、乾隆《府志》。

二十三年，鹽城瑞麥生。乾隆《府志》。按：閻若璩《潛邱札記》言是年河淮決邳、泗、高、寶等處。《興化縣志》載是年水災，知縣歐陽東鳳疏請蠲振，有云：「周遭二百餘里盡為湖海」。《明史·河渠志》載是年淮、揚昏墊，御史陳煃請自興、鹽迤東疏白塗河、石礴口、廖家港，分門出口，則是年鹽邑大水可知，然則瑞麥固未足為瑞也。

二十九年，自春入夏雷雨連綿，麥禾盡沒。程《志》。

三十三年，山、鹽大旱。乾隆《府志》。

四十二年、四十三年皆大旱。程《志》及康熙《府志》。

熹宗天啟四年，鹽城縣大旱，蝗。乾隆《府志》。五年，鹽城縣旱，蝗。乾隆《府志》。

懷宗崇禎四年二月，湖中得一物，羊頭魚身鱉足。三月有小兒鬻鱔於市，鱔生角長寸許。是月湖夜吼如萬馬西來，唐橋支姓家屋中出泉。五月有大魚自射陽湖入澗河，水噴薄高丈許。孫榘《被纏集》。七月霪雨傾盆，淮、黃交潰。吳甡《柴庵疏稿》，為災民急祈蠲振疏。興化、鹽城水深二丈，村落盡沒，《明史·河渠志》。老弱溺死，少壯逃避，或繫舟樹杪，或棲止城頭，百里無煙，啼號不絕。撫按疏題「量減新增遼餉三分之一」。《柴庵疏稿》。十一月，直隸巡按饒京疏報：「淮之鹽城，揚之興化、寶應棋布於河海之濱，今歲蘇嘴、建義決兩大口各二三百丈，河水直從兩決口入射陽湖，各邑盡沉水中，當乘時議築。」《行水金鑒》引《崇禎長編》。十二月，冰合一月，廣長數百里。《被纏集》。

五年六月，黃河浸溢，興工。未幾，伏秋水發，《明史·河渠志》。復決建義、

蘇家嘴、新溝等處，直瀉鹽城。高、寶漕堤亦潰，《柴庵疏稿》。興、鹽為壑。海潮復逆沖范公堤，軍民商灶，死者無算，《明史·河渠志》。流殍載道。《明史·五行志》。

六年，薦饑。鹽城教官王明佐自縊。《明史·五行志》。《行水金鑒》載是年七月御史吳振纓奏稱：「淮安原係水國，十一州縣為宇內極貧苦之邦。唯鹽城一縣產米，故漕米三萬三千，每年九月全完，尚載米十餘萬石賣鄰封以完漕兌。鹽城既沒，必轉鬻於江楚，淮民其能堪乎？謂淮無漕可。鹽城、興化地窪，瀕海鹽場獨多，范公堤一障之內萬灶星連，而決口蕩然，商灶盡沒，謂淮揚無鹽課可。又高、寶亦非故堤，淪胥處處見告，湖海淮黃盡作盜藪，謂江北無淮揚可。以此言之，而河工之利害其可寢食寧旦夕緩乎？」

十三年、十四年，大旱，蝗蔽天，疫癘大行，石麥二兩，民饑死無算。程《志》、沈《志》同。

國朝順治四年，麥秀兩岐，歲大稔。程《志》、沈《志》同。

八年，旱。程《志》。

九年十年，大旱。賀長齡《皇朝經世文編》卷一百十二載通政使經歷王明德疏云：「順治九年、十年，江南全省大旱。高、寶、興、鹽各州縣田苗盡枯，堤下小民有被渴而立斃者。此臣伏處田間時所目睹，非僅得之傳聞也。」

十一年，旱。程《志》。

十五年十月，河決海溢。見宋曹《會秋堂集·前異災行》。是年十一月初八日，河南道監察御史何可化題稱「五險堤工一決，鹽城被淹，非一歲興工所可補塞」云〔註1〕。《行水金鑒》引《河防疏》。

十六年，自正月初七日至清明，皆陰雨，民多餓死，多以兒易米，范公堤外多浮屍。見《會秋堂集·前異災行》。

十七年，旱。見程《志》。

康熙元年，地震，壞民廬。程《志》、沈《志》同。

三年六月，鹽城野雉遍雊。董含《三岡識略》載為康熙甲辰事。甲辰，三年也。八月初三日，海嘯，田為斥鹵。以下程《志》、沈《志》並同。

四年七月初三日，大風拔木，海潮入城，人畜廬舍漂溺無算。

七年六月十七日，地震，城樓民居多傾陷，壓死無算。七月，西水大發，直灌鹽境，田沉水底丈餘。

八年，漕堤復決，田沉如故。

─────────────

〔註1〕原為「鑒」。

九年五月二十三日，堤決，清水潭洶湧，較七、八兩年尤甚。次年春，積水未退。按：《山陽志·流寓門》云：「康熙九年，大水。明年，水益大，鹽城、高、寶尤甚。流民入山陽者千餘戶，歙人程量越築廬棲之。」

十一年四月，清水潭復決，二麥盡沉。五月，蝗大起。六月，霪雨大作，災荒益甚。

十二年，西水湧沸，禾沉水底，民溺死無算。按：《會秋堂詩集》有云：「六年，水患，民皆以水草為食。」又云：「鹽邑有白牛化龍地，名龍港。」

十三年，旱，蝗。

十五年八月，大水。《行水金鑒》引《寶應縣志》云：「先是十四年有秋，布政使慕天顏題准災田成熟者三年後起科。納糧時，官茲土者以蠲租不便於己，謂田即涸出應改為本年起科。巡撫馬佑從其議，委淮揚道黃桂踏勘，是為十五年五月也。桂至興化、鹽城方肆苛求，會大霪雨，清水潭復決，涸田盡沒於水，水且及民屋簷，被災之慘是年為甚。」十六年、十七年俱水。

十八年，旱。河湖盡涸，蝗傷禾。

十九年，清水潭決，田禾盡沉。至二十一年，水未退。

二十四年，堤決真武廟。又大雨，禾苗盡沉。

三十年四月二十三日，大風雨，雷電交作，麥無獲。

三十五年秋，馬路口決，邵伯壩水漫，田禾盡沒。

三十六年、三十七年，俱大水。

四十一年、四十二年，蝗食稼。

四十四年，自五月霪雨至八月平地水深數尺，邵伯堤決，民廬漂淌。

四十八年秋，水淹禾。

五十一年，水。五十二年，蝗食稼。

五十五年，旱，自夏至秋不雨。

五十八年六月初三日，日有食之。秋大水。

五十九年，雨雹傷禾。

六十一年四月十八日，城中大火，自學宮延燒東、南、北三門，凡數千家。

雍正元年，水。

二年夏，蝗食禾。七月十八日，颶風大作，海潮灌縣城。按：《行水金鑒》載是年七月十八、十九等日，海嘯浸過范堤傷毀場廬人畜甚慘。《憲廟朱批諭旨》載是年七月二十九日，河道總督齊蘇勒奏稱：「鹽城縣報稱：『七月十九日卯刻，海中颶風陡作，鹹潮驟漲。及

二十日，潮頭洶湧，直撼城腳。巳時以後，水勢始覺稍平。一面行查各里各場，責令城內城外地保人等各擇寺廟安插被淹人民，並親赴新興場等處一體安輯。」撈救等情到臣，臣即飛飭淮揚道前往督率該地方官遍查被淹人民，加意撫綏，務令得所。」云云。

八年，淮水決堤，淹田禾。

十年，水，禾生蟲，齧處皆不實。

十三年，縣北境旱。按：是年六月初六日，江南總督趙宏恩奏稱：「下江江浦、阜寧、鹽城等處有魚子化蝻。臣飛飭各地方官多募人夫竭力撲捕。」云云。

乾隆元年二年，水。

三年，大旱。二月至六月，不雨。赤地數百里，民大饑。以上程《志》、沈《志》並同。

四年夏四月，蝗。六月，縣西北境暴水，傷禾。是歲民大疫。以下沈《志》。

五年，雨暘時若，歲大稔。

六年正月朔，甘露降。七月十九日，鹹潮傷禾。八月十九日，雨雹。

七年夏五月，連雨。七月，河決古溝，開高郵、邵伯各關壩，水大至，合邑盡淹。

八年秋，被旱成災。

十年，西北鄉田禾被水。

十二年七月十五日，大風拔木傷禾，瀕海居民多溺死。沈《志》止此。按：乾隆《府志》云：「海潮為患，伍祐場淹斃多人，新興場次之。」

十八年，堤決，大水。十九年，雨，水禾盡沒。二十年秋，大水。《興化志》、光緒《府志》所載同，《高郵志》尤詳。

二十一年春，饑。夏，大疫。光緒《府志》。《高郵志》云：「疫盛行，自二月至六月，死者無算。」《興化志》云：「春，大疫。」

二十五年，水。《興化志》。

二十六年七月二十日，運堤決，擋軍樓開壩四座。《高郵州志》。《興化志》亦載是年水。

三十年，水。《高郵州志》。

四十七年，自去年八月不雨，至是年六月、八月大雨，二日夜平地二尺，冬米穀踴貴，大饑。光緒《府志》。

五十年，大旱。光緒《府志》。《興化志》載是年大旱，斗米千錢，人相食。

五十一年，大饑，人相食，大疫，死者相枕於道。光緒《府志》。《興化志》亦

載是年春大疫。

五十二年，堤決，大水。《興化志》。

嘉慶四年秋七月，大風，海溢，漂沒人民。知縣壽聰收遺骼瘞之。張芳齡《自鳴集·海潮紀異詩》。

十一年六月，荷花塘決，大水。《興化志》。

十三年，大水。光緒《府志》。《興化志》載是年荷花塘決，大水。

十七年、二十一年，水。《興化志》。

二十三年，水。《自鳴集·留別情山詩注》。

道光二年秋，水。薛宮《瀨湖書屋日記》。

四年冬十一月，湖決十三堡，鹽地水深四尺。同上。光緒《府志》、《興化志》亦載是年十一月十三堡決。

六年秋，霖雨，自九月乃止。昭關壩開，鹽地水約六尺，高低盡淹。已獲之禾，雨爛過半。同上。《興化志》云：「五壩齊開，視嘉慶十三年水大二尺有奇。」

八年秋，水。同上。

十一年夏六月十八日，運堤決，馬棚灣平地水深五尺，歲大饑，人相食。同上。

十九年、二十年、二十一年皆開壩，有秋水。《興化志》。

二十二年七月，地生毛。《瀨湖書屋日記》。

二十三年三月二日，建楊鎮大火，同日被災者數處。五月初一日，雨雹，蝝生。八月，火焚大成殿柱。同上。

二十六年夏六月十二日夜，地震。同上。

二十八年七月，五壩盡啟，大水破堤，唯青龍、千秋二堤未破。千秋堤內村民演劇，相約禁乞人入村。忽暴風起，兌方水驟漲潰堤，漂沒人畜無算，歌臺亦沉於水。同上。

是年，知縣焦肇瀛請帑振饑民。以下皆據《採訪冊》。

二十九年秋，大水。

咸豐元年，麥秀雙歧。

三年春，地屢震。五月，大雷雨，風拔木。

五年十一月初三日，溪水震躍如斗狀，地生毛。

六年，大旱，蝗，鹹水倒灌傷田禾，歲大饑，餓殍塞道。

十年七月，運河決露筋祠。

十一年，秋大有年，新洋港海口海不揚波。是年秋八月朔，日月合璧，五星連珠。

同治元年夏，旱。

五年夏，霪雨彌月，運河決，清水潭大水，淹田禾。

光緒二年夏，旱，蝗，鹹水傷禾稼，民饑。知縣劉任詳請停徵。是年落潮堡農人掘溝得黑米十餘石。《宋史·五行志》謂之「聖米」，為年饑之徵。

六年，監生夏體仁及妻周氏廩生夏子麐王母以五世同堂奉旨旌表，賜「七葉衍祥」扁額，賞給緞疋銀兩如例。十四年監生蕭輔清妻陳氏，恩貢生蕭向榮之世母也，以五世同堂奉旨旌表如例。又從九品陳際良妻楊氏，光緒十九年百有一歲，知縣劉崇照詳請題旌。又李芳萬妻潘氏，光緒二十年百有一歲，知縣劉崇照給額曰「貞壽之門」。又光緒初有民人符保禮年百歲未旌而歿。又劉贊堂妻朱氏，光緒十九年百有二歲，又壽婦劉喬氏、監生劉桂芳母、壽婦朱沈氏、監生朱瑞榮母皆五世同堂未旌而歿。

七年春正月二十六日，震，電，大雨雪，夜祁寒雨木冰。夏六月二十一日，大雨，風拔木，海嘯西溢百餘里，漂沒人民廬舍無算，山陽徐嘉《海嘯詩》：「辛巳六月日癸丑，猛雨挾潮夜西走。陽侯鼓怒翻濤頭，濤頭兩丈蟠蛟蚪。颶風送魚歲當厄，驚霆逐怪神為愁。瀕海北風數千里，不見井廬但見水。漏天澤國相兼併，平地狂瀾失涯涘。萬家生死嗟須臾，豈皆隱慝干天誅！漂沙礐石拔大木，積屍有似城遭屠。東海客來向人哭，他邑不論論鹽瀆。蓬筊萬具埋遺骸，猶有幾何飽魚腹。腰繩同死家為誰，排牆發屋籲累累。鹽灶疲丁去難覓，鹵籥溺盡官益摧。五行沴氣釀奇變，天心至仁忍輕責。沿海驚魂十餘縣，平世何人拯昏墊。」見《味靜齋集》。把總楊遇宗駐防海口死焉。按：光緒《府志》謂「瀕海有巨魚挾潮來，漂沒廬舍人民」語，非是。秋，丹徒廩生嚴作霖奉檄來鹽賑恤難民。

九年秋七月，大雨水。

十四年夏，大旱，鹹潮逆灌。秋，大疫，死者無算。七月，地生毛，暴風十數日，歲饑。

十七年、十八年，旱，蝗，鹵水傷禾，東鄉民饑，多逃往江南，東海灶丁尤饑困。十八年十二月十六日至十九日皆雨淞，似霜非霜，似雪非雪，父老或誤謂為甘露。考《五音篇海》引《字林》云：「淞，凍落也。《玉篇》、《廣韻》皆作『凍落』。《丹徒縣志》載錢楨「雨木冰」說，有云：「淞者，霜露之氣凝結而成，或寒夜月明之際，或隆冬日出之時，著於枯木之上，燦若冰火，瑩潔可愛。」曾子固《齊州冬夜詩》：「月淡千門霧淞寒。」《注》引諺曰：「霜淞重霧淞，窮漢備飯甕。是為豐年之兆。」又楊慎《詠霧淞》序云：「往歲在北方，寒夜冰華著樹，日出飄滿庭階。」引俗諺云：「霜淞打霧淞，貧兒備飯甕。」詩云：「月白詎迷三里霧，雲黃先兆萬家箱。」楊詩亦主豐年言之。舊《志》載雍正五年十一月、乾隆五年正月朔

甘露降，寒天安得有露？疑亦霜淞而誤稱之。然古人稱甘露之狀亦各不同。《宋書·符瑞志》云：「甘露狀如細雪，與霜淞又未始不相近也。」

十九年夏四月，麥秀雙歧。是年夏，鹹潮渡閘，淮揚道謝元福築壩禦之。四鄉多蝗，知縣劉崇照率民捕之，皆不為災。歲大稔，但秋多淫霖妨種麥，而瀕海洊饑如前。三年，邑中好義之士於南洋岸設籌賑局。

雜流

漢射陽侯劉纏者，《漢書·功臣表》作「劉纏」，《史記·功臣表》作「項纏」。楚左尹項伯也。初起兵，與諸侯擊秦，漢王與項羽有隙，伯解之，後降漢，賜姓劉氏封侯。項伯事詳見《史記·項羽本紀》，今從《文獻通考》，節採之語。高帝六年，侯纏元年也。《史記·功臣表》。封九年，薨，嗣子睢有罪不得代。《漢書·功臣表》。

咸通初，有進士張辭，下第遊淮海間。有道術，紙剪蛺蝶二三十枚，以氣吹之，成列而飛，以指收之，俄皆在手。嘗遊鹽城，多為酒困，或乘其醉試之，相競較力。邑令偶見，繫之。令狄姓見《酉陽雜俎》。既醒，乃詠《述德陳情詩二律》以獻令，令立釋之。所記一篇云：「門風嘗有蕙蘭馨，鼎族傳家霸國名。容貌靜懸秋月影，文章高振海濤聲。訟堂無事調琴軫，郡閣何妨醉玉觥。今日東漸橋下水，一條從此鎮長清。」自後邑宰多張之才，欲傳其術。張以明府勳貴家流，年少宰劇邑，多聲色狗馬之求，未暇志味玄奧〔註2〕，贈詩以開其意云：「何用梯媒向外求，長生只合內中修。莫言大道人難得，自是行心不到頭。」乃書琴堂而別。乘酒醉求片楮翦二鶴，以水噀之，俄而翔翥。時邑令亦醉，不暇拘留，張遂得去。留題云：「張辭張辭自不會，天下經書在腹內。身即騰騰處世間，心即逍遙出天外。」至今為江淮好事者所記。節錄《桂苑叢談》。段成式《酉陽雜俎》所載略同，係舊《志》所本。

張儼，鹽城腳力。元和末遞牒入京，至宋州遇一人，因求為伴，其人朝宿鄭州，因謂張曰：「君受我料理可倍行數百里。」乃掘二小坑，深五六尺，令張背立，垂足坑口，針其兩足。張初不知痛，又自膝下至骭再三捋之，黑血湧坑中。張大覺，舉足輕捷，才午至汴。按：「汴」字誤也。汴為今開封府，在鄭州東，由鹽城往長安，由宋而汴，由汴而鄭，由鄭而洛，由洛而陝，不應朝宿鄭州午復至汴。「汴」字疑當作「洛」。復要於陝州宿，張辭力不能。又曰：「君可暫卸膝蓋骨，且無所苦，當日行八百里。」張懼辭之，其人亦不強，乃曰：「我有事須暮及陝州。」遂

〔註2〕「玄」，原為「糸」。

去，行如飛，頃刻不見。舊《志》引《酉陽雜俎》。

卞元亨，元末客張士誠所。舊《志》云「張士誠將」。及士誠跋扈，屢諫不聽，辭去。居鹽城之便倉，手植牡丹於庭，花時甚盛。士誠敗，明太祖徵之不出，嘗作詩云：「恐使田橫客笑人」。太祖聞之怒，遣戍遼左，臨行以酒酹牡丹，曰：「待我南還花再開。」自是花不復放。時家人散去，有妾閉門靜居，誓待主還。舊《志》云：「姬妾皆散，獨正室散髮閉戶堅待元亨。」與此說異。凡十年。一歲花大放，元亨適以赦歸，感其異，為賦詩云：「牡丹原是手親栽，十度春風九不開。多少繁華零落盡，一枝留待主人來。」其後花為一䚡使奪去，移植官署，花遂萎，棄之。卞氏取其枯者植之，復活，久而益茂，遂名枯枝牡丹。光緒《府志》引阮葵生《茶餘客話》，較舊《志》為詳，今從之。夏之蓉《半舫齋詩集・為卞陂陵賦枯枝牡丹》有云：「奇哉卞氏雙珠花，白如香雪紅朝霞。」陂陵，元亨裔也。

劉姓，鹽城人。洪武初，乞食安東市，不避風雨，嘗握瓦石為人卜，逆知吉凶，人呼為老佛。《安東縣志》。

僧廣全，景泰時人，居永寧寺，有戒行。嘗裝嚴佛像，甫完，方丈西產紫芝一莖高尺許，光輝可愛。程《志》、沈《志》同。

僧真齊，嘉靖時人，嚴持戒，行居杭州西湖最久，晚歸鹽城，示寂於萬曆末，斂龕中六十餘載。國朝康熙十二年，僧性瑩見貯龕屋敝，恐崩壓朽骨，欲行火葬，啟龕見其端坐如生，念珠巾服整潔如故，因亟封之，即其室而加堊塗焉。程《志》、沈《志》同。

陶德純，字景和，弘治時邑文學，《射州文存》載宋恭詒《重修集仙堂引》。偶步三宮殿，見兩人臥殿前之西側，一人面壁，壁有口字，其人以口對之，一人狀似丐者，委杖於側。德純遂長跽於其前，面壁者坐而訝之。德純曰：「兩口相對，莫非純陽先生乎？」其人禁使莫言。因共挈之出門，至東城樓，謂德純曰：「子骨珊然，異日海陵橋上再相會也。」遂憑空而去。自是德純飄然塵外，壽至八十九，忽於午日宴客，酒罷，謂客曰：「我名籍丹臺久矣。」大笑而逝。鹽人異其事，遂於兩人臥處建集仙堂。事本王弼垣崇禎壬午所纂《鹽城野志》。程《志》、沈《志》皆載之。又陶季皋有《半仙公傳》，載《射州文存》。沈《志》又云：「壬午孝廉陶立忠有才名。」即其裔也。

馮相，年三十餘，喪妻不再娶，撫幼子無二色。楊《志》。

王漢周，萬曆間人，年百歲目瞽復明。邑令贈以聯云：「身經海上百年事，眼見堂前五代孫。」又有火珏者亦年百歲。程《志》、沈《志》同。《王氏譜》載「漢

周曾救活三命，得增壽一紀」云。楊《志》作「王漢」，非是。

祁顗，素好生。獵者得鸛數隻將烹之，顗贖而放之，隨有群鸛翔集顗屋，浹旬乃去。同上。

李芝見兩頭蛇，埋之。後獲多壽，人謂為陰德所致。楊《志》。

鄭照、朱長子，皆沙溝人。崇禎四年閏月十一月初三日，盜五百餘人劫沙溝七十餘家。十四日，盜千餘人復至，照與長子率眾人擊之，殺盜五十二人，余遂遁。《被縷集》。

厲豫，字象予，《射州文存》載王鉅《三忠傳》。《史外》作「厲韶伯」。世居岡門鎮，為諸生。乾隆《府志·兵戎門》。家饒於財，好大言，《山陽志》採舊《志》及《山陽志遺》。與友縱談忠烈義節事，終日無倦容。聞煤山凶耗，悲慟累日，呼叫若狂。國朝順治二年，《阜寧志》引《廟灣鎮志》。明亡，所親勸之舉義，《山陽志》及光緒《府志》。會故明宗室朱姓過，豫乃擁之，《廟灣鎮志》。與張華山、周文山等張華山見《東華錄》，周文山見《聖武記》及《國史·庫禮傳》假言史閣部未死，《山陽志》。號召虯頑。《青磷屑》。又夜使人潛入神廟作鬼嘯，曰：「中興！中興！」於是私號其眾，曰「中興義師」，色尚白。順治四年九月十一日，《廟灣鎮志》、乾隆《府志》作「九月十二日」。攻廟灣。乾隆《府志》。前鋒登岸，游擊潘延吉迎擊敗之。豫率悍卒二百人繼進，跳蕩不可當。延吉被創，遁。海防耿嘉樂亦相繼走。《廟灣鎮志》。豫自迎薰門入，劫庫釋囚，乾隆《府志》。令居民門黏「隆武」二字。《廟灣鎮志》。此《東華錄》所謂「用隆武年號」也，諸書遂誤為朱隆武說。詳《阜寧志》。由海上提兵至淮安入新城。《山陽志》。部堂庫禮集家甲剿擊，《廟灣鎮志》。大呼出，徑砍其軍帥旗。乾隆《府志》。豫眾踉蹌循澗河東走，追而殲之。《山陽志》。庫禮與都統張大猷攻廟灣，《國史·庫禮傳》。其黨周文山遁入海，《聖武記》。朱姓伏誅，乾隆《府志》。豫逸去，不知所終。乾隆《府志》、《廟灣鎮志》、《山陽志》並同。《三忠傳》言豫遁入九華山為僧，三年復集眾起義，攻下十餘城。久之，始敗，卒遁去。其言近誕不足信。

國朝釋元志，字碩揆，舊《志》「元」作「原」，「揆」作「葵」。號惜巢，鹽城孫氏子。《江蘇詩徵》。父升任俠，為惡少所害，手利劍刃其仇，祭告父墓，《荻汀錄》。遂遠竄祝髮為僧。舊《志》。歷主禪智、三峰、徑山、靈隱祖庭。康熙中駕幸靈隱，賜「雲村寺」額。既歿，賜諡淨慧。《荻汀錄》。著《七會語錄》。《江蘇詩徵》。

吳球、孫鳴虞、楊旺、周有士、陳岐山、顧世裘、顧國璠、馮星海、徐勳、夏道西、祁子秀、鄒禮、高風、劉宣房，昔施地作義冢。劉宣房見《鹽法志》，余

皆見沈《志》。按：程《志》「義冢」與「寺觀」並載。《雜類》云「四鄉好義之士，多捐置者」，不著錄捐者姓名。沈《志》則一一列之，《人物》雖云「善善從長」，亦稍濫矣，他州縣志所未有也。今匯錄其人於此，其有他義行可書者仍列入《人物志》云。

　　鹽城李鐵嘴善相。萬郡丞里侯未遇時，值提學計遠才於江陰貧不能往。徒步槐樓堤上，李從舟中望見，登岸與語曰：「相人多矣，十不失一。子今科貴人也，何蹢躅道路為？」里侯告以故，李以白金二兩贈之。是科果獲雋，辛卯成進士，歷官至大同府同知。《重修寶應縣志》引喬萊舊《志》。

　　潘瑞堂，鹽城相士。陳公階平封翁貧竇，挈公負販浦市，過鹽城。瑞堂驚曰：「此子軀長而色青，真甲木行人武，貴當極品。」後官至福建提督。包世臣《安吳四種》、《齊民四術》、《陳階平行狀》。

　　樂之商，鹽城人。蚤失怙恃，遊京師，知名公卿間。性傲岸。嘗客某王府，又嘗為某經略記室，意不可一世。卒以疏狂斥，貧日甚，嘗獨行市中，不冠不履。山東平度州牧邱鼐為樂僚婿，招之往，樂惡其言藝，拒不往，後死於京師。見阮鍾《瑗修凝齋集・楊貞女傳》。貞女，山陽人，許字樂。樂久客不歸。或謂女父宜更字，女聞言日夜泣，徹其環瑱，誓依父母終老。及聞樂死，守志益堅。

　　僧寶澈，院道港人，知弋陽縣徐士縉之族子也。少多疾，父母使披剃於大雲山寺，嚴持戒律。嘉慶十三年，寺圮於水。澈謀修建而苦無貲，虔禱於神，忽於床頭得白金二千兩，寺賴以成。其徒清碧，能詩。

　　僧大須，字芥航，伍祐場蔡氏子。少孤家貧，因披剃於伍祐場之三元宮。後至寶華山參敏邇上人，遂悟禪門宗指，兼工詩、善書畫。晚年卓錫焦山，自號不不頭陀。兵部尚書彭剛直玉麟與訂方外交。光緒十五年，示寂。按：大須曾學詩於陶鑲。《十研齋集》中有《贈芥航和尚詩》十首。

　　瞿定邦，鹽城人，驍勇善戰，為東海營千總，隨長官出洋捕盜，誤殺無罪二人，瞿性素慈，尋覺其誤，恒蹙然有不寧之色。積首功，擢洪湖營都司。與河督庾長不合，求改督標。殺賊立功，至常州見總督何桂清，何亦薄其為人也，曰：「戇甚！」在軍且僨事，降補三江營守備。三江營，故屬狼山鎮標，粵匪之亂改隸京口水師。時為京口副將者，崇明鞠耀乾，後為海壇鎮總兵者也。鞠與賊戰，敗圌山之麓，昧旦突至瞿署，瞿臥未起。鞠怒甚，放舟徑去。瞿倉皇跽江岸請復至署，不答。翼日以書至，責其不出援師，致己敗北。瞿大懼，自是多囈語如癡狀，恒言耀乾會要錢，終日言之，不絕於口。蓋有鬼物憑之，不自知其言之過矣。鞠聞之益怒，劾罷之。困甚，客死海州。

　　沈星，字楡白，諸生，湯溪知縣照之弟也，善丹青，山陽魯一同嘗為序贈之。同時，周賣如，亦諸生，以書畫知名。

　　嚴文時，監生，善治腫潰、金折諸瘍，蜚聲江淮間，來者不遠千里，惜年僅逾壯而歿。

　　吉麗東，監生，素無疾。一日忽謂其家人曰：「某月某日，吾將逝矣。」至期，治酒肴召里人宴別，言笑如平時。酒罷，環揖，登床而瞑。嘗謂人曰：「凡里中有鬩訟，吾必多方排釋。雖受人疑謗怒詈，弗恤也。夫妻將離異而吾為之完聚者數家，以此為冥王所重」云。

寺觀

　　集仙堂，縣署西。舊《志》云：「明弘治九年建。」考集仙堂建於陶德純歿後。德純歿，年八十九。舊《志》所載甚明。《射州文存‧宋恭詒〈重修集仙堂引〉》以德純為弘治中文學。陶鑲《跋》謂「德純生於弘治五年」，以歿年八十有九計之，則集仙堂當建於萬曆年間。舊《志》所載寺觀創造之年不可憑信，多此類。永寧寺，縣署西北。地藏庵，城西隅。水月庵，永寧寺北。廣長院，城北隅。長生庵，縣署西。安方廟，縣署西。槐真君廟，縣署西南。碧霞院，縣署西北。祥暉觀，縣署北，一名三清觀。張仙祠，西門內。千佛庵，北門外。消災庵，城東南隅。以上城內外寺觀。廣利院，佑聖觀，觀音閣，如來庵，甘露庵，皆在伍佑場。西來寺，在伍佑場西。利濟院，伍佑場南。彌陀庵，丁家垛。地藏院，大岡。大雲山，大岡北，唐家亦有大雲山。祖師院，抬頭角。小地藏院，馬溝河東。彌陀寺，彌陀西寺，放生庵，三茅觀，一名清幽觀。內有井甚甘，大旱不竭。以上四庵皆在岡門。水府廟，新官河北岸。慈氏院，華判莊北，俗名何界寺。塔院寺，樓王莊西北。淨居寺，北任莊北。龍興寺，北宋莊。壽佛院，三官殿，日照庵，皆在沙溝鎮。醇化院，沙溝北。永福院，大葛莊，俗名吳葛寺。奪基廟，射陽村西北。大雲院，九里莊北。招攜院，安豐鎮西。南彌勒院，湛溝寺，皆近湛溝河。五柳院，古殿堡。華岩庵，蕭家岸。法與院，常盈莊東。極樂庵，一在安豐鎮，一在大潭灣。真武廟，安豐鎮、大岡鎮、秦南倉，凡三處。海會庵，丁家河。新河廟，縣治西，鎮以廟得名。蘆溝寺，蘆溝河南。桑臺寺，樓夏莊東北。水月庵，唐橋。地藏庵，三教庵，觀音庵，魁星閣，皆在湖垛鎮。按：三教並祀，道光十六年有旨嚴禁。見龐鍾璐《文廟祀典考》。湖垛之三教庵，雖古剎，然究不可為訓。太平院，湖垛鎮南。仁元庵，舊《志》曰：「神臺廟。」張仙祠，建陽鎮。孤峰庵，蔓梁河東。古基寺，東塘河西岸，村以寺名。高姥寺，古基寺西。祇園庵，一在陳家堡北，一在馬家樓。廣福院，高作莊，即《郡國利病書》之「高作寺」也。慶善院，

新安廠。**毗盧庵**，梁垛。**永福庵**，蕩楊莊。**福慧庵**，湯家碾南。**福緣庵**，高馬莊。**慈雲庵**，晏蕩溝。**羅漢院**，收成莊東。**北極院**，花垛莊東。**興隆庵**，流均溝。**義阡寺**，上**真觀**，皆在新興場。**觀音院**，一在新興場，一在上岡。**北茶庵**，一在沙溝營，一在七里橋，一在上岡鎮。**舍利院**，上岡西北倉家岡。**三元宮**，陶家巷。**西乾庵**，吳家橋。

鹽邑寺觀無勅建者，近唯兜率寺謬稱勅建。考程《志》、沈《志》，皆云「兜率寺」。康熙四年，邑人李友蘭建。沈《志》又云：「乾隆十一年，知縣黃垣改為『十方叢林』。」康熙三十九年，聖祖南巡，寺僧紀蔭召見，欽賜「水月禪心」，兜率寺匾額。是建寺在前，賜額在後，其非勅建甚明。昔黃宗羲《答汪魏美問濟洞兩宗爭端書》謂「釋氏譸張」，此亦譸張之一端也。總之，瀕海埆壤梵宇太多，無裨民生，徒耗物力。其富者往往擁腴田、飾精舍，逸居無教，習為不法事。貧而黠者又或披其髮、跣其足，引類強索，擾害商民，質諸釋迦，當亦非彼教之初怡也。今縱不能人其人、火其書、廬其居，而或詳載其創始年月及作者姓名，無乃以楮墨揚其波乎？今抑置「雜類」，略而不詳，以符於國朝禁建庵院之律意，所以裕民財、正民俗也。楊衒之《洛陽伽藍記》、吳之鯨《武林梵志》，彼皆專錄寺剎之書，不妨詳志始末。若州縣志乘，不必援以為例矣。

善堂

養濟院，在縣治東戚家巷。明洪武七年建，永樂四年知縣黃玨修，萬曆四年知縣楊瑞雲復修，後屢圮屢修。舊養孤貧四十名，每名月給銀三錢四分零。光緒十五年，知縣王敬修增四十名，每名月給錢五百文。舊額十名，每名月加錢二百文。**棲流所**，光緒十五年，邑人陶躍龍等捐錢五百千購朱砂巷屋十三間創建，兼為施藥局。**救生船**，道光初，邑人丁長民、金遐昌捐錢置船三隻，於東北兩閘拯溺。三十年，邑人阮師軾等捐錢五百六十千，買恒生堂市房十七間，歲租歸救生船及茶亭公用。後張觀恩、張廷恩等復於登瀛橋下增置救生船一隻。**同善堂**，同治七年，知縣陳蔭培詳開海禁，商販每米一石捐錢數文，以供善舉，後廢。**喻義局**，自同善堂廢後，候選訓導興化薛敬敷、邑人張觀恩等請於督憲左公，每歲冬施衣粥，集貲行之數年。舉人王者臣等因之稟請於西門外立喻義局。光緒十七年，淮揚道謝元福創立章程，詳請勒石碑存文場及喻義局。**育嬰堂**，舊在縣治西。雍正八年，知縣孫蔭孫移建治東。道光四年，知縣杜昭重修。光緒七年，知縣倪毓楨增建。道光間，邑人唐耀遠捐置新河廟、皮大河口民田各百六十畝。又時家蕩田二頃二十一畝，祁兆衍施。安豐鎮田二十二畝，胡宏裕施。野陸莊田六十六畝，僧忍仙施。北關廂田七畝，王裕祿施。又民間買田房赴縣納稅，每千錢捐錢八文，供本

堂經費。又伍祐場保嬰堂，光緒八年大使翟樂善建。又本城西門、南門接嬰堂，成毓麟等創建。又南洋岸接嬰堂並施棺局、字紙局設鎮南屬壇。**恤嫠會**，同治初，浙人沈秋，華邑人陶景龍、金從先等集貲四千緡生息，恤貧嫠四十名，每名月給錢三百文。光緒二十年邑人宋惟新、陶鴻恩、崔煦、唐恩燾、惠聊元、倪燦儒、裔法寬、陸家駒、成毓騏、湯如山、葛竹軒、郝馬氏、祁佑之、祁得之、王海樓、蕭俊臣等復捐貲千二百緡生息，推廣凡四十名。

拾遺

鹽瀆嚴昕與數人共候佗。適至，佗謂昕曰：「君身中佳否？」昕曰：「如常。」佗曰：「君有急病見於面，莫多食酒。」復行數里，昕卒頭眩墮車。人扶將載歸家，遂卒。《魏書·華佗傳》。

唐代宗大曆三年，射陽湖與洪澤湖置官屯。《太平寰宇記》。《通鑒地理通釋》作「大曆二年」。

蕭勝納賄於呂用之，求知鹽城監。駢以當任者有績，予奪之間頗有難色。用之曰：「用勝為鹽城者，不為勝也。昨得上仙書云『有一寶劍在鹽城井中』，須用靈官取之，以勝上仙。」左右人欲遣去耳，駢許之。勝至監數月遂匣一銅匕首獻於駢，用之稽首曰：「此北帝所佩，得之則百里之內五兵不敢犯。」駢甚異之，遂飾以寶玉，常置座隅。《太平廣記·妖妄類》引《廣陵妖亂志》。又《新唐書·叛臣高駢傳》所載略同。

周世宗顯德五年三月，遣鹽城監使申屠諤齎書及御馬十四、散馬四十四，賜江南李景。諤先為王師所俘，故遣之。《舊五代·史周世宗》。宋太祖乾德元年，海陵、鹽城屯田副使張藹除名。《宋史·太祖紀》。景佑初，漕淮南粟兼制置使公事吳中甫言：楚州鹽城，造鹽之場七，倉亭灶基相去亙百里，掌出納者不出郛郭，故私煮盜販不能禁。請分南五場，附海七十里，命一官督察之。《舊鹽法志》引《鹽政志》。按：「七場」當係「九場」之訛。《寰宇記》、《文獻通考》及《宋史》皆言有九鹽場。至道二年二月，敕江浙淮南官賣鹽並赴永豐鹽城監。《文獻通考·征榷門》。

吳興鄭伯膺監楚州鹽場，曹局與海絕近。嘗睹龍掛，或為黃金色，或青、白、赤、黑，〔註3〕蜿蜒夭矯，隨雲升降，但不睹其頭角。土人云：「最畏龍窩，每出必有潦，大為鹽鹵之害。」一旦，忽見之，乃平地竇出一窟，傍穿深竅，蓋龍出入之處也。場眾往觀，無復蹤跡。滿穴皆魚鱉螺蚌，或於蚌內作觀音像，姿相端嚴，珠琲、纓珞、楊枝、淨瓶皆具。又鱐棬內一鬼，毛髮森立，

〔註3〕當為「或青，或白，或赤，或黑」。

怪惡可怖，鄭取敷物藏之。今為浮梁，令閒以示客。《夷堅志》。

賈涉知鹽城縣事，以事忤淮漕，方信孺劾之，未報。涉廉知信孺陰遣人航海洵結李全，遣人捕得之，亟申於朝，由是罷。涉召入為大理司直。《齊東野語》。

端平三年十月初八日，先儒陸秀夫生。《文廟典考》。按：此說本之寶佑四年《登科錄》，舊《志》未載。

新會伍隆起率義兵從帝昺於厓山，與元張宏範力戰不屈，其麾下謝文子殺隆起，以首降宏範。宋相陸秀夫惜之，刻木為首以葬，又募人執文子，戮以祭墓。《萬姓統譜》。陸秀夫抱帝赴海，御舟一白鷴，奮擊踴躍，哀鳴良久，與籠俱墜水中死。張詡《厓山志》。陸丞相著作有《鶴林寺詩》，見《鎮江志》；《廣陵牡丹詩》，見《林景熙集》，詩不傳；《評莊子語附》，見歸震川《莊子注》；《勸文天祥詔》，見陳眉公《太平清話》。范以煦《淮流一勺》。按：景熙《題陸大參廣陵詩卷》云：「南海英魂叫不醒，舊題重展墨香凝。當時京洛花無主，猶有春風寄廣陵。」餘詳《藝文志》。

鄭所南《心史》謂「丞相赴海死，張世傑奉祥興帝遁」，《山房隨筆》記丞相挽世傑詩二句，並誤。同上。宋陸秀夫、張世傑盡節厓山，未有廟祀，特為建祠。請祠額，賜名「大忠」。《明史·陶魯傳》。

鹽城之詩學、經學，自兩金倡之，並令南康。楊《志·名賢傳論》。

《陸右丞蹈海錄》一卷，京口丁元吉撰。首《宋史·陸秀夫列傳》；次《龔開傳》；次《挽詩》，有龔《序》，五言，方回：「曾微一抔土〔註4〕，魚腹葬君臣。」龍仁夫〔註5〕：「無地參黃鉞，終天慘玉衣。」仇遠：「甘投白日沒，不知滄海深。」方鳳：「鼇背舟中國，龍湖水底天。」七言，湯炳龍：「人心有感興元詔，天意難同建武時。」盛彪：「平地已無行在所，丹心猶數中興年。」數聯最警策。末載吳葉《〈桑海遺錄〉序》右丞遺文《丹陽館記》一首。王士正《居易錄》。按：《四庫全書提要》卷六十《陸右丞蹈海錄》一卷，浙江鮑士恭藏本，明丁元吉編。是書成於成化中，記宋陸秀夫海上死難事蹟，探《宋史·本傳》及龔開所作《傳》，黃瀹所作《年譜》，以諸家題詠匯為一編，並載秀夫遺文二首，末附《〈桑海遺錄〉序》、「大忠」一碑及祭文一首。《居易錄》止言遺文一首，又不言黃瀹所作《年譜》，不知王氏所見何本也。《明史·藝文志》作《陸丞相蹈海錄》。

成化六年十月，大縱湖中有鴛鴦，漁父弋雄置釜中，其雌繞漁舟飛鳴，自

〔註4〕「抔」，原為「壞」。
〔註5〕「仁」，原為「人」，據《居易錄》改。

投沸湯中死。程《志》、沈《志》同。時邑人夏萱作《大縱湖義駕歌》，載《夏氏譜》。

成化九年，城中酒家王隆有母犬乳三子，隆烹母犬，一黑色子犬繞灶號哮，蹲伏案下，俟眾食畢，盡銜其骨瘞灰土中，旋回灶傍觸死。同上。

正德十一年，都御史叢蘭、知府薛鑾命屬縣各置漏澤園，鹽城置二處，在東門、西門外各一里。同上。

正德間，鹽城士人張忠受誣逮，淮安推官馬騋力為白之。乾隆《府志》。

嘉靖十四年，餘姚黃邦卿官伍祐，場屋鴟吻上鸛結巢養子，邦卿愛之。其子習射，誤射母鸛，鸛帶箭飛宿。久之，上官按場，鸛雛銜母箭欲拔出之，不得，戛戛向上官鳴，如控訴狀。上官詢得其故，責「邦卿不善教子」云。程《志》、沈《志》同。

嘉靖間，有人於北城張網狐窟，一狐潛登城，推城磚下擊之，其人幸不死，狐盡被網。推磚之狐入其家，盡食所畜雞鵝而去。同上。

諸城縣學宮東側隙地沒於軍所。嘉靖三十五年，知縣季永康贖歸，邱橓有《復學地記》。《諸城縣志》卷七。

興化韓樂吾先生疾革，謂其子曰：「明日午上帝遣鹽城夏鳧溪、邑人宗方城兩前輩來迎我。」至其時，果卒。夏瀛《夏氏譜》引《韓樂吾先生傳》。

萬曆六年，戶科給事中李淶條陳治河五事，謂鹽城、興化沿海地方宜濬十餘口，以導射陽諸水入海。《行水金鑒》。七年，巡按御史姜璧題稱：范公堤一鑿，淡水出灌鹽地而鹽課消薄，潮水入灌民田而田租減損，宜仍舊修築。俱依議行。同上。

前明鹽城營一月三操。楊《志·藝文·新遷教場碑記》。

楊洵，萬曆二十九年，遷揚州兵備副使。先是興化水溢，洵議疏鹽城故河以殺水勢，守淮者執不可，至是力申前請，竟得如議。康熙《揚州府志》。

萬曆四十四年，知縣陳美為宋右丞相陸秀夫請諡。其詳文云：「為忠臣不可久缺祀典，敬攄末議以表忠貞事。竊謂賞罰係一時之榮辱，而諡法開萬世之勸懲。古今有勳勞、定國、死力、勤事者得賜諡，至若孤忠、凜烈、砥柱、頹波而不幸鼎移身隕為當年所不及諡、後冀之所未舉諡者尤當表而揚之以識不朽。卑職弔古，至宋丞相陸秀夫負帝沉海，心竊壯之，以為身騎箕尾氣作山河，烈丈夫何凜凜若此，古未有也。及補令鹽城，鹽屬公故里，里中有祠而祀之者，蒞任之初詢之髦俊。《譜系》云：『亡稽其顯號，尚未有諡。』以丞相間關板蕩就死如飴，而不得一膺身後之華表，是亦本朝之缺典歟！夫忠莫難於殉主，患莫大於捐軀。以彼播越海濱盈朝，淚濕猶儼然正笏進講《大學》。推其心，直欲盡瘁皇儲以冀幸中原之恢復，即不可

得或可見度宗皇帝於地下耳。假令弘範之師未逼，帝昺之舟得走，彼豈肯以趙氏一塊肉邅葬鯨波，偕其妻子殉耶？則時事之不可為，而不欲以委求之，君抱青衣之痛也。志凌霄而神委蛇，雖孤忠未酬，帝子何在？而灑血一腔化碧千古，使萬世君臣之義不至澌滅，其所留者奢也。奈何泯泯無聞，不蒙一字之襃也耶？且丞相已經請祀血食無窮，豈其可以廟祀者而不可邀謚與耶？夫丞相在天之靈耿耿如昨，豈羨身後之名？顧以我朝公是昌明之日，而今弔古者歔歔抱恨，似非所以闡幽光、慰貞魂也。美叨牧一方，凡屬先正忠誼，例當表揚。故敢據其款款乞我台臺加意忠貞公，請賜謚。庶榮名偕宇宙常新，芳譽同日星俱燦，史冊為有光矣。」四十七年，總督漕運芮城王紀具疏題請。疏云：「為末室死節忠臣，久缺祀典。伏乞敕部議補以慰忠魂，以勵臣節事。萬曆四十七年五日，內準禮部諮，據直隸淮安府山陽籍鹽城縣人陸應袍，係宋左丞相陸秀夫裔孫，原任湖廣黃州府蘄水縣典史，告前事，內稱『先祖宋丞相陸秀夫孤忠大節久無謚，典蒙知縣陳美通詳申請到部備諮，到院行查』等。因臣自早歲受書讀史，至陸丞相負帝赴海事，未嘗不掩卷太息，喜其節而悲其志也。自行都航海如泉如廣，亡君立君，遺孱弱息寄命於茫茫大海中，即三尺童亦知末祚將絕，斷不可為矣。秀夫猶且間關南澨，百折不回，庶幾乎一旅一成之再奮。迨厓山破，度不可脫，乃仗劍驅妻子先入海。奏曰：『德佑皇帝已辱，陛下不可再辱。』遂負帝赴海死。嗟夫！當宋季顛厄之時，姦臣賣國降敵，甘受世之唾罵者無論已。即平日所號為鬚眉男子，一遇禍難，全軀保妻子之念橫結胸中往往和寧散去〔註6〕，甚且有繿成匿影屈膝乞命偷息於人間者，卒之身亡名滅與糞土無異，乃丞相遭古今未嘗有之大變而能全天地無所逃之大倫，忠魂浩氣，炳炳琅琅，照映宇宙千載，而下讀其傳猶凜凜有生氣，謂丞相為不死可也。文天祥所云『人生自古誰無死，留取丹心照汗青』，正秀夫之謂矣。以彼精忠大節何減於文、謝二公，乃文、謝二公景泰間俱被有美謚，而丞相獨遺，豈非缺典？《厓山錄》、《文獻志》及鹽城邑乘，雖有「忠貞」字說者，疑其後人私謚。臣不揣固陋，敢以臆斷，丞相亡時，宋亦亡矣，元未必謚也，『忠貞』二字為公謚、為私謚皆不可知。就令謚出國朝，亦殊不類。丞相之為人，試觀仗劍驅妻子、負帝入海光景，真有視死生如晝夜，棄血肉如泥沙者，正昔人所謂『殺生成仁，捨生取義，臨大節而不可奪』者也。宋亡死節忠臣，此非其最苦、最烈者耶？竊謂必以『忠烈』易名，始足快千古之公評矣。伏公敕下禮部，再加查覆議上。請早為補謚，庶忠魂得慰於九泉，而聖朝亦可無闕事也。」奉旨依議。《陸忠烈公全書》。王鉅《三忠傳》謂「萬曆中，漕撫王紀請補謚陸相，議終未覆」說，非是。

弘光初，史可法開府揚州，聘鹽城諸生四人參軍事。乾隆《府志·兵戎門》。

順治四年，厲豫事既定，庫禮遣滿兵四出搜捕。有鹽城諸生王篤生寄居郡城，為仇家所誣禍，尤慘。《山陽志》。

〔註6〕「和」字不清楚，待考。

順治間恩旨：鹽城，蕞爾小邑，疊扶二王，可謂忠義，著速安撫。王鉅《三忠傳·書後》。

順治戊戌，鼎甲三人，常熟孫承恩、鹽城孫一致、全椒吳國對，皆江南人，皆中甲午順天榜。王土正《池北偶談》。

周鴻陽喜揢一小竹管，三十年坐臥弗捨，遂悟古人捉筆運肘法。程《志》。

王翼武，少穎異。五六歲時問其父石臣曰：「梁襄王非惠王仲子乎？」曰：「何謂？」曰：「長子死焉。」父大驚。《會秋堂集·王處士傳》。

宋曹幼時，其父授以《穎上帖》，稍輟，引針刺左掌，曰：「左掌不作字，故當刺也。」《會秋堂集·題先大人手書彭祖導引八訣後》。

鹽城宋氏有乳犬，為三家乞畜去。母犬戀其子，每日輒往遞乳之子。犬長能識家，亦數來顧視其母。久之，母犬老而癩，毛脫皮潰，臥弗能起，沾濡淋淋，然三子犬互相為舐，口致食為飼。及且死，三犬依其側，嗚嗚作泣聲。其後子犬每聚嬉，遇他犬噪其一，則其二率怒相助，若急難然。《海陵文徵》卷十四王大經《義犬記》。

沙溝某自置一舟糊口，水次，忽被數盜劫殺。掠其舟，惟一犬不殺，行至一莊則所殺婿家也。初，是人每舟泊抵婿門，犬必先奔婿家，若通信然。以為常至。是犬入其家號叫宛轉，女怪之，命婿往迎父，則舟是而人非，女知其父必死，潛命夫言於保甲，擒之送官，一訊而伏，皆抵死。揚州府尹《志》引興化舊《志》。

康熙三十三年，吏部尚書伊桑阿等帶領淮安知府高成美往興、泰、鹽城等處勘海口。《行水金鑒》引《河防志》。

鹽城漕糧，原自澗河輸淮，以河淤，故乃就淮糴米充數。奸僧高下其手，鹽民苦之。馮景《解春集·上總漕徐公門澗河書》。

康熙三十二年，部議廟灣同知兼管鹽城、海州河務，奉旨依議。《行水金鑒》。

邱兢《寄懷韓念齋鹽瀆詩》：「黃梅雨過送征車，又見西風雁影斜。人隔海雲書未至，夢回梁月思偏賒。衰年家具餘詩草，知己風塵感鬢華。日暮登高頻悵望，射湖煙水浩無涯。」《悟石齋詩鈔》。按：念齋不知何名，待考。

湘潭王岱，康熙間知澄海縣，新韓愈、陸秀天祠。《湖南通志》。

鹽城令某貪橫，以興要人有連〔註7〕，大吏不敢詰。總督范承勳初下車，有寡婦訟之，立斥革。《國朝先正事略》。

〔註7〕「興」字不清楚，待考。

雍正元年十二月，王大臣會議題稱：大夥鹽梟常在海州、鹽城等處聚集。《兩淮鹽法志》。

乾隆元年，兩江總督趙宏恩題准新洋港海口設犁船二隻、混江龍二具。每歲春秋二汛拖刷二次，每次以十日為率，責成鹽城縣縣丞管理。同上。

鹽、泰諸邑海水浸溢，則田皆斥鹵，三年不長禾稼。《半訪齋詩集·捍海堰詩注》。

射陽湖界山陽、寶應、鹽城三縣，自湖濱至羊腸集相傳有「九里一千墩」，高下大小不一，而累累環列，有竊發者。所藏多巨木瓦缶，或空無一物，惟一大墩四面有石門，其上土卸，各露尺許，土人云「時聞吼聲，雖與民居稍近，無敢開視」者。此乾隆七年事。《山陽志》及《淮流一勺》。

乾隆二十二年，副總河嵇璜奏稱：劉莊場之大團閘至新興場之石䃰閘相距五十五里，中間並無一閘，應請於伍祐場之沿窪口蔡家港地方添設五孔石閘二座，開挑上下支河，引歸新洋港入海。《皇清經世文編》卷一百十二。按：此議未行。

丙子游鹽瀆，見卞氏園中枯枝牡丹高出牆，花開數百朵。卞進士巒云：「相傳是宋時物，已六百餘年。」《茶餘客話》。

嘉慶丁巳季夏，海多大風，有琉球國舟飄至新洋港口，舟中共八人，後送歸本國。《自鳴集》。

河政廳署之右舊有積水，曰司家汪。甲戌夏，涸為平陸。廳員少室彭君夢古衣冠者二人謂之曰：「予葬此有年矣。倘遷我於高燥之壚，奕世不忘公德。」初疑妖夢之誣，既而復夢如初，遣役訪之，一棺見於葭葵之間，其一橫置溝中，居民填土其上以通往來。彭慭焉，為遷之郭外。《自鳴集》。按：閘官管河，故曰河政廳。

道光二十五年，知縣朱學海因事入省，回至京口，大風覆舟。雪海遇救得免，榜人及門丁淹沒者五人。門丁之斃者，在鹽頗以賄聞。《瀕湖書屋日記》。

咸豐六年，大饑，至歲暮斗米千錢，道殣相望。歙人宋某業醩上岡時，倉庾有穀數萬石欲盡發，蓋藏以飼灶丁。門客汪某謂「不可從井救人」，宋從其言不果發。灶丁之至上岡求食者，未浹旬餓死數千人。後汪瘐死揚州獄中，宋家業亦替。同上。按：光緒丁丑、戊寅，晉豫大饑，人相食。邑人多捐貲助振。馬紹融、陶荀龍所捐逾千金。紹融年逾耆艾，未有嗣息，自是連舉三子。荀龍子鴻慶隨於己卯登鄉榜。惡莫大於成人之子，善莫大於活人之命。並記之，以見「天道有知，報施不爽」云。

草堰口串場河東有墩阜相屬，陶者削取其土，久之，楠木露焉，懼為人見，仍覆以土，深夜掘視，楠乃外槨，中有棺，窾木為之，藏一顯者屍，面目如生，殉葬之玉五色悉備，盡為眾分取。未一歲，掘冢者相繼死去，佩其玉者亦病，貯木之室多毀於火。眾以為不祥之物，斲其木為香案，置之文昌宮中，祝融氏乃捨之，此咸豐七年事。

同治中有漕運總督某公好法書、古畫，嘗恨不得鍾、王真蹟，乃延卜詢之。卜云：「鍾繇真蹟，鹽城有之。」遂寄書鹽令陳蔭培，使留心物色。久之，知為東夏莊夏姓所藏，出數百金購之，以獻某公。

同治七年，門斗顧某以貪橫被控杖革，教諭陸敏政亦罷歸。是年閏四月，知縣陳蔭培奉南洋通商大臣札稱：《中西和約》載洋人買地建堂，須先令業主先行報明地方官酌定，方准照辦，契內止可寫「賣作本處天主教堂公產」字樣，不得寫「為業」二字，須與居民風水方向並無關礙。光緒二年夏天六月，有妖人翦楮為人，翦人髮及雞鴨毛，又飛針刺人，拔視之皆羊毛也。訛言四起，民大驚恐，至冬乃定。

《宋曹蔬枰卻徵圖》，新安程逢寫，「逢」，一作「篷」。後有宋曹《自題小像》一首。《蔬枰荷鋤圖》，白門柳塪寫，題詠者有二十有三人。塪之外，為王時敏、杜濬、王武歸、莊梅清、李模、紀映、鍾冒襄、侯汸、李清、魏禧、鄧漢儀、余思復、宗觀、李沂、李澄、閔麟嗣、范國祿、陶澂、陳臺孫、震道人、邱象隨，而梅清詩前後兩見。考尤侗《看雲草堂集》有《題宋射陵蔬枰》四首，圖中不載，蓋侗題詩時尚未繪圖，故云：「為君題贈蔬枰字，恨少王維作畫圖也」。而王士正《精華錄》有《題宋射陵蔬枰圖詩》〔註8〕，今圖中亦無之，豈為聞風嚮慕之作，實未嘗書寄湯村耶？震道人不知何名，待考。二圖皆藏曹七世孫貢生惟新家。惟新，字滌齋，有學行，憫先人著述散佚，苦心搜輯，得詩文百數十篇，將謀授梓而遽卒。

尤侗《看雲草堂集·酬宋穉恭詩歌》云：「我愛右軍十七帖，誰知又有十三行。偶來作客思千里，便欲悲秋續九章。弔古情深多涕淚，渡江詩老獨蒼茫。何當借爾山陽笛，吹落吳宮宿草黃。」注云：「予刻亡友湯卿謀集，宋子傳其故人呂君有同感也。」

王鉅《三忠傳》載司邦基兵敗被執，見推官郭承汾，罵之甚厲。張芳齡有詩詠其事。考承汾，晉江進士，為淮安推官，事唐、桂二王，官至貴州巡撫，

為孫可望所執，不屈，羈民舍餓死，國朝賜諡節愍。見《小腆紀年》、《福建通志》、《勝朝殉節諸臣錄》諸書。然則承汾始雖屈節新朝，仍盡忠故國，未始非邦基一罵之力也。

樂大章、李幹才皆於崇禎甲申殉節，而《勝朝殉節諸臣錄》有幹才而無大章，卷十《入祠士民上》：生員李幹才，鹽城人，聞京師破，不食死。

于成龍，《江南通志》云：「乙瑄，鹽城人。」考康熙《府志》及《海州志》，瑄係海州人。《通志》誤也。

朱觀，《國朝詩正》卷八：「宋射陵、汝吉、竹林，予倡和老友也，今皆謝世。」選六居詩重有慨焉。按：汝吉為射陵從子，名待考。

程用昌《亦愛堂集》有《委賑管瀆八場詩》，其《賑伍祐詩》云：「迎仙街上上元節，何須燈火光樓臺。」今伍祐仍有迎仙街。又《賑劉莊詩》云：「一朝恩及興鹽界，二邑災黎慰所望。」自注云：「劉莊係鹽城、興化分管。」今劉莊全隸興化，不知始於何時。用昌，字克庵，康熙人。

僧海朗，字楚濤，射州陳氏子，嘗住建隆寺。《呈遠峰句》云：「僧因聽法過江左，鳥不銜花到嶺南。」《禪房夜坐》云：「憶舊雲生樹，思家月到床。」《江蘇詩徵》。

《江蘇詩徵》卷八十四：周兆熊，字德輿，號慎心，鹽城布衣，著《陋室詩鈔》，《偕西長弟之郡城舊居，與松年伯兄夜話詩》云：「雖云作客卻歸家，池館清幽竹樹嘉。圖史煥然標手澤，從叔祖文郁公手書《綱目》。弟兄老矣感年華。劉伶臺古多荒冢，漂母祠空有餓鴉。惜別今宵須盡醉，分飛來日各天涯。」李桂田，細氓也，性孝而多力，能負重，為市商肩賃，日可獲數百錢，暮歸悉置母前，妻求一錢必由母給，母好葉子戲，日邀鄰媼娛之。有同產妹，母愛之篤，每奉肥甘必邀妹佐餕，其他孝行多此類。光緒二十一年夏六月，江淮大疫，桂田驟臥疾，母懼而泣，桂田蹶然起曰：「母勿憂，兒無疾，兒尚善飯也。」勞餐飯，盡一器，箸捨而氣已絕。未幾，復蘇，謂其妻及諸弟曰：「汝曹善事吾母，吾雖死不恨。」語畢而瞑。桂田嘗服役成毓麒家。毓麒，字翼廷，事父母以孝聞。親歿，事庶母如母。生平言動無欺飾，有小過輒自訟責。人以忠信篤敬目之，後桂田數日而歿，年三十有八。桂田，父病時，斷一指，和藥療之。同時，毓麒亦刲股救父，事適相類云。二人歿時，邑志已刊成。邑人牒於縣，請補錄志乘之未爰補，綴於此。

重修鹽城縣志序

　　鹽城古無志，我太祖高皇帝起兵勘圖倫城之歲，為知縣楊瑞雲俶創鹽志之年，時明神宗萬曆癸未也。逮國朝康熙癸亥，靖海侯施琅平臺灣之歲，踵修之而未成書。至乾隆壬戌知縣程國棟、丁卯知縣黃垣先後修之，越六歲而成書者。再自乾隆十二年後，邑志廢缺，弗修者百三十餘年。逮癸巳春，四明劉公以庶常出宰茲土，下車未浹旬，汲汲議志事，具書致幣於蒙，屬以纂修。自維末學膚受懍如芒背，弗敢承。而邑之二三君子，援維桑必恭之誼相敦勖，且懋各殫所長以襄厥事。懼速少室高價之謗，懷弗敢辭，爰取向之摭自正史、稗官、通典、通鑒、通考、地志、官書、吏牘、故家、譜牒、先正、詩文集者，分類條次，以補郡邑舊《志》之遺，而諟正其訛。故書未載，則新冊是採。人物廣益，則輿誦是憑。為綱十，為目五十有三，為卷十有七。甲午秋，倭陷平壤之月，授諸梓人。乙未春，倭艦至朐東，鹽民一夕數驚，操削者有戒心將遯矣。既以張爐東出青徼釋警，而鍥刻如初。至倭踞臺北之月，而剞劂告成。侯覆命，余為之序以綴於後。余謂：今宇內亦多故矣。泰西諸夷挾其富強淫巧，航海數萬里，東來互市，踞沿海要疆以為窟宅，各懷蹈瑕擇利之思，此「二十四史」所未有也。吾鹽自同治戊辰陳侯蔭培牒開海禁，燕齊海商越遼海數千里齎集於鹽，鹽之玉粒精稗遠餉燕齊遼藩，又由番舶轉餉，遠及俄之琿春、倭之對馬諸島，富庶虛聲，蜚馳海表，此楊、程諸《志》所未有也。雖國家增稅務之司，與鹽邑建喻義之所匪無利益。然振古未有有利而罔害者，利之瑣者害或碩焉，利之碩者害更洪焉。在國家亦深慮養虎詒害，而徙戎實難匿瑕含垢，蓋非得已。若鹽之慢藏誨盜，而亦云勢未可輟者，何以解於著雍執徐以前也？今夫鹽雖彈丸邑，亦瀕海用武地矣。宋高宗建炎間，韓世忠由鹽城取海道赴平江，而克苗

劉；紹興初，徐文由明州取海道據鹽城，而通劉豫；理宗紹定中，李全大治艎艦於射陂，謀習海道，窺畿甸，亦踞鹽城以為根本；有明嘉靖之世，倭寇跳樑，兩躪鹽竟，一時元戎宿將，如唐順之、李遂、劉顯、曹克新之倫，奔命於范堤、姚蕩間，而殲之廟灣。自是而後，鹽民不攖寇難者三百餘歲。歲在庚辰，以俄夷謀入寇，而鹽邑設備；歲在甲申、乙酉，以法夷寇粵閩，而鹽邑訓師；歲在甲午、乙未，以倭夷寇沈遼，而鹽邑遵海築壘，相距十數寒暑，而鱷波沸湧者三，幸以款議罷戰，鹽民康樂安平得免於鋒鏑危亡之慘。蚩蚩者何德堪此？皆我聖皇篤佑之所庇耳。然昔宋人常降志和金，金亮卒渝盟，傾國入寇，然則金繪億萬載，吾一紙未可恃為悠遠之久安也。夫以未可深恃之時，而成數百年廢缺不修之事，不可謂非天幸，而猶俯仰低徊，扼腕於今。昔成書之異世，是思出其位，位卑而高其言，殆亦侯與三三君子所不取乎！然後之官是土者，何以按輿圖而知險要，局門戶以固海防？生是土者，何以師往哲而懋忠孝，修人事而恤天災？是書蓋兢兢致意於斯，詞雖謭，或可資考鏡焉。然棗梨之藏易朽，宇宙之變無窮。今而後，或閱數十年而洊修乎？抑閱百數年而不修乎？後之人將亦有感於余言。

　　　　　　　　光緒二十一年乙未秋八月，邑人陳玉澍謹序。